Découvrez l'histoire par les archives de presse

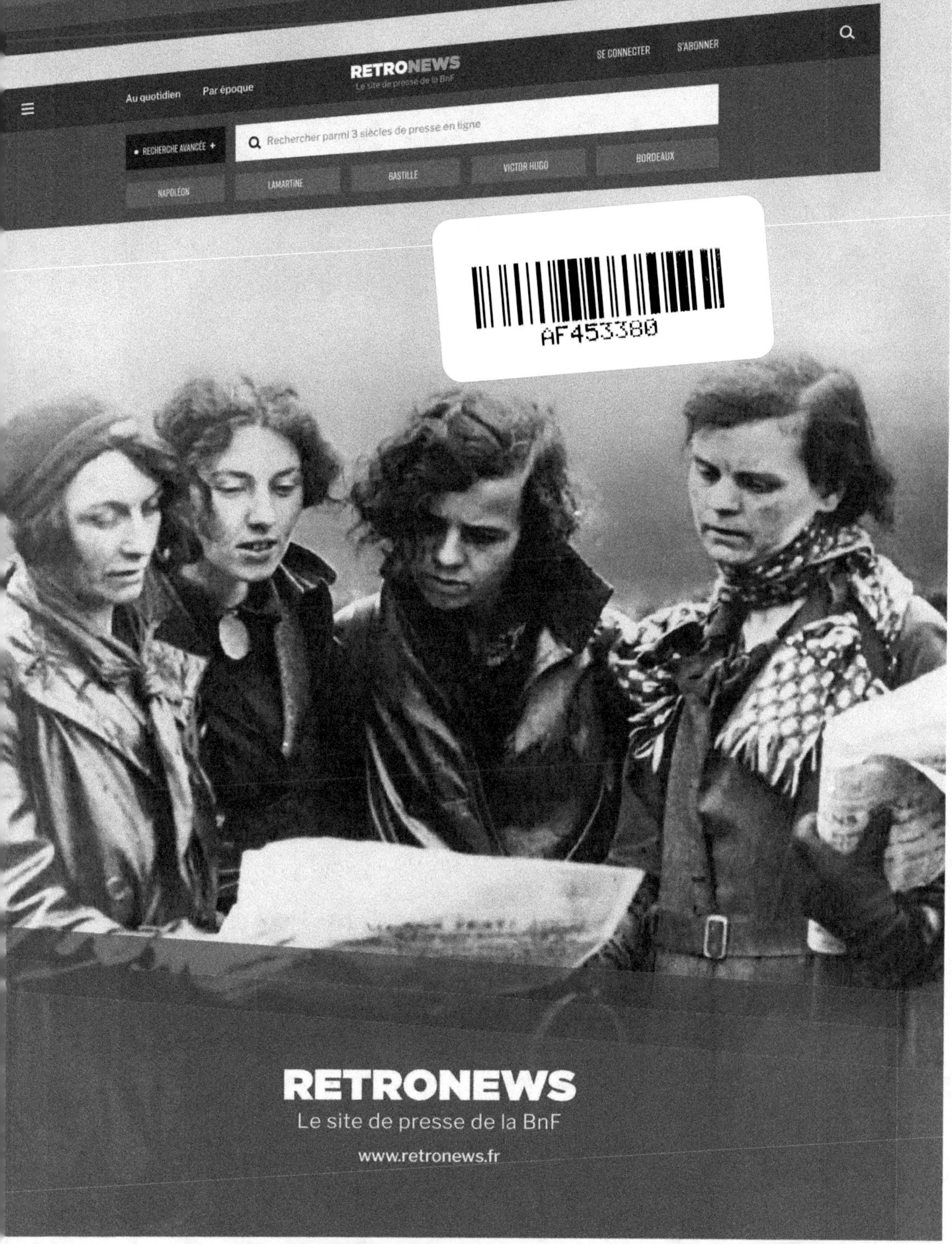

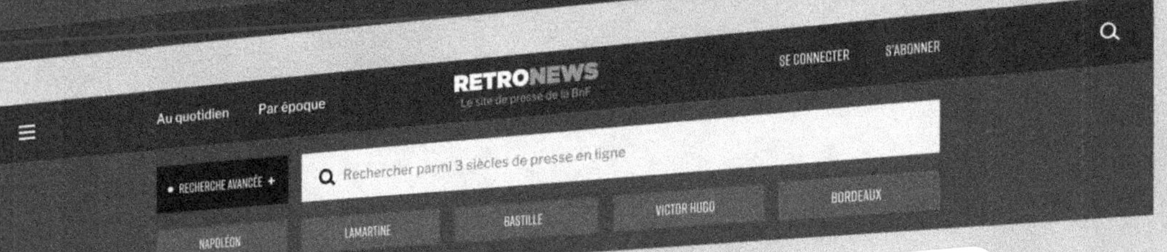

RETRONEWS
Le site de presse de la BnF
www.retronews.fr

BULLETIN

DE LA

SOCIÉTÉ D'ÉTUDES HISTORIQUES & SCIENTIFIQUES

DE L'OISE

Paraissant trois fois par an.

N° 1 — TOME PREMIER — 1905

SOMMAIRE

I. Procès-verbaux. — II. Programme. — III. Notice-étude sur une statère découverte dans une sépulture du cimetière franc de Bury (Oise), par A. Houlé. — IV. Le bac de Boran et le passage de l'Oise : le pont suspendu, par E. Ménard. — V. La première assemblée électorale du département de l'Oise (10-17 mai 1790) : Stanislas de Girardin, par H. Baumont. — VI. De l'origine et des faits résultant des rivalités entre deux villages de l'Oise, Sainte-Geneviève et Novillers (1559-1835) : Constitution d'une municipalité illégale en 1790, par F. Bordez. — VII. Le centenaire des cours normaux primaires de l'Oise (1804-1807), par H. Quignon. — VIII. Découverte d'un foyer en tuiles à la porte Saint-Louis, à Beauvais, par F. Bordez. — IX. Documents manuscrits concernant le Beauvaisis déposés aux Archives municipales d'Abbeville, par Alcius Ledieu. — X. Évangéliaire latin 17968 de la Bibliothèque nationale ayant appartenu à Antoine Loisel, par A. Boinet.

BEAUVAIS | PARIS

IMPRIMERIE CENTRALE ADMINISTRATIVE | Honoré Champion, 9, quai Voltaire, VIIe
15, place Ernest-Gérard, 15 | Librairie d'Histoire et des anciennes provinces

PROCÈS-VERBAUX

En décembre 1904, une entente s'établit entre des personnes voulant fonder une Société d'Etudes départementale. Un Comité d'initiative se forme. Les membres de ce Comité ont une réunion préliminaire.

Le Comité est composé de :

MM. le docteur Magnier ;
le capitaine Denis ;
Denoyelle, directeur de *La République de l'Oise* ;
Andrieu, vétérinaire départemental ;
Stalin, membre de la Société préhistorique ;
Groult, propriétaire ;
Bordez, architecte.

Sont présents à la séance de décembre : MM. le docteur Magnier, le capitaine Denis, Stalin, Groult, Sorin, Denoyelle et Bordez ; excusé : M. Andrieu.

Le principe de création d'une Société d'Etudes est adopté.

Des démarches seront faites auprès des autorités scientifiques et historiques de Paris pour les consulter sur l'utilité de cette création, sur le but de la nouvelle Société et sur son programme.

Séance du 9 janvier 1905.

Présents : MM. Denoyelle, le capitaine Denis, Sorin, Groult, Stalin et Bordez.

M. Bordez remplit les fonctions de Secrétaire.

Excusés : MM. le docteur Magnier et Andrieu.

1° Adoption du titre de la Société : *Société d'Etudes historiques et scientifiques du département de l'Oise* ;

2° Adoption du Bulletin trimestriel ;

3° Cotisation fixée à 5 francs pour les Membres du corps enseignant primaire en exercice ; à 8 francs pour les autres membres ; et à 100 francs une fois versés pour les membres perpétuels ;

4° Le Bureau sera composé d'un Président, de deux Vice-Présidents, d'un Secrétaire général, d'un Secrétaire, d'un Trésorier et d'un Bibliothécaire-Archiviste ;

5° Le Comité établit une liste de proposition à l'Assemblée générale pour le Bureau définitif ;

6° Les Statuts, élaborés sommairement en séance, seront mis au net par MM. Sorin et Bordez qui en adresseront une copie à chacun des membres pour recueillir leurs observations ;

7° Discussion générale.

La prochaine séance est fixée au samedi 14 janvier, à huit heures et demie.

Séance du 14 janvier 1905.

Présents MM. le capitaine Denis, Stalin, Sorin, Denoyelle, Andrieu et Bordez.

Excusés : MM. le docteur Magnier et Groult.

1° Lecture et étude des Statuts provisoires ;

2° Discussion générale.

Séance du 19 janvier 1905.

Sont présents : MM. Andrieu, Sorin, Stalin et Bordez.

Excusés : MM. le docteur Magnier, le capitaine Denis, Denoyelle et Groult.

1° Lecture et application d'un Règlement provisoire ;

2° Fixation définitive de l'Assemblée générale au 26 janvier, à deux heures et demie, dans un des salons de l'Hôtel Continental ;

3° Discussion générale et rédaction en comité des lettres de convocation et communiqués à la presse ; fixation de l'ordre du jour de l'Assemblée générale.

Séance extraordinaire du 25 janvier 1905.

Présents : MM. le docteur Magnier, Andrieu, Stalin, Sorin, le capitaine Denis, Groult et Bordez.

Excusé : M. Denoyelle.

Le Comité d'initiative arrête définitivement la liste des membres du Bureau à proposer au vote de l'Assemblée générale.

Il établit l'ordre du jour détaillé de la séance du lendemain.

Séance du 26 janvier 1905.

ASSEMBLÉE GÉNÉRALE. — CONSTITUTION

Ordre du jour :

Constitution de la Société ;
Election du Bureau ;
Adoption des Statuts et Règlement.

La séance est ouverte à trois heures de l'après-midi dans un des salons de l'Hôtel Continental.

Sont présents : MM. Dangoisse, Leclerc, Schmidt, Miesch, Jarry, Moreau, Sorin, Andrieu, Denoyelle, Gougibus, Cocu, Lemaire, Van Heems, Philippe, Stalin (Georges), Stalin (René), Bigot, Joly, Brière, Groult, Barat-Lagache, le capitaine Denis, Baumont, Bastard, le docteur Magnier, Rousselle (Paul), et Bordez ; Madame Moreau.

Excusés : MM. l'Inspecteur d'Académie, Denoyelle, René Collard, Grellez, Dulac, Léon Garbet, Decagny, Patte et Deramé.

M. Andrieu donne quelques explications générales sur la nouvelle Société à créer et donne la parole à M. Bordez pour expliquer plus en détail son but et son programme et rendre compte des travaux du Comité d'initiative.

On passe ensuite à la discussion générale. Le principe de création d'une

Société d'Etudes est adopté à l'unanimité, ainsi que son titre de *Société d'Etudes Historiques et Scientifiques du département de l'Oise*. Les Statuts sont discutés et adoptés à l'unanimité avec la rédaction suivante :

STATUTS DE LA SOCIÉTÉ

TITRE PREMIER. — **Nom et Siège.** — *Il est fondé une «* SOCIÉTÉ D'ÉTUDES HISTORIQUES ET SCIENTIFIQUES DU DÉPARTEMENT DE L'OISE *».*

Elle a son siège à Beauvais, chez le Président.

TITRE II. — **But.** — *Son but est de propager et de seconder l'étude de l'Histoire, des Arts et des Sciences, en appliquant particulièrement ses travaux et ses recherches au département de l'Oise.*

TITRE III. — **Des Sociétaires.** — *La Société se compose de Membres perpétuels, de Membres titulaires et de Membres correspondants.*

Les admissions sont prononcées, sur la présentation du Bureau, par vote de l'Assemblée ordinaire, au scrutin secret et à la majorité des deux tiers des suffrages exprimés.

TITRE IV. — **Ressources.** — *La Société puise ses ressources dans les cotisations de ses Membres, dans les dons et legs qui pourront lui être faits. et dans les subventions qu'elle pourra obtenir.*

Les Membres perpétuels, au lieu d'une cotisation annuelle, versent une seule fois, lors de leur entrée, une cotisation de cent francs.

Les Membres titulaires paient une cotisation annuelle de huit francs, sauf les membres de l'Enseignement primaire en exercice pour lesquels la cotisation est de cinq francs.

TITRE V. — **Bureau.** — *Le Bureau comprend : un Président ; deux Vice-Présidents ; un Secrétaire Général ; un Secrétaire ; un Trésorier ; un Biblio-thécaire-Archiviste.*

Le Bureau est élu par l'Assemblée générale, et pour deux ans. Les Membres sortants peuvent être réélus.

TITRE VI. — **Démission — Dissolution.** — *Les Membres démissionnaires n'ont aucun droit à l'actif social.*

En cas de dissolution de la Société, les Membres convoqués en Assemblée générale décideront de la liquidation et de l'emploi de l'actif.

TITRE VII. — *Les présents Statuts ne pourront être revisés que par une Assemblée générale, convoquée au moins cinq jours à l'avance, avec indication de l'objet de la réunion. Cette Assemblée générale, pour la révision des Statuts, ne pourra être provoquée que sur la proposition du Bureau en entier ou sur une demande écrite émanant du 1/10e du nombre des membres de la Société.*

On procède ensuite à la nomination du Bureau définitif.

Votants : 28. — Bulletins à l'urne : 28. — Majorité : 15.

Obtiennent :

Comme	Président	MM.	Andrieu..	27 voix.
—	—		Sorin.....	1 —
—	Vice-Présidents........... }		Sorin.....	27 —
			Magnier..	27 —
—	Secrétaire général..........		Quignon..	28 —
—	Secrétaire		Bordez ...	27 —
—	—		Cocu	1 —
—	Trésorier.................		Van Heems	27 —
—	—		Philippe..	1 —
—	Bibliothécaire-Archiviste ...		Lenoir....	28 —

En conséquence, MM. Andrieu, Sorin, le docteur Magnier, Quignon, Bordez, Van Heems et Lenoir sont élus.

M. le Président, au nom du Bureau, remercie l'Assemblée en ces termes :

« Madame, Messieurs,

« En prenant place à la tête de cette jeune Société, laissez-moi vous remercier du trop grand honneur que vous venez de me faire.

« J'étais loin de penser, il y a seulement quelques jours, que je pourrais être appelé à présider les séances d'une association comme celle-ci, et je considère la tâche que vous me confiez, comme bien lourde pour mes faibles moyens.

« Si, cependant, j'accepte la délicate mission de diriger vos travaux, c'est que je sens autour de moi des sympathies et des bonnes volontés dont j'aurai le plus grand besoin pour faire prospérer notre œuvre.

« Je vous remercie donc également Madame, et Messieurs, aux noms des dévoués collaborateurs que vous avez bien voulu m'adjoindre, de l'honneur justifié que vous leur avez fait. Je les connais tous, je sais leurs aptitudes et leur dévouement : ce sont eux qui me permettront d'accomplir, au mieux de vos intérêts, le rôle qui m'incombe.

« Je vous ferai grâce d'un long discours, les actes valent à mon sens bien mieux que les paroles, mais il me faut cependant, aujourd'hui, adresser un souvenir ému au vénérable vieillard, au savant aussi érudit que modeste, dont le Département tout entier déplore la perte. J'ai nommé M. le Docteur Baudon père. S'il eût encore été de ce monde et que son état de santé lui ait permis quelques voyages à Beauvais, c'est lui qui eût occupé ce fauteuil et ses capacités, sa haute compétence lui eussent rendu la tâche bien facile.

« Je vous propose, Madame et Messieurs, d'assurer à son fils, M. Baudon, notre député, et à sa famille si cruellement éprouvée, la part que prend à sa douleur la Société d'Études historiques et scientifiques de l'Oise.

« Resté en dehors de la politique militante, M. Baudon père a consacré toute son existence à la science médicale d'abord, puis à ses chères études d'histoire. Que la vie de ce laborieux, l'un des meilleurs parmi nos bons historiens locaux, nous serve d'exemple à tous, cela nous aidera puissamment à mener à bien notre œuvre naissante. »

Sur la demande du Secrétaire, l'Assemblée donne tous pouvoirs au Bureau pour résoudre les questions suivantes : lieu de réunion, présidence d'honneur et Comité de patronage, élaboration du Règlement.

Les réunions sont fixées au troisième jeudi de chaque mois, à deux heures et demie.

La séance est levée à cinq heures.

Communication du procès-verbal de la séance de l'Assemblée générale est adressée à tous les journaux du département de l'Oise.

Le 1ᵉʳ février, la présidence d'honneur de la Société est offerte à M. le Préfet de l'Oise et à M. l'Inspecteur d'Académie qui acceptent.

La première séance mensuelle de la Société est fixée au 16 février 1905, à deux heures et demie ; elle aura lieu dans une des salles de la Préfecture. L'ordre du jour est arrêté et des convocations sont adressées à tous les membres composant la Société à cette date ; ces membres forment la première partie de la liste générale.

Séance du 16 février 1905.

La séance est ouverte sur la présidence d'honneur de M. l'Inspecteur d'Académie et la présidence de M. Andrieu.

Sont présents : MM. Sorin, vice-président ; Quignon, secrétaire général ; Bordez, secrétaire ; Van Heems, trésorier ; Lenoir, bibliothécaire-archiviste ; Barat-Lagache, Baumont, Boudin, Cocu, Charlet, Courier, Dangoisse, Daubigny, Demontreuille, Denoyelle, Gougibus, Groult, Hucher, Leclerc, Rousselle, Lemaire (Maurice), Miesch, Moreau, Patte, Philippe, percepteur ; Stalin et Mme Moreau, membres.

MM. le docteur Magnier, vice-président ; Poulain et Leclerc, maire d'Onsen-Bray, sont excusés.

Dons pour la Bibliothèque.

M. Groult offre à la Société : *Danjou. — Atelier préhistorique de Fouquenies,* dont il est l'auteur ;

M. Patte : *Histoire de Gisors,* dont il est l'auteur ;

M. Stalin : *Le Dolmen de Saint-Étienne (Oise). — Le Marais de Bresles (Squelette de l'âge de Bronze)* ;

M. Fauré-Hérouart : *Montataire depuis son origine jusqu'à nos jours,* dont il est l'auteur ;

M. Quignon : *La Bibliothèque de Beauvais (anciens fonds, etc.),* dont il est l'auteur.

Des remerciements sont adressés aux donateurs.

Présentation et Admission de nouveaux Membres.

Les membres suivants sont présentés par le Bureau à l'Assemblée et élus à l'unanimité.

Membres titulaires :

Sur la présentation au Bureau de M. Groult :

MM. Fontaine, entrepreneur à Beauvais ;
Carpentier, maire d'Hodenc-en-Bray ;
Hennegrave, photographe à Beauvais ;
Benoist, avoué à Beauvais ;
Philéas Lebesgue, à La Neuville-Vault ;
Daret, adjoint au maire d'Hodenc-en-Bray.

Sur la présentation au Bureau de M. Van Heems :

MM. Quignet, instituteur à Rainvillers ;
Mullot, instituteur au Mont-Saint-Adrien ;
Péchel, instituteur à Saint-Germain-la-Poterie ;
François, instituteur à Vrocourt ;
Petit, instituteur à Juvignies.

Sur la présentation au Bureau de M. Quignon :

MM. Ménard, instituteur à Boran ;
Lebrun, instituteur à Cires-les-Mello ;
Houlé, propriétaire à Bury ;
Georget, instituteur honoraire à Troissereux ;
Degournay, instituteur honoraire à Saint-Just.

Sur la présentation au Bureau de M. Andrieu :

MM. Lecointe, greffier de Justice de Paix à Beauvais ;
Perrot, vétérinaire à Mouy ;
Leroux, professeur d'agriculture à Beauvais.

— 6 —

Sur la présentation au Bureau de M. Stalin :

MM. Ragault, négociant à Beauvais ;
    Massoz, à Beauvais ;
    Mourot, contrôleur des contributions directes à Notre-Dame-
        du-Thil ;
    Daubigny, propriétaire à Saint-Just-des-Marais ;
    Letournir, receveur des contributions indirectes à Beauvais.

Sur la présentation au Bureau de M. Bordez :

MM. Baude, instituteur à Balagny ;
    Tierce, instituteur à Thury-sous-Clermont ;
    Godde, instituteur à Hondainville ;
    Saulnier, instituteur à Heilles ;
    Bon, chef de division à la Préfecture.

Sur la présentation au Bureau de M. le docteur Magnier :

MM. Fortin, propriétaire à Beauvais ;
    Bénard, avoué à Beauvais ;
    Frison, propriétaire à Beauvais ;
    Gamel, négociant à Beauvais ;
    Vermont, avocat à Beauvais ;
    Baqué, négociant à Beauvais ;
    Delannoy, propriétaire à Haute-Épine ;
    Mathiotte (Gustave), propriétaire à Belloy-Saint-Omer-en-
        Chaussée ;
    Delambre, propriétaire à Saint-Omer-en-Chaussée ;
    Bouteille, pharmacien à Auneuil ;
    Guesnet, propriétaire à La Neuville-en-Hez ;
    Remy, agriculteur à Neuvillette ;
    Rottée, propriétaire au Coudray-Saint-Germer.

Présentés sur leur demande :

MM. L. Gourdain, instituteur à Saint-Quentin-des-Prés ;
    Fournier, propriétaire à Senantes.

Règlement.

Après de légères modifications, le Règlement de la Société est adopté
avec la rédaction suivante :

RÈGLEMENT INTÉRIEUR

ARTICLE PREMIER. — **Admission des Membres.** — *Les demandes d'admission seront faites au Bureau, deux jours avant la réunion, au cours de laquelle
il statuera. Les décisions seront présentées à la séance suivante et les candidats
soumis aussitôt à l'élection de l'Assemblée.*

ART. 2. — **Membres correspondants.** — *Les Membres correspondants dont
il est parlé dans les Statuts, ne paient pas de cotisation. Ils doivent être pris,
autant que possible, en dehors du département et choisis parmi les personnes
susceptibles de rendre de grands services à la Société.*

ART. 3. — **Élection du Bureau.** — *Le vote pour l'élection du Bureau se
fait en Assemblée générale, mais le vote par correspondance est admis.*

ART. 4. — **Président.** — *Le Président représente la Société auprès des
autorités constituées. Il fait partie de droit de toutes les commissions avec voix
délibérative.*

ART. 5. — **Compte annuel.** — *Après l'approbation par la Société du compte* annuel du Trésorier au cours de la première séance de l'année, le Président présente, au nom du Bureau, le budget de l'année-suivante.

Art. 6. — **Vice-Présidents.** — En séance, en cas d'absence du Président. le plus âgé des Vice-Présidents monte au fauteuil. En cas d'absence du Président et des Vice-Présidents, la présidence appartient au doyen d'âge de la réunion.

Art. 7. — **Secrétaires.** — Le Secrétaire général et le Secrétaire sont chargés de la rédaction des procès-verbaux des Assemblées, d'assurer l'impression et la distribution des Bulletins de la Société; l'expédition des lettres aux membres nouvellement admis ; l'envoi des lettres de convocation et de toutes les lettres d'avis aux membres de la Société; la correspondance avec les membres de la Société pour le service courant.

Les Secrétaires se partageront le travail par convention personnelle.

Les Secrétaires font partie de droit de toutes les commissions.

Art. 8. — **Trésorier.** — Le Trésorier est chargé des recettes et des dépenses de la Société.

Les recouvrements ont lieu sur un état délivré par le Secrétaire et visé par le Président.

Les paiements sont ordonnancés par le Président.

Aucunes dépenses autres que celles ordinaires de Bureau ne pourront être engagées sans l'avis de ce Bureau.

Art. 9. — **Cotisations.** — La cotisation des membres titulaires est exigible le premier mois de chaque année.

Art. 10. — **Emploi des Fonds.** — Les fonds de la Société sont appliqués :
Aux dépenses d'administration ;
Aux recherches, études et applications de tout genre, dans le cercle des travaux de la Société :
A la création et à l'accroissement d'une bibliothèque ;
A l'impression du Bulletin périodique contenant les mémoires de la Société. les procès-verbaux ou communications diverses.

Art. 11. — **Bibliothèque.** — Le fonctionnement de la bibliothèque est confié exclusivement au Bibliothécaire-Archiviste qui devra dresser un catalogue par nom d'auteur et par matière traitée. Le fond est constitué par des dons, des échanges et des acquisitions autorisées par le Bureau sur la proposition du Bibliothécaire ou des Secrétaires. Il en est de même pour les abonnements à des revues ou ouvrages périodiques. Toute sortie de livres devra obligatoirement être consignée sur le registre ad hoc par l'emprunteur qui sera tenu d'apposer sa signature en regard des dates d'entrée et de sortie. Le délai, pendant lequel les livres pourront être conservés, est de un mois.

Il sera tenu à jour un état des Bulletins de la Société tirés en prévision de la vente.

Art. 12. — **Commissions.** — Les diverses commissions, dont la création sera jugée nécessaire au bon fonctionnement de la Société, seront élues en Assemblée ordinaire sur la proposition du Bureau.

Art. 13. — **Bulletin.** — La composition du Bulletin est arrêtée chaque trimestre par une Commission spéciale composée du Président, des deux Secrétaires et d'un membre pour chacune des branches étudiées par la Société.

Art. 14. — **Fixation des Séances.** — Le jour des Assemblées ordinaires est fixé au troisième jeudi de chaque mois, à deux heures et demie. Il ne peut être changé que par une décision du Bureau.

Art. 15. — **Séance solennelle.** — Chaque année, à une date arrêtée par

*le Comité et sur son initiative, il sera rendu compte des travaux de la Société
en séance publique et solennelle.*

Le Secrétaire général présente comme Membres correspondants :

 MM. Edouard Champion, archiviste paléographe, 9, quai Voltaire,
  Paris (7° arrond.) ;

  Alcius Ledieu, bibliothécaire à Abbeville, correspondant
  honoraire du Ministère.

  D. Harlé, professeur au Collège de Soissons ;

  E. Desgardins, professeur au Collège d'Etampes ;

  L. Delambre, conservateur du musée de Picardie, à Amiens ;

  H. Dottin, professeur à la Faculté des lettres de Rennes ;

  G. Bonhoure, professeur au Lycée de Vendôme.

Leur admission est prononcée à l'unanimité.

Le Président propose de nommer pour la Commission du Bulletin les
membres devant représenter chacune des branches étudiées par la Société.

Sont désignés : MM. Baumont, Stalin et Dangoisse.

Il est ensuite nommé une Commission d'études du programme.

Sont désignés : MM. Quignon, le capitaine Denis, François, Baumont
et Patte.

Sur la proposition de M. Bordez, il est adopté, en séance, que les
Bulletins seront adressés gratuitement aux deux Ecoles normales et aux
établissements d'enseignement secondaire de l'Oise.

Le Secrétaire général fait ensuite un exposé sommaire du programme
de la Société.

COMMUNICATION

M. H. Quignon fait sa communication sur le *Centenaire des Cours normaux
primaires dans l'Oise* ; et M. F. Bordez sur un *Foyer décoratif découvert à
la porte Saint-Louis.*

La visite aux archives départementales est ajournée à la séance de mars,
sur la demande de M. Roussel, archiviste.

Séance du 16 mars 1905.

La séance est ouverte sous la présidence d'honneur de M. l'Inspecteur
d'Académie et la présidence de M. Andrieu.

Sont présents : MM. le docteur Magnier et Sorin, vice-présidents ;
Quignon, secrétaire général ; Bordez, secrétaire ; Van Heems, trésorier ;
Lenoir, bibliothécaire-archiviste ; Barat-Lagache, Bauché, Baumont, Brille,
Cocu, Dangoisse, Daubigny, Demontreuille, le capitaine Denis, Degournay,
Georget, Gourdin, Groull, Houlé, Hucher, Geudelin, Joly, Lamouche,
Leclerc, professeur ; Rousselle Paul, propriétaire ; Leclerc, ancien
contrôleur principal des octrois ; Lemaire, Leroux, Lebrun, Maurice,
Moreau, Patte, Petit, Philéas Lebesgue, Philippe, Stalin, membres.

Sont excusés : MM. Courier, Denoyelle, Godde et Jarry.

Le procès-verbal de la séance de février est adopté.

M. le Président propose d'adresser des condoléances à la famille de
M. François, instituteur à Vrocourt, membre décédé ; il donne connaissance
à la Société de la nomination de M. Quignon comme correspondant du
ministère de l'Instruction publique, pour l'histoire.

Dons pour la Bibliothèque

M. Groult offre à la Société quelques ouvrages de M. le docteur Auguste Baudon : *Monographie des Succinées françaises ; Le Cimetière Gallo-Romain de Villers-sous-Erquery ; Description d'une nouvelle espèce de Pisidie française; Dernières Découvertes dans le canton de Mouy ; Géologie de Fossiles. Mollusques terrestres et fluviatiles ; Géologie et Minéralogie ; et Mémoires sur les Limaciens du département de l'Oise.*

M. Quignon offre la *Liste des Membres titulaires, etc., des Sociétés savantes de Paris et des départements.*

Et M. Bénard, banquier à Gournay : *Découvertes et Fouilles d'un Dolmen à Champignolles,* dont il est l'auteur.

Les membres suivants sont présentés par le Bureau à l'Assemblée et élus membres titulaires à l'unanimité.

Sur la présentation au Bureau de M. Quignon :

MM. Saint-Cyr, professeur au Lycée ;
Bloch, professeur au Lycée.

Présentés sur leur demande :

MM. Alfred Martin, instituteur au Mesnil-sur-Bulles ;
Barbé, instituteur à Chavençon ;
Poitrin, instituteur à Grémévillers.

Sur la présentation au Bureau de M. Sorin :

MM. Jules Corbier, propriétaire à Beauvais ;
Robert David, agent d'assurances à Beauvais.

Sur la présentation au Bureau de M. Groult :

M. Laflineur, architecte à Beauvais.

Sur la présentation au Bureau de M. Cocu :

MM. Salentin, instituteur honoraire à Méru ;
Geudelin, instituteur à Grez.

Sur la présentation au Bureau de M. Van Heems :

MM. Douville, instituteur à Villers-sur-Bonnières ;
Duporcq, industriel à Villers-sur-Bonnières ;
Dupuis, instituteur à Ons-en-Bray ;
Dubus, instituteur à Troussures.

Sur la présentation au Bureau de M. Stalin :

MM. Dauboin, conducteur des ponts et chaussées à Beauvais ;
Vivien, percepteur à Clermont ;
Borrée, agriculteur à Epineuse ;
L. Soualle, Président du Tribunal de Commerce de Senlis, à Pont-Sainte-Maxence.

Sur la présentation au Bureau de M. Bordez :

MM. Petit, instituteur à Amblainville ;
Deshayes, propriétaire à Amblainville ;
Lefèvre, propriétaire à Esches ;
Vatellier, instituteur à Anserville ;
Oudaille, éditeur à Beauvais ;
Leclerc, professeur primaire à Beauvais ;
Desjardins, instituteur à Lormaison ;
Léger, juge au Tribunal de Commerce, à Laboissière ;
Brille, instituteur à Laboissière ;
Mme Desplanques, institutrice à Sainte-Geneviève ;
M. Crépin, instituteur à Pont-Sainte-Maxence.

Sont admis comme membres correspondants :

MM. Viard et Marichal, archivistes de 1re classe aux Archives natio-
nales ;
A. Boinet, archiviste-paléographe, sous-bibliothécaire (Sainte-
Geneviève) Paris ;
H. Dehérain, docteur ès-lettres, secrétaire de rédaction du *Journal
des Savants*, 22, rue de Tocqueville, Paris (17e arrond.) :
Ed. Poupé, correspondant du Ministère, à Draguignan.

COMMUNICATION

M. Baumont, proviseur au Lycée, fait sa communication sur la *Première
Assemblée électorale du département de l'Oise (10-17 mai 1790, Stanislas de
Girardin).*

Le Secrétaire général lit la communication de M. A. Boinet, archiviste-
paléographe à Paris sur un *Manuscrit d'Antoine Loisel*, et dit quelques
mots sur la bibliographie des ouvrages concernant l'Oise.

Un échange d'idées est fait à ce sujet entre le Secrétaire général et
M. le capitaine Denis.

A l'issue de la séance, visite aux archives départementale sous la conduite
de M. E. Roussel, archiviste, qui a donné quelques explications sur l'organisation et le fonctionnement des archives et sur la manière de se servir de
cet outillage du travail historique.

Séance du 13 avril 1905.

La séance est ouverte sous la présidence de M. Andrieu.

Sont présents : MM. Sorin, vice-président ; Quignon, secrétaire général ;
Bordez, secrétaire ; Van Heems, trésorier ; Lenoir, bibliothécaire-archi-
viste, et d'après le registre des présences : MM. Desjardins, Demarseille,
Groult, Mullot, Grelez, Dangoisse, Laffineur, Moreau, Dumonté, Baumont,
E. Ménard, Daubigny, Defrocourt, Leclerc, contrôleur principal ; Gourdain,
Demontreuille, Dupuis, Lemaire, Batardy, capitaine Denis, Dulac,
Denoyelle, Petit, Poitrin, Petit, Barbé, etc. ; et Mesdames Moreau et
Déplanque (1).

Sont excusés : MM. l'Inspecteur d'Académie, président d'honneur ;
le docteur Magnier, vice-président ; Lamouche, Proust, Godde, Courier
et Petithory.

Le procès-verbal de la séance de mars est adopté.

M. Baumont, proviseur du Lycée, fait don à la bibliothèque d'un travail
sur les *Assemblées primaires et électorales de l'Oise en 1792* (août et septembre). (Extrait de la *Révolution française*, n° du 14 août 1904.)

M. Lenoir, bibliothécaire, dépose un bulletin de l'*Amicale des anciens
Elèves de l'Ecole normale d'Instituteurs*, dont il est président, et où il expose
la formation et le but de la Société d'Etudes.

M. Bordez dépose également sur le bureau, au nom de M. Lamouche,
instituteur à Courcelles-lès-Gisors, la copie d'une pièce manuscrite qui
est une *Supplique des habitants de Courcelles demandant à être excusés de
ne pouvoir contribuer à l'offrande de la Contribution patriotique pour des
raisons particulières.*

---

(1) MM. les Membres sont instamment priés de porter leur nom sur le registre de
présence ; à la séance d'avril de nombreuses omissions ont été faites.

Le Bureau présente les membres suivants aux suffrages de l'assemblée.

Comme membre perpétuel, sur la présentation au Bureau par M. Sorin :

M. Hamel. rue des Cemonceaux, au Perreux.

Sur la présentation au Bureau par M. Quignon :

MM. de Saint-Fuscien, maire de Grandvilliers ;
Corniquet. notaire à Grandvilliers ;
Bette, vétérinaire à Grandvilliers ;
Dubut. instituteur à Grandvilliers ;
Bonnaire. instituteur à Marseille-le-Petit ;
Batardy, instituteur à Ponchon.

Sur la présentation au Bureau par M. Lenoir :

MM. Z. Duhamel, instituteur à la Neuville-en-Hez :
M. Aise. instituteur à Glatigny ;
G. Rouget, instituteur à Villers-sur-Bonnières.

Sur la présentation au Bureau par M. Lemaire :

MM. Saint-Omer, propriétaire, maire de Hermes ;
Carlier, instituteur à Noailles.

Sur la présentation au Bureau par le capitaine Denis :

M. Lantz, lieutenant au 51e de ligne, à Beauvais.

Sur la présentation au Bureau par M. Bordez :

MM. Defrocourt, instituteur à Frocourt ;
Picard, notaire à Noailles ;
Descroix, propriétaire à Cherchell (Algérie) ;
Mme Petit, institutrice Aux Marais (commune de Saint-Martin-le-
Nœud) ;
Mlle Geffroy, institutrice à Warluis-Merlemont.

Leur admission est prononcée à l'unanimité.

COMMUNICATION

M. Ménard. instituteur à Boran, fait sa communication sur le *Bac de Boran ou le passage de l'Oise.*

M. Houlé, propriétaire à Bury, sur une *Balance romaine découverte dans des fouilles récentes.*

Il met sous les yeux de ses auditeurs cette rareté archéologique.

Et M. Bordez, architecte, sur l'*Origine et les faits résultant des rivalités entre deux communes de l'Oise (Novillers et Sainte-Geneviève (1559-1835).*

PROCÈS-VERBAUX

Séance du 18 Mai 1905.

La séance est ouverte sous la présidence d'honneur de M. l'Inspecteur d'Académie et sous la présidence de M. Sorin.

Sont présents : MM. l'Inspecteur d'Académie, Sorin, vice-président ; Quignon, secrétaire général ; Bordez, secrétaire ; Lenoir, bibliothécaire-archiviste, et d'après le registre de présence : MM. Stalin, Poulain, Degournay, Dumonté, Dangoisse, Georget, Gourdain, Denoyelle, Batardy, Leroux, Leclerc, Daubigny, Barat-Lagache, Desjardins, Patte, Geudelin, Groult, Baumont, Philippe et Lemaire.

Sont excusés : MM. Andrieu, président ; le docteur Magnier, vice-président ; Proust, Leclerc, Van-Heems, trésorier ; Moreau, Charruault, Schmidt, Barbé, Duhamel, Louis Soualle, Petit, Laffineur, Ménard, Oudaille, Carlier et Mme Moreau.

Le Président propose d'adresser à M. le docteur Magnier les condoléances de la Société pour la perte cruelle qu'il vient d'éprouver. M. Sorin est chargé de ce soin.

Le procès-verbal de la séance d'avril est adopté.

Vingt-quatre membres nouveaux sont admis définitivement comme titulaires.

Ce sont :

Sur la présentation de M. Bordez :

MM. Simon, instituteur à Abbecourt ;
    Bensse, directeur de l'école annexe de l'école normale d'instituteurs ;
    Commessy, instituteur à Fouquenies ;
Mme Henneguy, institutrice à Noailles.

Sur la présentation de M. Lemaire :

M. Cartier, instituteur à Saint-Félix.

Sur la présentation de M. Stalin :

MM. Brulé, négociant, adjoint au maire, à Clermont ;
    Delarocque, libraire à Beauvais ;
    Bourguignon, industriel à Méru, rue de Beaumont ;
    Leroy-Payen, propriétaire à Fresneaux-Montchevreuil ;
    Carette, pharmacien à Songeons ;
    Fauré-Hérouart, négociant, conseiller d'arrondissement, à Montataire ;
    Couturier, négociant à Beauvais, rue Gambetta ;
    le docteur Gilles, médecin au Coudray-Saint-Germer ;

MM. Le Maire (André), chimiste, 143, boulevard Saint-Michel, Paris ;
    Mouillebeau, instituteur à Fresneaux-Montchevreuil ;
    Gueulle, instituteur à Sérifontaine ;
    Ranson, instituteur au Coudray-Saint-Germer ;
    Houette, instituteur à La Lande-en-Son ;
    Bayard, instituteur à Villers-Saint-Sépulcre.

Sur la présentation de M. le capitaine Denis :
    M. Boulie, cultivateur à Bresles.

Sur la présentation de M. Groult :
    MM. Préau (Albert), propriétaire, rue de Clermont, à Beauvais ;
    Delarue, instituteur à La Neuville-d'Aumont ;
    Robillard, instituteur à Hodenc-en-Bray.

M. Adrien de Mortillet, professeur à l'Ecole d'anthropologie, 22, avenue Reille, Paris, est admis comme membre correspondant.

Les ouvrages ci-après sont déposés sur le bureau :

M. Alcius Ledieu, correspondant honoraire du Ministère, une bibliographie et un livre intitulé : *Pièces récréatives ou le Patois picard.*

M. Patte : *Le Dolmen de Champignolles* et l'*Histoire de Gisors.*

M. Lamouche : *La Vie sociale par un Secrétaire de Mairie.*

M. P. Cozette, correspondant du Ministère, cinq brochures de ses travaux présentés au Comité des Travaux historiques et scientifiques, soit personnellement, soit en collaboration avec MM. Pagel et Leclère.

M. Pierre Dubois : *Excursion archéologique à Beaumont.*

M. Quignon, correspondant du Ministère : une brochure d'Ernest Petit, *Le poète Jean Regnier, bailli d'Auxerre* (1393-1469).

Enfin, diverses brochures dues à la plume de M. Andrieu et les Bulletins reçus pour échange.

M. Batardy, instituteur, remet à la Société diverses pièces qui seront communiquées à la Commission officielle départementale d'études de la Révolution ; ce sont les copies des documents suivants :

Liste des maires de Ponchon de 1789 à 1900 ; recensement de la population (15 messidor an II) ; salaire des ouvriers agricoles ; taxe des voitures et animaux (21 prairial an II) ; biens communaux série E (16 janvier 1665) ; enlèvement des objets en cuivre de l'église (28 octobre 1793) ; personnes suspectes : Maupeou l'Emigré (1er septembre 1793) ; serment civique du prêtre Henry (février 1793) ; levée en masse (10 mars 1793).

M. Ménard envoie le récit d'une anecdote curieuse extraite d'Afforty (manuscrits sur Senlis, p. 25, fol. 292) relative à une dame du xvie siècle, une Senlisienne, qui certifie devant notaire avoir vu ou pu voir 693 enfants descendant de ses père et mère.

COMMUNICATIONS

Le Secrétaire général donne lecture de la communication de M. Alcius Ledieu, correspondant honoraire du Ministère, conservateur de la bibliothèque et du musée d'Abbeville : *Documents manuscrits concernant le Beauvaisis*, déposés aux archives municipales d'Abbeville.

M. H. Quignon présente à la Société d'Etudes historiques dans la personne d'Alcius Ledieu un érudit infatigable et sagace, un historien dont le nom est attaché indissolublement au progrès de l'histoire locale en Picardie, et qui, depuis trente ans, joue un rôle considérable d'enquêteur, de collaborateur, de guide et conseiller pour tous dans la science officielle comme dans les relations régionales.

Tout récemment, le *Monde Illustré* (18 février 1905) a consacré aux deux musées d'Abbeville et à leur conservateur une notice où les Beauvaisiens retrouveront avec infiniment de plaisir le bon tableau picard de Brispot : *Enterrement d'un Fermier*, peint à Foulangues. Alcius Ledieu l'estime à sa grande valeur.

Alcius Ledieu est un philologue et un patoisant : c'est un lauréat de la Société française d'archéologie.

Les neuf documents manuscrits de la bibliothèque d'Abbeville sont relatifs à des personnes du Beauvaisis (1226-1595).

M. H. Baumont, proviseur du Lycée, lit son étude sur la *Formation territoriale du département de l'Oise : districts* et cantons, chef-lieu, etc.

Cette étude, d'un haut intérêt au point de vue historique et géographique, donnera au Bulletin une très grande valeur en constituant un livre utile et un instrument de travail.

M. le Secrétaire général expose ensuite ses idées sur la façon dont doivent être effectuées les recherches historiques. Il parle avec une compétence toute particulière des Archives départementales de la Somme dont il nous fera connaître successivement les seuls documents intéressant l'Oise. Mais ces indications utiles doivent être réservées pour le Bulletin.

Il continue en exposant le compte-rendu sommaire du Congrès des Sociétés savantes à Alger. La Société d'Études historiques veut, dès maintenant, prendre parmi ces Sociétés une place qu'elle occupera aussi brillamment que possible.

Cette année, notre collègue, M. Cozette, de Noyon, correspondant du Ministère, a envoyé au Congrès d'Alger un très intéressant rapport sur la propriété du sol en Tunisie et sur son exploitation. On sait que beaucoup de Picards sont agriculteurs en Tunisie et non des moindres.

Séance du 15 Juin 1905.

La séance est ouverte sous la présidence de M. Sorin.

Sont présents : MM. Sorin, vice-président ; Quignon, secrétaire général ; Bordez, secrétaire ; Van Ileems, trésorier, et d'après le registre des présences : MM. G. Stalin, Demarseille, Degournay, Georget, Demontreuille, Gourdain, Patte, Moreau, Daubigny, Philippe, Bloch, Carpentier, Crépin, Dangoisse, Grélez, Brille, Dupuis, Robillard, Aise, Houlé, le docteur Gilles, Denoyelle, Lebrun, Deshayes et Delarocque.

Excusés : MM. l'Inspecteur d'Académie, retenu par les examens ; Andrieu, le docteur Magnier, Lenoir, Proust, Leclerc, Baumont, Groult, M⁰ᵉ Moreau.

Le procès-verbal de la séance de mai est adopté.

Treize membres nouveaux sont admis.

    Ce sont :

Sur la présentation de M. G. Stalin :

    MM. le docteur Caboche, à Beauvais ;
        Martin, propriétaire à Beauvais ;
        Boutroye, instituteur à La Bosse ;
        Joffrin, instituteur à Montataire ,
        Malgat, instituteur à La Houssoye ;
        Mésenguy, instituteur à Crèvecœur-le-Grand ;

MM. Huet, notaire à La Bosse ;
> Millet, percepteur à Liancourt-sous-Clermont ;
> Robert, percepteur à Saint-Just-en-Chaussée.

Sur la présentation de MM. Lenoir et Bordez :
> M. Magnier, instituteur à Aumont, par Senlis ;

Sur la présentation de M. Bordez :
> MM. Métayer, instituteur à La Chapelle-Saint-Pierre ;
> Rongetèt, instituteur à Novillers-les-Cailloux.

Sur la présentation de M. Van Heems :
> M. Douville, instituteur à Parnes.

Le Président donne lecture d'une lettre de M. le Maire de la commune de Ponchon annonçant qu'une subvention est accordée à la Société.

Des remerciements, par acclamation, sont adressés aux représentants de cette commune pour le haut intérêt qu'ils portent à l'étude de notre département.

Le Bureau étudiera quels avantages la Société pourra accorder aux communes lui témoignant semblable sympathie.

La Société des Sciences historiques naturelles de Semur souhaite la bienvenue à sa sœur de l'Oise et lui demande l'échange des Bulletins.

Le Bulletin mensuel de la Société d'histoire et d'archéologie du Vimeu est déposé sur le bureau.

M. le docteur Magnier, dans une lettre adressée à M. Sorin, vice-président, remercie profondément la Société de la part qu'elle prend au deuil qui vient de le frapper si cruellement.

M. Georget, instituteur en retraite à Troissereux, communique des notes bibliographiques précieuses, empruntées aux archives du Ministère de la Guerre et aux archives de la commune d'Auteuil (Oise), sur le général baron *Eloi Despeaux*, né le 14 octobre 1761 à Auteuil, mort à Paris le 23 octobre 1856 dans sa quatre-vingt-seizième année, grand-croix de la Légion d'honneur le 7 février 1856, avec ce titre : « Général de division depuis soixante-deux ans, doyen des généraux de l'Europe ».

Le général Despeaux a habité Auteuil dans les intervalles de son service actif jusqu'à sa retraite en 1832.

M. Degournay, instituteur en retraite à Saint-Just-des-Marais, fait connaître, par la copie du procès-verbal tiré des archives de ladite commune, la visite de Bonaparte, premier consul, le 14 novembre 1802, chez les industriels de Saint-Just. Bonaparte, accompagné de Joséphine et d'une suite officielle, fut reçu dans la manufacture de Cros-Davillier et Cⁱᵉ, dans celle de Baron-Neuvin, puis à la blanchisserie de Michel Mazières qui, en vingt-deux heures, se flattait de blanchir les toiles écrues.

Il serait intéressant de voir si cette visite du premier consul a eu lieu à Beauvais et, dans l'histoire économique et industrielle, si elle a déjà la signification du protectionnisme contre l'Angleterre.

Le Secrétaire général remercie ses deux collègues et montre l'importance des ces documents de détail en les rattachant à leur catégorie générale.

MM. Albert et Alexandre Mary font hommage à la Société d'un mémoire de quelques pages très substantielles et très neuves sur un point curieux de l'organisation des insectes : *Physiologie des Balanciers et des Ailerons chez les Diptères*.

Appliquant dans leur conclusion l'unité de plan de composition de Geoffroy Saint-Hilaire, ils pensent que les Balanciers sont des organes émanant d'une vertèbre cérébelleuse qui devrait servir de base à une nouvelle classification de l'ordre des Diptères.

Le Secrétaire général les remercie au nom de la Société.

M. Quignon, secrétaire général, parle ensuite de l'intérêt beauvaisien du livre de Bernard Monod, *Le moine Guibert et son Temps* (1053-1124).

Guibert de Nogent est un esprit original dans lequel s'entrevoit, comme une aube de Renaissance et qui a du monde, des conflits de passions et d'intérêts, une vue rationnelle. Il est né le 10 avril 1053, dans un château voisin de Clermont ou à Clermont même, d'une famille noble ; bientôt privé de son père, il fut élevé par sa mère que tenta la vie religieuse, après quelques années.

Guibert entra à l'abbaye de Saint-Germer-de-Fly et il nous donne ainsi le tableau de la vie intellectuelle d'une abbaye au xie siècle. Puis il fut lui-même abbé de Nogent-les-Vierges-sous-Coucy. Il a raconté les troubles de la commune de Laon, mais il a surtout fourni avec une rare sincérité l'image, de la société française laïque et religieuse sous Philippe Ier, de l'éveil du sentiment national dans son accent d'historien aimant la France ; . c'est un témoin de première importance sur cette époque, si difficile à connaître, du xie siècle.

Le jeune Bernard Monod, si prématurément enlevé aux lettres et à l'histoire, avait publié deux extraits de son livre à Beauvais où il comptait des amis et lui-même aurait été sûrement l'ami de notre Société d'Etudes historiques.

M. Bordez, secrétaire, parle de l'archéologie monumentale adaptée aux œuvres locales.

Il s'applique à déterminer les caractéristiques de l'art roman d'après les écoles ; il se réserve de donner des explications plus détaillées sur l'évolution de l'Ecole romane picarde lors de la visite aux vestiges de cette époque à Beauvais.

La visite à la Manufacture est ajournée.

Les membres présents visitent les collections de Mme Préau-Milice. Cet intérieur d'artiste est à lui seul un enseignement. On y admire des œuvres d'art, des tapisseries et des gravures sur lesquelles M. Quignon donne les explications nécessaires.

Puis, les membres présents visitent les vestiges beauvaisiens de l'architecture romane, civile et religieuse. M. Bordez signale les caractères généraux des périodes de ce style intéressant au plus haut point et donne quelques détails sur le symbolisme des sculptures subsistantes.

Séance du 27 Juillet 1905.

La séance est présidée par M. Andrieu. Sont présents : MM. Sorin, vice-président ; Quignon, secrétaire-général ; Bordez, secrétaire ; Moreau, Leclerc, professeur; Lemaire, Boutrois, Degournay, Commessy, Simon, Miesch, Leclerc, contrôleur principal en retraite ; Patte, Devarenne, Daubigny, Desjardins, Bayard, G. Stalin, Groult, capitaine Denis, et Assy, . membres.

Sont excusés : MM. Baumont, Ménard, Bonnaire, Petit, Delarue, Denoyelle, Van Heems, Laffineur, Dangoisse, Batardy, Proust, Rongetet, docteur Magnier, Bauché, M Moreau, et M. l'Inspecteur d'Académie retenu aux examens de l'Ecole normale.

Le procès-verbal de la séance de juin est adopté.

M. le Président prononce quelques paroles d'adieu à l'adresse de M. l'Inspecteur d'Académie qui quitte le département de l'Oise. Il exprime le regret de voir partir M. Oudinot qui n'a cessé de prodiguer à la Société des marques de bienveillante sollicitude.

M. Stalin se fait l'interprète des Membres présents en transmettant à M. Andrieu les félicitations de ceux-ci au sujet de la distinction qui vient de lui être accordée par le Gouvernement.

M. Sorin, vice-président, se joint à M. Stalin.

M. le Président remercie ses collègues des félicitations qu'ils veulent bien lui témoigner et reporte sur la Société l'honneur de cette distinction.

Dons pour la Bibliothèque.

M. Sorin fait don de son ouvrage *Du rôle de l'Etat en matière d'art scènique*; et M. Petit de la notice sur *Juvignies* par Robert de Malinguehen, avec une addition personnelle comprenant la liste des instituteurs de Juvignies de 1778 à 1895, et une intéressante délibération du 11 Germinal an II.

Sont également déposés sur le bureau : *La dentelle à l'Exposition des Amis des Arts*, par H. Quignon; et *Relation de l'esclavage des sieurs de Fercourt et Régnard pris sur mer par les corsaires d'Alger (1678-79)*, par M. Targe, censeur au lycée de Roanne.

Sont admis à l'unanimité :

Sur la présentation de M. le docteur Magnier :

M. le docteur Fresnel, de Crillon.

Sur la présentation de M. Bordez :

Mme Chaudé, institutrice à Silly;
M. Brayet, instituteur à Saint-Sulpice.

Sur la présentation de M. Stalin (Georges) :

M. Duchàtel, ingénieur à Compiègne.

Sur la présentation de M. Lemaire :

M. Assy, instituteur à Gouvieux.

M. le docteur L. Manouvrier, directeur à l'Ecole des Hautes-Etudes, et M. O. Bloch, professeur du lycée, membre titulaire nommé à Besançon, sont admis comme correspondants.

COMMUNICATION

La communication de M. O. Bloch : *De quelques points de méthode dans les études dialectologiques*, est la préface d'un travail d'ensemble auquel la Société d'études historiques et scientifiques contribuera largement, ses efforts étant encore dirigés par M. Bloch, malgré son éloignement. Il y a dans cet exposé une méthode précieuse pour les études dialectologiques où chacun pourra trouver le moyen de faire de sérieuses et utiles recherches sans risque de s'égarer. MM. Quignon et Philéas Lebesgue, tout désignés pour prendre la tête de ce travail, se mettront à l'œuvre incessamment.

M. Georges Stalin, membre de la Société préhistorique, donne lecture de la note de M. le docteur Manouvrier, sur un crâne du dolmen de Champignolles-Flavacourt, cautérisation et trépanation de l'époque néolithique.

Pour faire suite à cette lecture, M. Stalin rappelle une communication fort attachante du docteur Lehmann Nitsche présentée tout dernièrement à la Société d'anthropologie. Cette communication était relative aux mœurs des Guanches, anciens habitants des îles Canaries, apparentés avec les peuples primitifs d'une partie de la Gaule qui, au xvi° siècle, pratiquaient encore ces opérations chirurgicales.

M. Stalin donne quelques explications complémentaires fortement appuyées par un croquis au tableau noir.

Le Secrétaire général passe en revue la bibliographie ayant trait aux auteurs locaux : *Vincent de Beauvais* et *de Fercourt.*

Le travail de feu Auguste Molinier sur Vincent de Beauvais, récompensé par un prix Bordin de 3,000 francs, a un double intérêt, celui de l'établissement d'un texte critique par la recension des meilleurs manuscrits, puis des détails biographiques dont le besoin se faisait vivement sentir. La Société sera d'ailleurs mise au courant du détail de ce précieux travail historique et philologique.

M. Targe, censeur au lycée de Roanne, a publié un petit opuscule qui intéresse l'histoire littéraire et l'histoire locale. C'est la *Relation de l'Esclavage des sieurs de Fercourt et Reynard, pris sur mer par les corsaires d'Alger* (1678-79), par Aux Cousteaux de Fercourt, qui fut maire de Beauvais en 1724 (Toulouse, Ed. Rivat, 1905, in-16, 57 p.).

Cette relation a été écrite après 1724, et si sa valeur littéraire est médiocre, sa valeur documentaire est très importante. Elle avait été publiée, défigurée, par le *Guelleur du Beauvaisis,* un bulletin historique qui parut à Beauvais de 1864 à 1868 : le texte original est conservé dans la bibliothèque de M. de Troussures. Sa publication est surtout instructive après la *Correspondance des deys d'Alger avec la cour de France,* recueillie et publiée par M. E. Plantet, après l'*Histoire d'Alger* de M. de Grammont, après les études sur le rachat des captifs d'Alger que le professeur Bonet-Maury a tirées des archives du Ministère des affaires étrangères et présentées au Congrès des Sociétés savantes à Alger en 1904.

M. Paul Masson, l'érudit professeur d'histoire et de géographie commerciale à l'Université d'Aix-Marseille, a aussi élucidé la question des relations commerciales françaises avec le Levant au XVII° siècle dans des livres récents.

De Fercourt est un narrateur plus véridique que Régnard. Il y aurait lieu, puisque l'actualité y invite, à tracer de lui un portrait local, et à étudier, à son propos, Fercourt et le domaine de la famille.

ERRATUM *(Bulletin n° 1).* — Ajouter à la liste des Membres composant le Comité d'initiative de fondation de la Société : M. Sorin, avoué à Beauvais, dont le nom figure à l'appel nominal de chaque séance du Comité.

PROCÈS-VERBAUX

Séance du 19 octobre 1905.

La séance est ouverte sous la présidence de M. Sorin, auquel, presqu'aussitôt, succède M. Andrieu.

Sont présents : MM. l'Inspecteur d'Académie, Quignon, secrétaire général ; Bordez, secrétaire ; Van Heems, trésorier ; Lenoir, bibliothécaire-archiviste ; Baudon, Vermont, Ph. Moreau, Geoffrin, Commessy, Barbé, Lenoir, Grélez, Dangoisse, Degournay, Daubigny, Miesch, Martin, G. Stalin, Denoyelle, Ménard, Barat-Lagache, Houlé, Tierce, Petit, Decormeille, Dumonté, Simon, A. Hucher, Bensse, Malgat, Gougibus, Groult, A. Leclerc, Lemaire et Mᵐᵉ Moreau.

Sont excusés : MM. Leroux, Proust, Poulain, Bled, Philippe, percepteur, Roussel, Bauché, Georget, Lamouche, Fournier et Gourdain.

Le procès-verbal de la séance de juillet est adopté.

M. le Président, au nom de la Société, souhaite la bienvenue à M. l'Inspecteur d'Académie Peytraud, qui a accepté la présidence d'honneur.

M. Sorin annonce que les formalités exigées ont été remplies pour l'obtention à la Société de la personnalité civile et transmet les remerciements de MM. Pugeault, secrétaire général de la Préfecture, Mesrine et Bousson, conseillers de préfecture, pour le Bulletin qui leur a été offert.

Présentation de Membres.

A l'unanimité sont admis titulaires :

Sur la présentation de M. G. Stalin :

MM. Boitel, instituteur à Montreuil-sur-Epte (par Magny-en-Vexin), (Seine-et-Oise) ;
    Cabois, instituteur à Orrouy ;
    Odent, propriétaire à Noailles ;
    Doudelle, industriel à Saint-Crépin-Ibouvillers ;
    Delamarre fils, banquier à Clermont ;
    Bouffet, pharmacien à Verberie ;
    le docteur Pauthier, médecin à Senlis.

Sur la présentation de M. le capitaine Denis :

M. Grenier, instituteur à Vauchelles.

Sur la présentation de M. le docteur Magnier :

MM. le docteur Cruard, médecin à Attichy ;
    le docteur Delpierre, médecin à Ansauvilliers ;
    le docteur Chopinet, médecin à Crépy-en-Valois ;

MM. Letalle, propriétaire à Crèvecœur ;
    Martin, propriétaire à Thieux :
    Vasseux, agriculteur à Golancourt ;
    Fabre, conseiller à la Cour d'Appel de Paris à Lassigny ;
    Ch. Dupuis, propriétaire aux Ageux ;
    F. Serrin, propriétaire à Neuilly-en-Thelle ;
    Maître, ancien pharmacien à Bresles ;
    Berdin, propriétaire à Pont-Sainte-Maxence ;
    Emile Dupont, manufacturier à Beauvais.

Sur la présentation de M. Van Heems :

    M. Henry, instituteur à Saint-Paul.

Sur la présentation de M. Sorin :

    M. Decormeille, instituteur à Saint-Samson-la-Poterie.

Sur la présentation de M. Bordez :

    M. Hébert, percepteur de Cires-les-Mello en résidence à Mouy ;
    Mme Desforges, institutrice à Marissel.

M. Georges Durand, archiviste du département de la Somme, lauréat et correspondant de l'Institut, est également admis au titre de correspondant.

COMMUNICATIONS

Mme Moreau, directrice d'école à Beauvais, donne lecture de sa communication : *Le Rôle des Citoyennes de Beauvais dans la Société des Amis de la Constitution (1790-92)*.

Ce travail est l'extension au point de vue local de l'étude d'ensemble de la Société des Amis de la Constitution, entreprise par le Secrétaire. A l'aide de documents recueillis par M. Bordez, et avec sa collaboration, Mme Moreau a défini, d'une façon très simple et très curieuse, le rôle des citoyennes de cette période, tant dans les discussions politiques que dans les manifestations civiques, et la participation à la défense nationale.

Communication de M. le docteur Baudon.

La Société d'Etudes historiques et scientifiques était représentée au Congrès national préhistorique de Périgueux par deux de ses membres les plus autorisés pour l'histoire des âges de la pierre : MM. Baudon et G. Stalin.

M. Baudon rend compte en détail des travaux intéressant l'Oise, de ses propres présentations, et juge fort à propos de donner à ceux qui ne cultivent pas cette science quelques notions de préhistoire. Il parle de la période *éolithique* encore peu connue, de la période *paléolithique* subdivisée en période *chelléenne*, ainsi dénommée des gisements explorés près du village de Chelles (Seine-et-Oise), en période *acheuléenne* ou de Saint-Acheul, faubourg d'Amiens, où furent rencontrés des coups de poing en abondance, en période *moustérienne* ou de la station du Moustier (Dordogne), en époque *solutréenne* ou de Solutré, commune des environs de Mâcon (Saône-et-Loire), et en époque *magdalénienne* ou de la Madeleine, station de la Dordogne.

M. Baudon décrit les spécimens d'armes et outils de chaque époque et les met sous les yeux de ses auditeurs. Il accompagne ses aperçus de remarques toutes personnelles et montre la différence qui existe à ces divers âges au point de vue de la taille du silex et de la forme des instruments.

L'orateur arrive enfin à la période *néolithique* et fournit quelques données sur une phase de transition appelée hiatus, sorte de lacune stérile ne renfermant aucun débris d'industrie, hiatus qui n'existe pas, à vrai dire, et que des trouvailles effectuées dans des stations récemment découvertes ont quelque peu éclairé.

Après de nombreuses démonstrations appuyées sur des pièces de sa collection et des dessins de grottes, M. Baudon aborde son sujet.

M. le docteur Baudon fit au Congrès de Périgueux trois communications.

La première, sur un maillet ou marteau en quartzite, de forme sphérique allongée. Ce maillet rencontré en Amérique, dans les centres miniers, est pourvu d'une rainure entourée de peau et assujetti par un nerf plié et tordu servant de manche.

Les marteaux dans le Nouveau Monde, utilisés à détacher de leur gangue des blocs de minéraux, étaient dans nos régions destinés à extraire de la craie les rognons de silex, comme les pics recueillis dans les puits d'extraction.

Du reste, emmanchés comme ils l'étaient, ils constituaient une arme de défense formidable.

La seconde communication a porté sur une lampe en craie noduleuse découverte à Villers-sous-Erquery, au-dessous de tombes gallo-romaines, en même temps qu'une hache polie et des éclats de silex. Cette lampe présentant encore des traces de combustion, nous apprend que les artistes préhistoriques s'éclairaient vraisemblablement à l'aide de graisse pour graver sur les parois des grottes les effigies délicates que l'on y rencontre encore.

Une lampe absolument semblable, mais en matière volcanique, existe au Musée de Clermont-Ferrand ; la grotte de la Mouthe (Dordogne) a procuré au docteur E. Rivière un autre spécimen au-dessous duquel se remarque une tête de capridé. Une troisième en grès rouge fait partie de la collection Chauvet.

La troisième communication, la plus importante pour notre région, a trait à la découverte toute récente de trois gisements en place, superposés et séparés par une couche de diluvium de nature sableuse et argileuse.

Ces gisements — qu'aucun bouleversement n'est venu modifier — les premiers reconnus dans l'Oise (un d'entre eux, l'inférieur révélera probablement l'existence bien marquée d'une période antérieure à l'époque chelléenne), feront l'objet d'une étude approfondie à la suite des fouilles actuellement en cours d'exécution. Les quelques échantillons des trois âges, dont M. Baudon est détenteur, suffisent déjà cependant pour définir les causes de ces dépôts successifs nettement séparés.

Pour terminer, M. Baudon s'essaye à éveiller chez les membres et particulièrement chez les instituteurs le sentiment des recherches et il insiste sur la nécessité absolue de l'emploi d'une méthode basée sur l'examen stratigraphique et géologique des terrains où les silex ouvrés sont récoltés.

Communication de M. A. Boinet.

GUILLAUME DE FLAVY, CAPITAINE DE COMPIÈGNE

M. A. Boinet, archiviste-paléographe, sous-bibliothécaire à Paris (Sainte-Geneviève), a écrit, à l'intention de la Société, un article bibliographique très net et substantiel sur la thèse de son jeune camarade des Chartes, M. Pierre Champion. Ce livre, élaboré avec une très haute conscience scientifique, est des plus intéressants pour l'Oise ; c'est non seulement une contribution à l'histoire de Jeanne d'Arc, mais encore à l'étude de la vie militaire et privée du XV° siècle.

Il éclaire la campagne de l'Oise 1429-1430), le siège de Compiègne et les mœurs contemporaines au grand jour des documents bien interprétés, selon la plus stricte méthode historique.

Communication de M. H. Quignon.

L'enquête aux archives départementales de la Somme sur les communes de l'Oise a été fructueuse. M. Quignon a relevé dans la série C des renseignements qui intéressent près de cent localités, c'est-à-dire les trois quarts des paroisses du ressort de la généralité d'Amiens avant 1790, aujourd'hui communes de l'Oise.

Il divise les résultats de cette enquête en six catégories :

1° L'administration communale et les syndics de 1787 dans plus de soixante communes ;

2° La question des biens communaux avant 1789 débats avec le seigneur, désaccords au sein des paroisses ou avec les paroisses voisines);

3° L'histoire des manufactures de Feuquières, Grandvilliers, Crèvecœur et Tricot ; très utile étude qui complètera les indications économiques et industrielles de E. Levasseur ;

4° Les ponts et chaussées ou l'histoire de nos routes, très importante surtout au XVIII° siècle ;

5° Les finances et les impôts pour la fin de l'Ancien Régime, le rôle des tailles dans les pays de l'Oise (élection d'Amiens, une vingtaine de communes).

6° Accessoirement, les cahiers des doléances de 41 paroisses (aujourd'hui communes de l'Oise), publiés dans les *Documents* pour servir à l'*Histoire de la Révolution Française dans le département de la Somme* (tome I, 1888), Croissy (tome II, 1891), Gouy-les-Groseillers et Paillart (tome III, 1901), et 38 dont la dernière est Villers-Vermont.

La Société d'Etudes historiques publiera l'analyse de tous ces documents conservés à Amiens et elle aura ainsi tout l'avantage d'un laborieux dépouillement.

Dons à la Bibliothèque.

M. H. Quignon dépose sur le bureau, pour la bibliothèque, plusieurs ouvrages, dont un tiré à part, de l'étude de M. Bordez, sur la *Rivalité entre deux Villages de l'Oise, Sainte-Geneviève et Novillers (1559-1838,); Constitution de Novillers en commune.*

M. Cocu, instituteur à Fosseuse, a rédigé, pour la Société des conférences populaires (président, M. Guérin-Catelain), une conférence modèle sur la *Chasse*, avec projections.

Le Secrétaire général en apprécie la réelle originalité, l'esprit de tradition et l'esprit moderne dont l'auteur a témoigné avec bonheur ; il rappelle que dans son précédent poste, à Montmille, M. Cocu avait constitué une admirable collection d'oiseaux du pays, qu'il montra volontiers à ses visiteurs et plus d'une fois à des élèves du Lycée.

Deux jeunes compatriotes, ardemment épris d'études scientifiques, MM. Alexandre et Albert Mary, offrent les deux premiers tomes de leur étude générale sur l'*Evolution* et le *Transformisme*. Le premier établit l'exactitude du transformisme dans son application à l'évolution du type ammonite et les auteurs affirment avec vigueur leur foi au naturalisme rationnel.

Dans le second tome, orné de quatorze belles planches, les auteurs traitent des mollusques en commençant par les céphalopodes nus actuels et ils reconstituent des paysages sous-marins des plus lointains âges de la terre avec les êtres rudimentaires et les polypes qui les peuplent. Ils ont découvert — et c'est là l'originalité de leur thèse — une monère d'eau douce qu'ils mettent à côté de la matière organisée amorphe ou bathybius marin d'Haeckel et qui relie le monde minéral au monde vivant.

Dans une lettre datée du 12 septembre 1905, Haeckel félicite les auteurs de la découverte du *protamœba nebulosa* et s'intéresse beaucoup à la suite de cette découverte.

Nous reviendrons sur ce point important. MM. Mary nous donneront d'ailleurs la primeur de leur *Excursion aux souterrains de Saint-Martin-le-Nœud*, très importante contribution à la géologie locale.

Avant de lever la séance, M. l'Inspecteur d'Académie tient à remercier la Société de lui avoir offert la présidence d'honneur et l'assure de tout son dévouement.

Il fait ressortir l'utilité des études historiques locales, déclare que la Société d'Etudes vient de lui donner, par sa séance d'aujourd'hui, une preuve de sa vitalité et du très grand intérêt de ses travaux. Il s'associe de grand cœur à cette œuvre utile et, dans ses tournées d'inspection, il fera tous ses efforts pour persuader les membres de l'enseignement de l'utilité de se livrer à ces études ; il engagera ceux d'entre eux qui s'y adonnent à se faire admettre à la Société pour suivre ses travaux et y collaborer.

Séance du 16 novembre 1905.

La séance est ouverte sous la présidence de M. Andrieu.

Sont présents : MM. Ph. Moreau, Leclerc, professeur ; Dangoisse, P. Rousselle, Barat-Lagache, Lenoir, Grélez, Bauché, Carpentier, G. Stalin, Dulac, Degournay, Daubigny, Decugnière, Miesch, Denoyelle, Gourdain, Petit, Georget, Lebrun, le capitaine Denis, Lemaire, Hucher, Quignon, Van Heems, Patte, Bordez ; Mme Moreau et Mlle Geffroy.

Sont excusés : MM. l'Inspecteur d'Académie, Baumont, Proust, Tierce, le docteur Magnier, Dumonté, Delamarre, Ménard, Barbé.

Le procès-verbal de la séance d'octobre est adopté.

Dons pour la Bibliothèque.

Les ouvrages ci-après, offerts par leurs auteurs, sont déposés sur le bureau :

M. Ménard, instituteur : *Le bac de Boran et le passage de l'Oise. — Le pont suspendu.* M. Quignon, professeur : *L'abbé Nollet, physicien ; son voyage en Piémont et en Italie (1749),* d'après le manuscrit inédit de la bibliothèque de Soissons. M. G. Lesobre, ancien conducteur des Ponts et Chaussées : *Etude sur le Calendrier.*

Présentation de nouveaux Membres.

Sont admis :

Sur la présentation de M. G. Stalin :

> MM. Félix, négociant à Noyon ;
> Drugy, négociant à Noyon ;
> Laffont, négociant à Noyon ;

MM. Decroze (Georges), négociant à Pont-Sainte-Maxence ;
Cantrel (Omer), instituteur au Mesnil-Théribus ;
Boullet (Camille), agent général d'assurances à Beauvais ;
Gyot de Préfontaine, inspecteur d'assurances à Compiègne.

Sur la présentation de M. Grélez :
M. Decugnière, directeur d'école à Chambly.

Sur la présentation de M. Bordez :
MM. Grévin, instituteur à Angy ;
Ledru, dessinateur à Beauvais.

Le Secrétaire indique les principales matières qui pourront être traitées en vue du Congrès des Sociétés savantes qui se tiendra à la Sorbonne, en 1906.

COMMUNICATIONS

M. Grélez, instituteur, donne lecture de sa *Monographie communale de Saint-Martin-le-Nœud*. Ce travail est très important au point de vue local et, à ce sujet, le Secrétaire général fait ressortir tout l'intérêt qu'il y aurait à refondre l'œuvre de Graves.

M. le capitaine Denis soumet à l'assemblée deux cachets de justices de paix et trace l'historique de la création de ces bureaux à Beauvais.

M. Bordez communique quelques documents inédits de la période révolutionnaire et les premiers résultats de ses recherches sur le projet d'établissement d'un canal de Dieppe à Beauvais et l'Oise, projet qui captiva Henri IV, mais demeura toujours inexécuté par suite du manque de crédits.

Ce projet, conçu dès 1514, fut successivement repris en 1572, en 1583, en 1615, par un sieur Boileau ; en 1698, par Vauban ; en 1734, sous le ministère du cardinal Fleury ; en 1779, par le marquis de Crécy et un sieur de Rocheplatte ; et enfin, vers 1780, par M. Lemoyne, maire de Dieppe, et Bruslé, mais cette fois avec un tracé différent.

M. Bordez rend ensuite compte d'une visite qu'il a faite à Heilles, sur l'invitation de M. Saulnier, instituteur, à propos de pressantes démarches effectuées par un marchand ou collectionneur, en vue d'obtenir de la municipalité la vente de divers objets et statuettes renfermés dans l'église.

Ces objets consistent en un saint Martin en bois, des vierges, des christs, une statue deux tiers grandeur en pierre, une statuette représentant un saint dans un fauteuil Renaissance sculpté et deux chapiteaux romans que l'amateur promettait de remplacer par des pierres sans ornementation. La somme offerte était dérisoire.

M. Bordez dépeint tous ces objets, cite ceux auxquels il attache une valeur au triple point de vue historique, archéologique et artistique, et déclare que, grâce à la vigilance de M. Saulnier et à l'éclectisme de M. Flamant, maire de Heilles, ils seront conservés.

La disparition de chefs-d'œuvres d'art local est due, la plupart du temps, à des amateurs sans scrupules.

M. Bordez engage ses collègues et notamment MM. les Instituteurs à lui signaler immédiatement tous les objets qu'ils ont remarqués. Le Bureau en fournira la liste à la Commission d'inventaire des richesses d'art.

M. Quignon, secrétaire général, s'associe aux paroles du Secrétaire et remercie tout particulièrement MM. Flamant et Saulnier d'avoir bien voulu informer la Société des pourparlers engagés.

Il rappelle que des prêtres et des fabriques ont pris déjà l'initiative de vendre certains objets d'art, ce qui est purement illégal, car ni les prêtres, ni les fabriques, ni les municipalités n'ont le droit de se dessaisir de ces objets.

Par arrêté du 4 juillet 1905, une commission a été chargée par le Ministère de l'Instruction publique et des Beaux-Arts d'étudier toutes les questions relatives à l'organisation des musées de province et à la conservation de leurs richesses artistiques.

Il va résulter de cette mesure officielle une enquête sur l'état matériel des collections, sur l'organisation scientifique des musées, sur les locaux et sur les catalogues.

Dans un article substantiel de la *Revue d'histoire moderne et contemporaine* (octobre 1905), M. Gaston Brière souligne avec sagacité des lacunes, un manque de méthode, des errements routiniers, des négligences dans la conservation des musées. Beauvais peut prendre sa part de critiques en ce qui concerne son musée. L'utilisation rationnelle du local, le catalogue imprimé, la bonne présentation des collections auraient été, dans la question d'érection d'un nouveau musée, d'excellents arguments qu'on a sacrifiés au profit des beaux projets et des commissions reluisantes. On lira avec satisfaction l'article de G. Brière. Un des congrès de Liège s'est occupé de muséographie très activement. Nous aurons l'occasion d'y revenir.

Bibliographie.

La Révolution Française (14 novembre 1905) a publié, après l'*Intermédiaire des Chercheurs et des Curieux* (20 septembre 1905), une lettre d'André Dumont, représentant du peuple, à Marie-Joseph Chénier, du 17 frimaire an V. C'est la réponse à l'épitre *La Calomnie*.

André Dumont, dénoncé après le 9 thermidor an II par Marie-Joseph Chénier, à l'occasion de Sauveur Chénier et de l'affaire de Breteuil, place le débat personnel sur le sujet de Sauveur Chénier et non d'André Chénier; Dumont avait écrit un mémoire justificatif trois ans auparavant. La lettre à Marie-Joseph Chénier est très vive ; le ton d'André Dumont s'élevait facilement au pamphlet et à l'invective [1].

Dans la même revue, on lira, avec profit, un article d'Alexandre Onou, sur la valeur des cahiers de 1789 au point de vue économique et social.

Pour les élections de Beauvais et Clermont, on peut faire un très utile travail pour l'histoire générale, en classant les cahiers de paroisses selon la nature de leurs réclamations fondées, exagérées ou non ; on peut instituer une comparaison nécessaire avec les documents fiscaux, puisque nous avons les tailles et charges financières de la fin de l'Ancien Régime, pour ces deux élections.

L'abbé Nollet, physicien, son voyage en Piémont et en Italie (1749), d'après le manuscrit inédit de la bibliothèque de Soissons (Amiens, Yvert-Tellier, et Paris, H. Champion, 67 pages), par H. Quignon, est un extrait des mémoires de l'Académie d'Amiens, dont notre Secrétaire général est membre correspondant.

L'auteur a précisé le rôle important de l'abbé Nollet, notre compatriote de l'Oise, dans le mouvement scientifique et économique avant 1750 et l'encyclopédie.

---

[1] Voir à ce sujet Baticle : *Nouvelle Histoire de Breteuil*, Beauvais. D. Père, 1891, 362-373. Il est regrettable que l'*Histoire de la Révolution à Breteuil* n'ait pas été écrite d'après la méthode scientifique moderne.

Il a fait connaître une œuvre inédite, restée dans l'oubli, et il a comparé
ce *Voyage en Italie* avec les voyages connus du président de Brosses (1739)
et de Montesquieu (1728). Il s'est attaché à marquer, dans l'histoire des
idées, une phase caractéristique de l'esprit positif et expérimental en
France, plutôt qu'à faire œuvre de littérature.

Tant de choses restent encore inconnues de cet esprit scientifique du
xviii° siècle que cette petite contribution à son histoire pourra ne pas
paraître inutile.

M. A. Gazier continue la publication des mémoires de Godefroy Hermant,
sur l'*Histoire ecclésiastique du XVII° siècle*, par le tome II, qui raconte
l'histoire de deux années particulièrement remplies d'événements et
d'idées (1653-1655).

Il sera reparlé de cette publication de premier ordre pour l'histoire
générale et surtout pour notre histoire locale.

Séance du 21 décembre 1905.

La séance est ouverte sous la présidence de M. Andrieu.

Sont présents : MM. Sorin, vice-président ; Quignon, secrétaire général;
Bordez, secrétaire ; Van Heems, trésorier; Lenoir, bibliothécaire-archi-
viste ; Philippe, percepteur; Cocu, Gourdain, Boitel, Maillard, Degournay,
Baumont, Dangoisse, G. Stalin, Ménard, Houlé, de Bury ; P. Rousselle,
Barat-Lagache, Martin, Leroux, Albert Mary, Lemaire, Geoffrin, Grélez,
Petit, Brille, Lamouche, Simon, Balardy, Rouget, Daubigny, Leclerc,
contrôleur principal en retraite ; Groult, Maurice et Patte.

Excusés : MM. le docteur Magnier, Georget, Ph. Moreau, Barbé, Jarry,
le capitaine Denis, Pronst, Commessy, Courier, Huet, Bauché et M⁰ᵉ Moreau.

Le procès-verbal de la séance de novembre est adopté.

Huit membres nouveaux sont admis à l'unanimité, ce sont :

Sur la présentation de M. Stalin :

MM. Petit-Delapierre, propriétaire à Songeons ;
Fleury, propriétaire au Mesnil-Théribus ;
Beauchamp, notaire à Pont-Sainte-Maxence ;
Mary (Alexandre), 24, rue de l'Infanterie, à Beauvais ;
Mary (Albert).

Sur la présentation de M. Bordez :

MM. Séné, agent général d'assurances à Beauvais ;
Maillard, instituteur à La Landelle ;
M⁰ᵉ Hochard, directrice d'école à Hermes.

M. Bordez propose un article additionnel au règlement, concernant
l'admission des membres :

Aʀᴛ. 16. — **Admission des Personnes mineures.** — *Pourront faire partie
de la Société les personnes mineures ayant produit un travail rentrant dans
le cadre de ses études. Ce travail sera soumis à la Commission du Bulletin
qui statuera sur l'opportunité de l'admission.*

Cet article additionnel, mis au voix après discussion, est adopté. Pour
la fixation de la date et de l'ordre du jour de la séance publique annuelle,
l'assemblée se reportant à l'article 15 du règlement donne tous pouvoirs
au Bureau.

Le Secrétaire informe les membres désirant prendre part au Congrès officiel des Sociétés savantes de 1906 qu'ils devront, par l'intermédiaire de la

Société, adresser le manuscrit de leur communication au Comité des travaux historiques et scientifiques avant le 30 janvier.

COMMUNICATIONS

M. Patte. — *Dom Jean Huynes, bénédictin (1609-1651).* — M. V. Patte a mis en lumière la figure tout à fait oubliée d'un bénédictin fort estimable, Dom Jean Huynes, né à Beauvais, en 1609, trésorier de l'abbaye du Mont Saint-Michel et auteur d'une histoire de la célèbre abbaye ; cette œuvre importante restée manuscrite, mais utilisée par tous les historiens du Mont Saint-Michel, a été publiée par E. de Robillard de Beaurepaire, à Rouen (1872-1873).

Dom Jean Huynes mourut à Paris, à l'abbaye de Saint-Germain-des-Prés, le 18 août 1651. Le nom de Huynes qu'il emprunta à la paroisse d'Huynes, appartenant au Mont Saint-Michel, nous cache son nom beauvaisien. On a encore de lui une histoire de l'abbaye Saint-Florent-lès-Saumur (dont le manuscrit est à la bibliothèque nationale), contribution remarquable à l'histoire de l'Anjou.

Deux autres manuscrits latins d'un ouvrage commencé existent aussi à la Nationale. Ce Beauvaisien, historien et admirateur de la *Merveille* du Mont Saint-Michel, est digne de figurer au livre d'or du Beauvaisis. M. V. Patte l'a démontré avec beaucoup de justesse.

M. Ménard. — *L'abbaye de Royaumont.* — Au lendemain de la vente de l'abbaye de Royaumont et, pour ainsi dire, de la sécularisation de ce fameux domaine ecclésiastique, évoquant le souvenir de Saint-Louis, mieux que La Neuville-en-Hez, malgré la statue, M. Ménard a trouvé bon d'en rappeler l'histoire telle que l'abbé Duclos l'a écrite, et aussi de compléter l'abbé Duclos avec le demi-siècle postérieur à son ouvrage.

Bien des localités de l'Oise furent intéressées aux destinées de cette riche abbaye, dont le xvii⁰ siècle altéra le beau caractère du style xiii⁰ siècle. Les églises de Viarmes, d'Asnières-sur-Oise (mausolée du comte d'Harcourt du xviii⁰ siècle), de Boran (une stalle du xvi⁰ siècle), recueillirent quelques œuvres de l'église abbatiale. Le reste des bâtiments était devenu une filature de coton ; en 1864, les pères Oblats acquirent le vieux monastère, puis, vers 1880, les sœurs de la Sainte-Famille de Bordeaux y établirent un orphelinat et un noviciat.

Aujourd'hui, tous les bâtiments de Royaumont appartiennent à un seul propriétaire, qui en apprécie la valeur archéologique au point d'en souhaiter faire le cadre d'un musée. Les destinées du Royaumont de Saint-Louis s'achèveraient dans l'éducation du goût public par le beau, tel Chantilly, son illustre voisin.

M. Quignon a souligné l'intérêt de cette étude consciencieuse et toute d'actualité.

M. Bordez. — *Le patriote Palloy, architecte démolisseur de la Bastille, dans ses relations avec le district de Beauvais et la Société des Amis de la Constitution.* — M. Bordez représente ce vainqueur de la Bastille non comme un déséquilibré, mais comme un être original, bizarre, imbu des idées du temps, malheureusement obsédé par le désir de se singulariser et d'imposer son nom à l'histoire de cette époque.

Cet esprit, qu'il ne sut jamais modifier, ne le rendit pas ridicule aux yeux de ces contemporains, mais il fut jugé tel par les hommes pondérés des périodes suivantes.

M. Bordez retrace l'histoire de Palloy, révèle certains détails plutôt humoristiques de cette existence si bouleversée. Il reprend ensuite ce personnage dans ses rapports avec le département de l'Oise et les sociétés populaires, lors de ces envois de débris de la Bastille qui donnèrent lieu dans les districts à des fêtes patriotiques importantes, auxquelles Portiez, député de l'Oise à l'Assemblée Nationale, prit une large part.

Si Palloy s'efforça d'acquérir une popularité déplacée, il avait néanmoins contribué à entretenir un courant d'opinions profitable à la Révolution par les manifestations qu'il provoqua dans les 544 districts des 83 départements, et c'est cette part contributive à l'enthousiasme patriotique et révolutionnaire que l'auteur a voulu signaler.

Bibliographie.

M. Quignon entretient la Société de la publication très érudite par M. Am. Salmon des *Coutumes du Beauvaisis*, de Philippe de Beaumanoir (1900).

M. Salmon a utilisé pour son édition critique onze manuscrits dont deux d'origine beauvaisienne ; le manuscrit ayant appartenu, au xviiie siècle, à l'historien Bucquet, procureur du roi au bailliage, manuscrit aujourd'hui au Musée royal de Berlin, et le manuscrit donné jadis par M. Le Caron de Troussures, à la bibliothèque du Tribunal de Beauvais. Cette édition mérite un examen détaillé.

M. A. Salmon a écrit, dans la *Revue des Bibliothèques*, un article des plus utiles sur ce qu'il a eu l'occasion d'étudier, d'observer à Beauvais, au point de vue des archives et des bibliothèques locales. La Société historique a semblé très frappée des conclusions de l'érudit archiviste parisien et, dans la mesure de ses moyens, leur donnera une sanction. Son bureau, sur la proposition de M. Baumont, est chargé de ce soin.

M. Quignon analyse des documents copiés dans les archives locales par M. Georget, de Troissereux ; il s'agit d'engagements et nominations de maîtres d'école, 8 décembre 1774, 9 mars 1783, 8 frimaire an IV.

L'instruction primaire, en 1888, a fait l'objet d'une enquête à l'Inspection académique de l'Oise.

M. Blond, représentant de commerce à Beauvais, a remis au Secrétaire général neuf pièces sur parchemin dont huit intéressent Beauvais et le Beauvaisis : ces documents sont une incursion dans les archives notariales.

Trois titres concernent la vente, en 1668 et en 1692, de la maison de la rue des Flageots dénommée « A l'Image Sainte-Claude » (côté impair). Cette maison était située entre celle de Vualon de Beaupuis et celle des Trois-Lapins. Antoine Vuatigny, apothicaire, épicier, l'acheta 2,800 livres des sœurs Mille et la revendit 2,500 à François Lesage, marchand mercier. (Etude Houppin, actuellement Me Filleul).

Un titre du 17 décembre 1781 nous apprend que Pannier, compagnon serger, a acheté 800 livres une maison, petite rue et paroisse Saint-Laurent.

Un brevet de maîtrise de tonnelier à Alexis Blondel (7 décembre 1771) et de maîtrise de mercier drapier à Christophe Charles (31 octobre 1778).

Deux titres de la fin du xviiie siècle renseignent sur le prix des terres : un serger de Pisseleux achète 5 mines et demie et trois quartiers, terroir de Blicourt, pour 1,000 livres (notaire Ansiaume, Crèvecœur) ; un laboureur de Marseille achète une mine 424 livres y compris les épingles, lieudit le Chemin-de-Boissy.

Le Secrétaire général remercie M. Blond de son obligeante attention.

Des remerciements sont aussi adressés à M. Rousseau, de Saint-Just-des-Marais, pour la communication d'une *Encyclopédie raisonnée de botanique médicinale*, récompensée à diverses expositions spéciales.

LISTE DES MEMBRES DE LA SOCIÉTÉ

AU 1er JANVIER 1906

Présidents d'honneur :

M. le Préfet du département de l'Oise ;
M. l'Inspecteur d'Académie, à Beauvais.

Bureau :

Président :

M. Andrieu ✠ O., Q, vétérinaire départemental, à Beauvais.

Vice-Présidents :

M. le docteur Magnier Q I., conseiller général, à Beauvais ;
M. Sorin Q I., avoué à Beauvais.

Secrétaire général :

M. Quignon Q, professeur au Lycée de Beauvais.

Secrétaire :

M. F. Bordez Q, architecte à Beauvais.

Trésorier :

M. Van Heems, percepteur à Beauvais.

Bibliothécaire-Archiviste :

M. Lenoir, instituteur à Notre-Dame-du-Thil.

Membre perpétuel :

M. Hamel, rue des Cemonceaux, au Perreux.

Membres titulaires :

MM. Aise, instituteur à Glatigny;

Alépée-Dubois Q, conseiller d'arrondissement, à Labosse;

Assy, instituteur à Gouvieux;

Baqué, négociant à Beauvais;

Babat-Lagache, propriétaire à Beauvais;

Barbé, instituteur à Chavençon;

Bastard, industriel à Andeville;

Batardy, instituteur à Ponchon;

Bauché Q, délégué cantonal, à Mouy;

Baude, instituteur à Balagny;

le docteur Baudon Q, député, à Beauvais;

Baudran Q, pharmacien à Beauvais;

Baumont Q I., proviseur du Lycée, docteur ès-lettres, à Beauvais;

Bayard ✿, instituteur à Villers-Saint-Sépulcre;

Beauchamp, notaire à Pont-Sainte-Maxence;

Bénard, avoué à Beauvais;

Benoist, avoué à Beauvais;

Bensse, directeur de l'école annexe de l'Ecole normale à Beauvais;

Berdin Q I., conseiller général, à Pont-Sainte-Maxence;

Bette ✿, vétérinaire à Grandvilliers;

Bigot, conducteur des Ponts et Chaussées à Beauvais;

Blay, directeur d'école à Méru;

Bloch, professeur de lycée à Beauvais;

Boitel, instituteur a Montreuil-sur-Epte;

Bon Q I., chef de division à la Préfecture, à Beauvais;

Bonnaire, instituteur à Marseille-le-Petit;

Borrée Q, ✿, agriculteur à Epineuse;

Boucher, libraire à Beauvais;

Bouffandeau ✿, Q I., directeur honoraire d'Ecole normale, à Dargies;

Bouffet Q, pharmacien à Verberie;

Boulie, agriculteur à Bresles;

Boullet, agent général d'assurances à Beauvais;

Bourguignon, industriel à Méru;

Bouteille Q, conseiller général, à Auneuil;

Boutroye, instituteur à Labosse;

MM. Brayet, instituteur à Saint-Sulpice ;

Brière ✪, agent-voyer en retraite à Beauvais :

Brulle, instituteur à Laboissière ;

Brulé, adjoint au maire à Clermont ;

Buquet fils, encadreur à Beauvais :

le docteur Caboche, médecin à Beauvais :

Cabois, instituteur à Orrouy ;

Cantrel, instituteur au Mesnil-Théribus :

Carette, pharmacien à Songeons :

Carlier, instituteur à Noailles ;

Carpentier, maire à Hodenc-en-Bray :

Cartier, instituteur à Saint-Félix ;

Charlet, instituteur à La Chapelle-sous-Gerberoy :

Charruault ✪, percepteur à Laboissière ;

Mme Chaudé, institutrice à Silly ;

MM. le docteur Chopinet ✪ I., conseiller général, à Crépy-en-Valois :

Cocu, instituteur à Fosseuse :

Collard (R), industriel à Mouy :

Commelin ✪, chef de division à la Préfecture, à Beauvais ;

Commessy, instituteur à Allonne ; .

Commessy, instituteur à Fouquenies ;

Corbier (J.), propriétaire à Beauvais :

Corniquet ✪, notaire à Grandvilliers :

le docteur Couderc, médecin à Mouy ;

Courier, pharmacien à Beauvais :

Couturier, négociant à Beauvais :

Crépin, instituteur à Cauffry ;

le docteur Cruard ✪ I., conseiller général, à Attichy :

Dangoisse, conducteur des Ponts et Chaussées à Beauvais :

Daret, adjoint au maire à Hodenc-en-Bray :

Daubigny ✪, ancien maire, à Saint-Just-des-Marais ;

Dauboin, sous-ingénieur des Ponts et Chaussées à Beauvais :

Dauchin ✪, ancien président du Tribunal de Commerce de Beauvais :

David (R.), agent d'assurances à Beauvais ;

Debeaupuis, professeur au Lycée, à Beauvais :

Decagny, industriel à Beauvais :

Decormeille, instituteur à Saint-Samson-la-Poterie ;

Decroze (G.), négociant à Pont-Sainte-Maxence :

Decugnière, directeur d'école à Chambly :

Defrocourt, instituteur à Frocourt :

Degournay, instituteur honoraire à Saint-Just-des-Marais :

Delamarche (Ch.), négociant au Hamel :

MM. Delamarre, banquier à Clermont ;
Delamarre, instituteur-adjoint à Mouy ;
Delambre, propriétaire à Saint-Omer-en-Chaussée ;
Delannoy O. ✿, conseiller d'arrondissement, à Haute-Epine ;
Delaroque, libraire à Beauvais ;
Delarue, instituteur à La Neuville-d'Aumont ;
le docteur Delpierre ✪ I., conseiller général, à Ansauvillers ;
Demarseille, propriétaire à Beauvais ;
Demontreuille, instituteur à Oroër ;
Denis ✷, ✪ I., capitaine au 51e de ligne à Beauvais ;
Denoyelle ✪, directeur de l'Imprimerie centrale administrative à Beauvais ;
Mme Déplanque, directrice d'école à Sainte-Geneviève ;
Deschamps ✿, huissier à Chaumont-en-Vexin ;
Descroix (Ed.), adjoint au maire à Sainte-Geneviève ;
Descroix (F.), propriétaire à Cherchell (Algérie) ;
Mme Desforges, institutrice à Marissel ;
MM. Desforges, pharmacien à Méru ;
Deshayes ✪ I., conseiller général, à Méru ;
Deshayes, délégué cantonal, à Amblainville ;
Desjardins, instituteur à Lormaison ;
Devarenne (A.), artiste peintre à Andeville ;
Doudelle, délégué cantonal, à Saint-Crépin-Ibouvillers ;
Douville, instituteur à Villers-Saint-Barthélemy ;
Douville, instituteur à Parnes ;
Drugy, négociant à Noyon ;
Dubus, instituteur à Troussures ;
Dubut, directeur d'école à Grandvilliers ;
Duchatel, ingénieur des Ponts et Chaussées à Compiègne ;
Duhamel, instituteur à La Neuville-en-Hez ;
Dulac, directeur de la succursale du Crédit Foncier à Beauvais ;
Dumonté, instituteur à Troissereux ;
Dupont O. ✷, ✪ I., sénateur de l'Oise, à Beauvais ;
Duporcq, industriel à Villers-Saint-Barthélemy ;
Dupuis (Ch.) ✪ I., conseiller général, aux Ageux ;
Dupuis, instituteur à Ons-en-Bray ;

Fabre O. ✷, conseiller à la Cour d'Appel, conseiller général, à Lassigny ;
Fauquiet, industriel à Mouy ;
Fauré-Hérouart ✪, conseiller d'arrondissement, à Montataire ;
Félix, négociant à Noyon ;

MM. Fleury, délégué cantonal, au Mesnil-Théribus;
    Fontaine, entrepreneur à Beauvais;
    Fortin Q, propriétaire à Beauvais;
    Fournier, maire à Senantes;
    le docteur Fresnel, médecin, lauréat de la Société normande de Géographie, à Crillon;
    Fuison, propriétaire à Beauvais;

    Gamet, négociant à Beauvais;
    Garbet Q, conseiller d'arrondissement, à Beauvais;
Mlle Geffroy, institutrice à Warluis;
MM. Geoffrin, instituteur à Montataire;
    Georget, instituteur honoraire à Troissereux;
    Geudelin, instituteur à Grez;
    le docteur Gilles, médecin au Coudray-Saint-Germer;
    Giot de Préfontaine, inspecteur d'assurances à Compiègne;
    Godde, instituteur à Hondainville;
    Gougibus Q, directeur d'école à Neuilly-en-Thelle;
    Gourdain, instituteur à Saint-Quentin-des-Prés;
    Grelez, instituteur à Saint-Martin-le-Nœud;
    Grenier, instituteur à Vauchelles;
    Grévin, instituteur à Angy;
    Groult Q, propriétaire à Beauvais;
    Guesnet ✿, Q I., ⚜, conseiller général, à La Neuville-en-Hez;
    Gueulle, instituteur à Sérifontaine;
    Guignet, instituteur à Rainvillers;

    Hébert, percepteur à Mouy;
    Hennegrave, photographe à Beauvais;
Mme Henneguy, directrice d'école à Noailles;
 M. Henry, instituteur à Saint-Paul;
Mme Hochard, directrice d'école à Hermes;
MM. Houette, instituteur à Lalande-en-Son;
    Houlé Q, propriétaire à Bury;
    Hucher, instituteur au Déluge;
    Huet, notaire à Beauvais;

    Jarry ⚜, chef de bureau à la Préfecture, à Marissel;
    Joly Q, avocat à Beauvais;

    Laffineur, architecte à Beauvais;
    Laffont, négociant à Noyon;
    Lamouche, instituteur à Courcelles-les-Gisors;
    Lantz Q, lieutenant au 51e à Beauvais;
    Lebesgue (Ph.) Q, délégué cantonal, à La Neuville-Vault;

MM. Lebrun, instituteur à Cires-les-Mello ;

Leclerc, industriel à Ons-en-Bray ;

Leclerc (A.), préposé principal en retraite, à Beauvais ;

Leclerc, professeur au Lycée, à Beauvais ;

Lecointe, greffier de Justice de Paix à Beauvais ;

Lecoq, Juge au Tribunal de Commerce, à Beauvais ;

Ledru, dessinateur à Beauvais ;

Lefèvre, délégué cantonal, à Esches ;

Léger ✸, juge au Tribunal de Commerce, juge de paix suppléant, à Laboissière ;

Lemaire, instituteur à Hermes ;

Le Maire (André), chimiste, 134, boulevard Saint-Michel, Paris ;

Lemaître ✸, conseiller d'arrondissement, à Ponchon ;

Leroy-Payen, délégué cantonal, à Fresneaux-Montchevreuil ;

Leroux ✸, ✸, professeur départemental d'agriculture, à Beauvais ;

Lesbroussart (P.) ✸, industriel à Sainte-Geneviève ;

Lesieur (G.) ✸, conseiller général, à Sainte-Geneviève ;

Letalle ✸, conseiller général, à Crèvecœur-le-Grand ;

Letournir, receveur des Contributions indirectes, à Beauvais ;

Magnier, instituteur à Aumont, près Senlis ;

Maillard, instituteur à Lalandelle ;

Maître ✸, conseiller général, à Bresles ;

Malgat, instituteur à La Houssoye ;

Martin ✸ I., conseiller général, à Thieux ;

Martin, propriétaire à Beauvais ;

Martin (A.), instituteur à Mesnil-sur-Bulles ;

Mary (Alexandre), répétiteur au Lycée, à Beauvais ;

Mary (Albert), répétiteur au Lycée, à Beauvais ;

Massez, propriétaire à Beauvais ;

Mathiotte (G.) ✸, ✸, suppléant de juge de paix, à Belloy-Saint-Omer-en-Chaussée ;

Maurice, instituteur à Bury ;

Melgrani, percepteur à Mouy ;

Ménard ✸, instituteur à Boran ;

Mésanguy ✸, directeur d'école à Crèvecœur-le-Grand ;

Métayer, instituteur à La Chapelle-Saint-Pierre ;

Miesch, percepteur à Beauvais ;

Millet, percepteur, à Liancourt ;

Morda, délégué cantonal, aux Fontainettes (Saint-Aubin-en-Bray ;

Mme MOREAU, directrice d'école à Beauvais ;

MM. MOREAU, professeur de musique à Beauvais :

MOUILLEBEAU, instituteur à Fresneaux-Montchevreuil :

MOUROT, commis principal des Contributions indirectes, à Notre-Dame-du-Thil ;

MULLOT, instituteur au Mont-Saint-Adrien :

ODENT, adjoint au maire à Noailles ;

OLAGNIER, directeur d'école à Mouy ;

OUDAILLE, imprimeur à Beauvais :

PATTE, ancien juge de paix, à Gisors (Eure) ;

le docteur PAUTHIER ✪ I., médecin à Senlis ;

PERROT, vétérinaire à Mouy ;

PETIT-DELAPIERRE ✪, propriétaire à Songeons :

PETIT, instituteur à Amblainville :

PETIT, instituteur à Juvignies ;

PETITHORY, instituteur à Sainte-Geneviève :

PHILIPPE ✪, rédacteur à la Direction des Postes, à Beauvais ;

PHILIPPE, percepteur à Beauvais ;

PICARD, notaire à Noailles ;

PICHET, instituteur à Saint-Germain-la-Poterie ;

POITRIN, instituteur à Grémévillers :

PONCHON (Commune de) ;

POULAIN ✪ I., instituteur honoraire à Sainte-Geneviève ;

PRÉAU (Albert), représentant de commerce, à Beauvais ;

PROUST ✪, ingénieur à Mouy ;

RAGAULT, négociant à Beauvais :

RANSON, instituteur au Coudray-Saint-Germer ;

REMY ✳, 🎖, agriculteur à Neuvillette, par Chaumont ;

ROBERT, percepteur à Saint-Just-en-Chaussée ;

ROBILLARD, instituteur à Hodenc-en-Bray :

ROTTÉE O. 🎖, conseiller général, au Coudray-Saint-Germer ;

ROUGET (G.), instituteur à Villers-sur-Bonnières ;

ROUGETET, instituteur à Novillers-les-Cailloux :

ROUSSELLE (Paul), propriétaire à Beauvais ;

SAINT-CYR, professeur du Lycée, à Beauvais ;

le docteur DE SAINT-FUSCIEN ✪ I., conseiller général, à Grandvilliers ;

SAINT-OMER, maire de Hermes ;

SALENTIN ✪ I., instituteur honoraire, à Méru :

SAULNIER, instituteur à Heilles ;

SCHMIDT ✪, rédacteur en chef de la *République de l'Oise*, à Beauvais ;

SÉNÉ, agent général d'assurances, à Beauvais ;

MM. Serrin ✲, ◎, conseiller général, à Neuilly-en-Thelle ;
Simon, instituteur à Abbecourt ;
Soualle ◎, ✲, président du Tribunal de Commerce de
Senlis, à Pont-Sainte-Maxence :
Stalin (Georges) ◎, représentant de commerce à Beauvais :
Stalin (René), à Beauvais :

Tierce, instituteur à Thury-sous-Clermont ;

Vasseux ◎, conseiller général, à Golancourt ;
Vatellier, instituteur à Anserville ;
Vermont ◎, avocat à Beauvais ;
Vivien, percepteur à Clermont.

Membres correspondants :

MM. Bloch (O.), professeur du Lycée, à Besançon :
Boinet (A.), archiviste-bibliothécaire, attaché à Sainte-
Geneviève, à Paris :
Champion (E.), archiviste paléographe, 9, quai Voltaire,
Paris ;
Dehérain (H.), docteur ès-lettres, secrétaire de rédaction
du *Journal des Savants*, à Paris :
Desgardins (A.), professeur au collège, à Etampes :
Durand (G.), archiviste du département de la Somme,
lauréat et correspondant de l'Institut, à Amiens :
Harlé (D.), professeur au collège de Soissons :
Lediet (Alcius), bibliothécaire, correspondant honoraire
du Ministère, à Abbeville :
Marichal, archiviste de 1re classe aux Archives nationales,
à Paris ;
Dr Manouvrier (L.), directeur de l'Ecole des Hautes Etudes,
Paris ;
de Mortillet (A.), professeur à l'Ecole d'anthropologie, à
Paris ;
Poupé (Ed.), correspondant du Ministère, à Draguignan :
Viard, archiviste de 1re classe aux Archives nationales, à
Paris ;

Sociétés correspondantes :

Société des Sciences historiques et naturelles de Semur-en-
Auxois (Côte-d'Or) ;
Société d'Histoire et d'Archéologie du Vimeu, à Saint-Valéry-
sur-Somme (Somme).

Beauvais. — Imprimerie centrale administrative, 15, place Ernest-Gérard.

PROGRAMME

La Société d'Études historiques et scientifiques du département de l'Oise se donne comme but de travailler à l'avancement décisif de la tâche entreprise par les Sociétés savantes de province, sous les auspices et la direction du Comité des travaux historiques et scientifiques, avec la sanction officielle des Congrès de chaque année.

On sait que le programme des Congrès comporte une section d'histoire et de philologie ; une section d'archéologie (archéologie préromaine, dans laquelle est comprise la préhistoire, archéologie romaine, archéologie du Moyen-Age et archéologie orientale) ; une section des sciences économiques et sociales ; une section des sciences et une section de géographie historique et descriptive.

La Société veut appliquer la méthode scientifique, positive, objective, et l'esprit critique moderne. Elle compte favoriser, encourager, soutenir les recherches individuelles les plus librement choisies et inspirées par les goûts les plus différents, mais toujours elle s'attachera à rappeler les conditions essentielles de tout travail utile à la science générale, la vraie coopération supérieure à l'isolement, les efforts antérieurs connus et dépassés, ce qui constitue le progrès continu. Elle espère enfin révéler à ses membres la joie profonde de travailler pour la société moderne plus consciente de son passé et de ses traditions, mieux informée pour réaliser le progrès, et moins ignorante de notre histoire locale, politique, économique et sociale, surtout des deux derniers siècles.

En initiant des travailleurs nouveaux à cette tâche déjà ancienne, en devenant un nouveau laboratoire d'expériences et de découvertes, la jeune Société départementale arrive à son heure et répond à un besoin signalé par tous les historiens critiques, par les appels officiels, besoin qui existe surtout depuis que l'esprit des Universités régionales, enflammé d'ardeur pour l'histoire provinciale, s'est trouvé en contact avec l'esprit des vieilles Sociétés savantes de province.

**

Le nombre des travailleurs provinciaux est très considérable. La bibliographie des Sociétés savantes de la France de MM. de Lasteyrie et E. Lefèvre-Pontalis a passé en revue les travaux des 655 Sociétés existantes. Il semblerait que le travail produit fût en raison directe de cette statistique. Mais de bons juges ont déploré (1) « l'incohérence persistante des efforts et la dispersion des énergies... ». « Chacun va de son côté, au hasard de sa fantaisie, des documents qu'il met au jour, des trouvailles qu'il fait ». Il n'y a certes pas d'œuvre méthodique : on voit dans ce vaste chantier des jalons et des pierres d'attente. « Que d'efforts et de temps employés, perdus à des sujets peu intéressants ! disait à son tour M. Aulard, au Congrès des Sociétés savantes, le 9 juin 1900. Quel éparpillement, parfois contradictoire, souvent stérilisant des bonnes volontés ! ». Et il fixait, avec une précision magistrale, les grandes lignes de l'effort collectif et méthodique dans l'enquête historique communale et départementale (2).

Selon l'opinion de M. C. Bloch (3), inspecteur général des bibliothèques et des archives, la bonne volonté des instituteurs devrait être utilisée davantage et le nombre des chaires d'histoire locale accru dans les Universités : les Sociétés locales produiraient davantage et mieux si leur éducation scientifique était mieux préparée à la tâche à accomplir, si les initiatives individuelles étaient à la fois plus stimulées et mieux prémunies contre les découragements et les tâtonnements. M. P. Lapie, professeur à l'Université de Bordeaux, a confirmé ces vues par un article remarquable sur la *Mission scientifique de l'Instituteur* (4).

Pour travailler utilement, que faut-il faire? Comment faut-il le faire? Comment peut-on le faire servir à l'œuvre historique qui s'élabore sous nos yeux plus activement que jamais?

---

(1) Dumoulin, dans la *Revue des Etudes historiques* (81-88) 1899.

(2) Imprim. Nation., 1900.

(3) Rapport sur l'*Organisation des Etudes d'histoire locale en France*, présenté à la Société d'Histoire moderne, le 31 octobre 1901.

(4) *Revue pédagogique*, 12, 1904, T. 45, 539-561. Pour l'auteur, le double caractère de cette mission est la recherche des vérités scientifiques, — les plus proches, d'expérience aisée ; — la propagation des vérités morales.

Deux jeunes historiens, MM. P. Caron et Ph. Sagnac, ont exposé en 1902 l'état actuel des Études d'histoire moderne en France, dans la *Revue d'histoire moderne et contemporaine* (1). Ils ont porté à la connaissance du public toute l'urgence de dépouiller les archives communales, départementales, notariales et privées, surtout dans l'intérêt de l'histoire administrative, économique et sociale. M. Henri Berr, directeur de la *Revue de synthèse historique*, est intervenu dans ce mouvement en exposant la synthèse des études relatives aux régions de la France et en demandant à des historiens spécialistes de rédiger pour chaque région un inventaire-programme (2). Cette monographie relative aux travaux régionaux de Gascogne, du Lyonnais, de Picardie, etc., dit, ou dira, quel est l'état du travail, quels sont les résultats acquis, enfin ce qui reste à faire.

Telle est l'œuvre à laquelle nous nous associons : c'est à cet appel que nous répondons avec une ardeur sincère et joyeuse.

En 1904, M. Bayet, directeur de l'Enseignement supérieur, clôturant le Congrès annuel des Sociétés savantes à la Sorbonne, le 9 avril, s'exprimait ainsi sur l'union et la coopération dans le travail provincial (3) : « Ce que je souhaite ardemment pour ma part, c'est qu'entre vos Sociétés (les Sociétés savantes), dont le rôle dans l'avenir ne doit cesser de s'accroître, et entre nos jeunes Universités se conclue une alliance toujours plus étroite, toujours plus fructueuse. Partout où elle s'est établie, elle a donné les plus heureux résultats. Rien ne serait plus contraire à l'esprit scientifique qui doit nous animer tous, que des défiances ou des jalousies injustifiées. Si actives qu'aient été vos recherches dans le passé, le domaine qui s'ouvre à vos explorations futures est assez vaste pour que toutes les bonnes volontés y trouvent leur emploi. »

En venant prendre place à côté des quatre anciennes Sociétés de l'Oise, à Beauvais, Compiègne, Senlis et Noyon, et à côté de

---

(1) Mai 1902, p. 41-52.

(2) L'introduction d'Henri Berr se trouve dans le vol. I *La Gascogne*, de L. Barrau-Dihigo (Paris, Léopold Cerf. 1903. 80 p.). La *Revue d'histoire moderne* (Paris, 17, rue Cujas) renseigne excellemment sur le travail d'histoire moderne en province : les *Annales de l'Est et du Nord* sont l'organe des universités de Nancy et de Lille.

(3) Imp. Nat., 1904, p. 30.

la jeune Société de Clermont, la Société d'Etudes historiques et scientifiques n'a pas de meilleure autorité à invoquer que ces belles paroles qui excluent l'égoïsme ou la vanité des découvertes pour ne voir que l'intérêt supérieur de la publicité, de l'utilité pour tous du travail de chacun, dans la mutuelle solidarité des travailleurs.

Il y a cinquante ans, les Sociétés savantes essaimaient par amour de vie de clocher, indépendante et autonome ; Beauvais, Noyon s'éloignaient de la ruche mère, la Société des Antiquaires de Picardie. Aujourd'hui c'est par l'influence de l'esprit scientifique et de la méthode critique que nous voulons rayonner sur le département de l'Oise.

« Servir la République et l'Humanité par la science, par l'histoire vraie, avoir partout où c'est possible des Sociétés savantes, dignes de ce nom » telle est l'œuvre à laquelle M. Aulard conviait les jeunes historiens de province, « par la création de Sociétés nouvelles où les professeurs des lycées et des collèges ainsi que les instituteurs pourraient jouer un rôle si utile » (1). Nous répondons à ce vœu précis : nous faisons de ce point de vue moderne notre ralliement.

**

Un autre et pressant appel officiel a fixé en 1903 un objet particulier d'investigation aux travailleurs de province. Il émane de la Commission de recherche et de publication des documents relatifs à la vie économique et sociale de la Révolution française. (Circulaire du 24 mars 1904.)

Des Comités départementaux vite constitués ont cherché des correspondants et ont surtout trouvé dans les instituteurs, archivistes communaux, des indicateurs très sûrs des sources et documents de leurs registres d'archives. Les principales questions proposées sont (2) : l'état économique et industriel de la France en 1789, surtout d'après les cahiers de paroisses, ceux des corporations, etc. ; — les droits féodaux ; leur persistance, leur abolition graduelle ; — l'agriculture et les progrès de l'outillage industriel ; le paiement de l'impôt sous la Révolution.

---

(1) Voir la *Révolution française* 14 mai 1903, p. 441.

(2) Circulaire du 12 août 1904. Voir aussi la *Révolution française* du 14 janvier 1904. Le projet de M. Jaurès. La circulaire du 24 décembre 1904 indique les ouvrages généraux les plus importants et les plus récents sur l'histoire de la Révolution.

le régime et partage des communaux : le mouvement de la population dans les villes et les campagnes, etc. La première publication sera consacrée aux cahiers des paroisses de 1789. L'inventaire de la série L et de la vente des biens nationaux (série Q) poursuivi activement dans les archives des départements apporte une aide très précieuse à la connaissance des dernières années de l'ancien régime et de l'élaboration de la France nouvelle.

*
* *

Il reste une dernière question : comment travailler ? — M. P. Caron donnera bientôt une *Instruction destinée à faciliter les travaux d'histoire moderne en province*. Il faut évidemment un apprentissage technique et 1° un minimum de connaissances générales et spéciales ; 2° dans le choix du sujet d'études il faut tenir compte des possibilités d'information (sources imprimées et manuscrites) : 3° il faut choisir des sujets originaux très localisés.

Ainsi, à coté de lui, à ses moments de loisir, le chercheur aura les archives de sa commune ou les minutes du notaire qui voudra bien l'accueillir : il pourra solliciter sans crainte la communication sur place des minutes antérieures à 1850, date officielle adoptée par les Archives nationales qui estiment qu'un demi-siècle suffit pour éviter les difficultés des intérêts privés. Les archives notariales (sur lesquelles la Société documentera ses membres dans son second *Bulletin*) fourniront à Beauvais l'histoire des maisons, du commerce et des corps de métiers (par les inventaires, les baux, les actes d'assemblée), la vie économique des confréries (comptes-rendus annuels), etc. Et, dans les communes, l'histoire économique agricole sera révélée avec le prix des baux, de la terre et les inventaires après décès.

Les archives privées (registres patronaux des salaires, etc.), pourront donner les conditions du travail et des salaires dans les industries de l'Oise. L'étude des archives des communes n'a pas été souvent faite dans un but économique et social (1) M. Aulard

---

(1) Il nous est agréable de rappeler que le Dr Auguste Baudon avait pressenti cette importance des archives locales quand il écrivait (Mémoires Société Académique XV, 1894, p. 606). « Il serait utile de compulser les registres des communes. On y trouverait peut-être certains documents curieux inattendus, des notions plus certaines sur l'histoire de cette époque si féconde en événements tragiques (la Révolution) et sur le développement des idées d'où est sortie la société moderne. »

recommandait en 1900 d'étudier les municipalités cantonales du Directoire, de chercher les éléments de bonnes biographies locales.

Quand une fois on aura lu les statistiques cantonales de Graves (1), indispensables comme point de départ — et l'excellente révision pour le canton de Clermont de MM. Debauve et Roussel, — on verra mieux toute l'étude de détail qu'il convient d'y ajouter par la connaissance des sources aux Archives départementales.

Celles-ci sont trop peu fréquentées à Beauvais ; c'est un service public de la plus grande utilité pour les travailleurs. Il y a d'abord la bibliothèque des ouvrages imprimés concernant l'Oise, qui augmente de jour en jour ses séries locales ; il y a les inventaires des fonds ecclésiastiques. La série II est celle qui renferme le plus de chartes anciennes et de documents concernant les droits des communes et des particuliers : l'histoire territoriale du département est en partie inscrite dans ses titres. Plus de 600 communes de l'Oise ont dans cette série des titres intéressant leur terroir. Une petite brochure spéciale permet de consulter un tableau alphabétique et de découvrir tout de suite les établissements religieux dont les localités dépendaient.

Un répertoire des plans, dressé par l'archiviste E. Roussel en 1899, a été envoyé à toutes les communes, selon le désir du Conseil général, « pour donner aux Archives départementales toute la notoriété départementale qu'elles doivent avoir. » Les plans sont souvent tout ce qui reste des anciennes archives seigneuriales, et leurs indications du xviiie siècle (plans de l'Intendance) ou antérieures sont des plus précieuses,

Les Archives civiles, séries A, B, C, E, O, sont au Palais de Justice. Il y a aux Archives départementales un inventaire analytique manuscrit de la série C ; elle contient de nombreux renseignements sur la fin de l'ancien régime, surtout dans les élections de Clermont, Compiègne, Senlis, Crépy et Noyon, sur les tailles, les impositions, les chemins. Mais il faut compléter l'étude de ce fonds par la recherche des titres qui sont restés aux

---

(2) Les monographies cantonales de Graves parues dans *l'Annuaire de l'Oise* et tirées à part, ont commencé en 1827 par Chaumont après une introduction générale. Les six premières sont : Chaumont, Creil, Nanteuil, Nivillers, Auneuil, puis Froissy et Estrées-Saint-Denis. En 1856 parut une Notice archéologique importante.

archives départementales de l'Aisne, de la Somme, de Seine-et-Marne, de Seine-Inférieure et de Seine-et-Oise. Par les bons soins de ses Membres correspondants, la Société connaîtra et publiera les pièces originales que peu de travailleurs s'avisent d'aller chercher où elles sont : elle commencera par les archives de la Somme son enquête. Nul n'a essayé pour l'Industrie et le Commerce ce que M. de Calonne a fait pour la vie agricole sous l'ancien régime dans le Nord de la France : les tissus de laine, les toiles peintes, les filatures de coton, la tannerie à Breteuil, le machinisme sont autant de questions qui attendent un historien.

La Société justifiera par la nouveauté de son programme, de ses travaux, de ses publications de documents la place nouvelle qu'elle veut prendre dans l'Oise — et qu'elle ne prend à personne.

NOTICE-ÉTUDE SUR UNE STATÈRE

DÉCOUVERTE

dans une sépulture du cimetière franc de Bury (Oise).

Parmi les objets fort intéressants découverts dans les tombes du cimetière franc-mérovingien de Bury, exploré avec soin (1), j'ai recueilli en mai 1904 une « Statère » très fine et délicate et en raison de la rareté de cet objet j'ai pensé qu'il méritait une description détaillée.

« La Statère » (du latin *statera*) est nommée communément : Peson-Romaine ou encore Balance romaine, mais ce dernier terme est impropre car la balance a deux bassins ou plateaux, tandis que le peson romain n'en possède qu'un seul. Quelquefois il n'en avait même pas du tout et le bassin était remplacé par un crochet où l'on suspendait l'objet à peser.

Les statères et les balances à deux plateaux remontent à la plus haute antiquité. Quelques auteurs croient que la statère fut inventée après la balance. On trouve le nom *Maga*, qui signifie balance sur des monuments égyptiens, et d'anciennes peintures égyptiennes représentent des balances. Enfin, les numismates fixent le début du monnayage au commencement du VIIe siècle avant l'ère chrétienne et comme les lingots-monnaies, qui furent les premières monnaies, étaient fabriqués à un poids déterminé, ils sont une preuve incontestable de l'existence de la balance à cette époque.

---

(1) Notice et description communiquées à la Société académique de l'Oise. (*Mémoires de 1905.*)

La Statère trouvée dans une sépulture du cimetière franc de Bury et que j'ai le plaisir de vous présenter est en bronze. Cet instrument, très fragile, dont on se servait pour peser avec un seul poids, est composé d'un fléau (scapus) ou levier inflexible de 140$^{m/m}$ suspendu à l'un de ses points par une poignée (ansa) ou crochet, qui le divise en deux bras inégaux. Ce crochet qui sert à suspendre notre peson, très étroit à sa base (3$^{m/m}$) s'élargit en formant la courbe. Sa plus grande largeur est à son extrémité de 6$^{m/m}$. Plat du côté inférieur, il est bombé du côté supérieur et sa ligne médiane est en creux.

Sur le bras le plus long du fléau glisse un poids-curseur (æquipondium) de 3 grammes 1/2.

Ce poids mobile est formé d'une petite demi-sphère ornementée et surmontée d'une tige à anneau.

A l'extrémité du bras le plus court qui est aplati, se trouve un œillet par lequel passe un petit anneau auquel est suspendu une tige de 28$^{m/m}$ qui relie les trois chaînettes du petit plateau ; celui-ci rond et légèrement concave est percé, à distances égales, de trois trous pour fixer les tiges de suspension. Le diamètre du plateau est de 30$^{m/m}$ et les chaînettes ont 83$^{m/m}$ de longueur ; elles offrent cette particularité que tout le milieu est formé d'une bande très mince tordue en spirale sur son axe, tandis que dans les rares statères connues les chaînettes sont presque toujours formées de petits anneaux (1).

M. Pilloy, notre éminent collègue de Saint-Quentin, membre du Comité des Travaux historiques, nous écrit à ce sujet :

« Votre balance est intéressante à cause surtout des chaînettes qui supportent le plateau : ordinairement ces plateaux étaient supportés par des fils, c'est pourquoi on ne trouve généralement dans les tombes que le fléau et le ou les plateaux, suivant que la balance est une romaine ou une balance ordinaire à deux plateaux, à fléau supportant par le milieu la tige de suspension. »

Entre l'extrémité du bras le plus court et le crochet de suspension, fixé lui-même à un appendice à œil au dessus du fléau, se trouve un second appendice à œil en dessous : auquel est attachée une autre poignée à double effet de la longueur de 30 $^{m/m}$, qui devait être tenue sans doute entre deux doigts, car elle ne forme pas le crochet.

Lorsque l'on voulait effectuer une pesée, on approchait ou l'on éloignait le poids-curseur du point d'appui (par son glissement sur la branche du fléau graduée par des encoches) afin que la distance fasse puissance. Le poids-curseur devait, pour faire équilibre au corps, rendre naturellement le fléau horizontal.

La Statère de Bury est à double effet ainsi que l'indique la seconde poignée placée au-dessous de la partie du fléau la plus rapprochée du plateau.

Par une idée ingénieuse, le fléau, pour un poids supérieur devenant trop court, on retournait l'instrument et on se servait de cette seconde poignée, ce qui allongeait le fléau de 20 $^{m/m}$ et permettait d'augmenter le poids déposé dans le plateau.

Le poids (maximum) pouvant être placé dans le plateau est d'environ 10 grammes en se servant du crochet de suspension.

« On a essayé de rechercher la relation existante entre les divisions et subdivisions, nous dit M. Boulanger en parlant d'une statère découverte en Artois, mais quelque chose manque probablement à l'appareil, car un poids double d'un autre, ne donne pas le double des quantités déterminées par les encoches du fléau. »

L'oxydation a détérioré une partie de ces encoches.

Le poids total de la Statère de Bury ne dépasse pas 15 grammes. Cette petite romaine fort gracieuse, et surtout complète, est une des plus fines et des plus légères, parmi celles découvertes

---

(1) V. la balance romaine d'Eprave (Belgique), ainsi que celle découverte en Artois décrite par M. Boulanger. *Mobilier funéraire gallo-romain et franc en Picardie et en Artois.*

dans les nécropoles franques du nord de la France et de la Belgique. Cette Statère avait été déposée dans un sarcophage de pierre, dans lequel nous avons aussi recueilli : un couteau, une poterie rouge très clair, six petites perles, une grosse et une moyenne boucle de ceinturon en bronze, une très légère cuillère à parfum en bronze et une bague en bronze surmontée d'une pierre verte ronde et simple, enfin un petit bronze de Tétricus.

Plusieurs de nos savants collègues qui se sont occupés des balances ont eu l'obligeance de m'écrire au sujet de cette Statère en me donnant leur appréciation.

En Belgique, d'après l'aimable communication de M. Georges Cumont(1), il n'existe qu'une seule petite balance dite « Romaine », elle provient du cimetière franc de la Croix-Rouge, à Eprave (province de Namur, arrondissement de Dinant); cette Statère fait partie des collections du Musée d'archéologie de Namur; elle présente beaucoup d'analogie avec la balance trouvée au « Jardin-Dieu », de Cugny (Aisne) dont je parlerai, ainsi qu'avec celle de Bury.

La Statère d'Eprave est parfaitement conservée et possède encore son poids curseur. Le fléau porte plusieurs encoches indicatives. Elle est en bronze et son plateau unique, ainsi que nous l'avons dit plus haut, est rattaché au fléau par trois grosses chaînettes.

M. Béquet (2) qui l'a étudiée se demande si les Francs ont pu fabriquer un objet d'une technique aussi savante. « C'est douteux, dit-il : sont-ils venus en possession de cette balance en pillant des Gallo-Romains, où l'ont-ils simplement achetée chez ceux-ci ? Quoi qu'il en soit, il serait difficile de déterminer si elle a été fabriquée par un ouvrier gallo-romain ou par un franc ». M. Béquet l'attribue cependant plus volontiers à un ouvrier franc, car si la forme en est romaine, remarque le savant archéologue, sa technique paraît plutôt franque. Il ajoute qu'il n'a jamais rencontré ces petites balances, ni dans les villas, ni dans les tombeaux de l'époque romaine.

M. Cumont après avoir soigneusement étudié la balance d'Eprave, dit qu'elle lui semble de fabrication gallo-romaine, à cause de la perfection de travail, et de la science qu'exigeait son agencement ; elle lui paraît dater du vi^e siècle.

Une autre Statère a été trouvée tout récemment en Artois et décrite par M. Boulanger, de Péronne, dans le remarquable

---

(1) G. Cumont. *Annales de la Société d'Archéologie de Bruxelles*, 1891, p. 64, pl. IV, fig. 3.
(2) *Annales de la Société archéologique de Namur*, t. XV, pp. 319-321.

travail traitant du « Mobilier funéraire gallo-romain et franc, en Picardie et en Artois (1) ». Cette Statère possédait encore son poids curseur et l'un de ses crochets de suspension, ainsi que les chaînes du plateau : ces chaînes sont également différentes de celles de la Statère de Bury.

A Anderlecht, on a trouvé dans les ruines de la villa belgo-romaine du champ de Saint-Anne, en 1888, un fléau de Statère.

M. L. Vanderkelen-Dufour (2) s'est inspiré de ces trois objets pour la reconstitution d'une « Statera » qu'il a offerte en 1904 au Musée de la Société d'archéologie de Bruxelles. En comparant la Statère que nous avons découverte à Bury à celle reconstituée de tous points par M. Vanderkelen nous ne pouvons que féliciter notre confrère de Bruxelles, car sa « Statère » se rapproche beaucoup de notre romaine complète qui gisait depuis des siècles dans une sépulture franque de notre département si riche en découvertes archéologiques.

M. J. Pilloy, de Saint-Quentin, le savant archéologue bien connu par sa nouvelle classification concernant l'époque franque et par ses nombreux travaux très appréciés, a trouvé aussi une Statère au Jardin-Dieu de Cugny, canton de Saint-Simon (Aisne), dans la tombe d'un franc. Il y avait comme peson, nous écrit-il, un petit bronze de Claude le Gothique pesant 2 grammes ; M. Pilloy a fait une étude spéciale sur les balances (3).

Ces quelques romaines dont nous venons de parler sont les rares Statères complètes connues dans le nord de la France et en Belgique. Elles nous semblent très peu connues dans le centre de la France, car, d'après les communications que nous avons reçues, sur des milliers de sépultures franques découvertes en ces régions, il n'en est cité aucune d'un modèle aussi minuscule et avec un seul plateau indiquant bien la « Statère ».

Les opinions sur les services qu'ont bien pu rendre ces balances, soit balances à doubles plateaux, soit Statères, sont très partagées : j'ai donc noté les avis de quelques savants qui se sont occupés des balances, trouvées dans les cimetières barbares.

Cochet (4) au sujet de la découverte en 1855 à Envermeu (Seine-Inférieure) d'une balance à deux plateaux et d'une monnaie romaine à la ceinture d'un guerrier franc, estime : que cette balance n'avait pu servir qu'à peser des choses précieuses,

---

(1) Fascicule 1er, pl. VIII, fig. 1.

(2) Reconstitution de la « Statère ». *Annales de la Société d'Archéologie de Bruxelles*, 1904.

(3) *Bulletin archéologique du Comité des travaux historiques du Ministère de l'Instruction publique de 1898.*

(4) *Sépultures gauloises, romaines, franques et normandes*, Paris, 1857.

telles que de l'or ou des pierreries ; il ne suppose pas qu'elle ait pu servir à un orfèvre ou à un bijoutier à cause des armes trouvées avec l'instrument (cependant à l'époque franque tout homme était armé.)

Ces armes, dit-il, viennent confirmer la supposition qui ferait de ce soldat un agent du fisc, ou mieux un officier monétaire.

L'abbé Cochet et M. de Pétigny ont longuement disserté sur les balances à deux plateaux et sur leur usage dans l'antiquité. M. de Pétigny incline à faire de ce guerrier, un comptable, un receveur des finances, un gérant du domaine royal.

L'abbé Cochet a rappelé la découverte, en 1850, à Ozingell (Kent), d'une petite balance à deux plateaux, parfaitement conservée, et accompagnée d'une série de monnaies romaines servant évidemment de pesons, puisqu'elles portaient des marques gravées indiquant le poids de chacune d'elles. Il ajoute que le révérend Fausset dit avoir trouvé une autre petite balance avec ses vingt poids, en septembre 1762, dans le cimetière saxon de Gilton-Town, près Ash, dans le Kent, à côté d'un guerrier armé d'une épée et d'un bouclier « chose qui se rattache bien à des fonctions fiscales et monétaires » (1).

L'abbé Renet (2) au sujet d'une balance à deux plateaux recueillie par l'abbé Hamard dans les fouilles d'un cimetière franc-mérovingien, à Hermes (Oise), dit : que dans la même tombe se trouvait une épée longue et large avec un scramasax ; il pense que cette balance à plateaux et fléau si délicats, ne pouvait avoir servi qu'à peser des monnaies. Il ajoute « lorsqu'il y avait un impôt à lever, l'officier du fisc, chargé de cette opération, parcourait, accompagné d'un monnayer, les pays auxquels le tribut était imposé. La valeur demandée était perçue en métal. Lorsque la collecte était suffisante, le monnayer fondait, épurait la matière et frappait les pièces de monnaie dans la localité où il se trouvait. Le coin portait son nom et celui de la ville ou du village dans lequel il avait sa résidence. Hermes aurait donc eu son monnayer sous les Mérovingiens ». A Bury, il pourrait en être de même quoique la balance de Hermes soit à deux plateaux et celle de Bury une statère. Mais cela me paraît peu probable, attendu qu'il n'a été trouvé, ni à Hermes ni à Bury, aucun objet servant à la fabrication des monnaies.

Avec la balance de Hermes on a trouvé un petit bronze romain

---

(1) Pilloy. Etudes sur d'anciens lieux de sépulture dans l'Aisne. *Le Jardin-Dieu de Cugny,* p. 50.

(2) Les fouilles de Hermes, 1878-79. *Mémoires de la Société académique de l'Oise,* t. XI, 1880.

du bas Empire, portant la légende « *gloria romanorum* », qui a
dû servir de peson.

A Arcy-Sainte-Restitue (arrondissement de Soissons), M. Frédéric Moreau (1) a trouvé en 1877 une petite balance à deux plateaux, avec deux monnaies romaines comme pesons, ainsi que deux instruments semblables, dont les pesons étaient pour l'un : un petit bronze de Posthume; et pour l'autre, une monnaie de Constantin Ier.

M. Michel Hardy, qui a aussi trouvé à Eu une balance à deux plateaux dans la sépulture d'un Franc, adopte la même opinion (2) que l'abbé Renet. Comme à Envermeu et à Hermes, le guerrier d'Eu est armé de l'épée et entouré d'un riche mobilier funéraire.

M. Hardy fait de ces trois personnages des monétaires. Quant à Arcy, où les tombes à balances ne renfermaient que des objets de moindre valeur, il croit y reconnaître de simples monnayers.

M. Cumont (3) remarque que les balances étaient aussi nécessaires aux orfèvres qu'aux agents du fisc, et ajoute que la légèreté et la fragilité de ces objets ne permettaient de les employer qu'au pesage d'objets de petit volume, tels que : les métaux précieux, les bijoux et les monnaies. A une époque où les monnaies n'étaient pas frappées avec la régularité et la précision mathématique de nos jours, il importait de peser chaque pièce qu'on recevait. M. Cumont cite un passage de la loi Gombette (loi des Bourguignons) du texte de laquelle il résulte que les monnaies d'or étaient alors prises au poids, à l'exception de quatre espèces.

M. Pilloy pense avec raison qu'il y avait bien d'autres professions dont l'exercice nécessitait aussi l'emploi de minuscules balances de précision. Est-ce que les médecins, dit-il, les oculistes, les apothicaires, ne confectionnaient pas certaines drogues qui devaient être pesées très exactement? Les fabricants et vendeurs de parfums ou d'épices, que l'on faisait venir de l'Orient et qui se vendaient au prix de l'or, ne devaient-ils pas aussi en avoir besoin?

Cette opinion se trouve accréditée par la découverte que nous avons faite à Bury d'une minuscule cuillère à parfum en bronze,

---

(1) *Album Caranda*. Cette balance est dessinée, en grandeur naturelle, sur la planche sup. O de l'Album.

(2) *Le Cimetière franc d'Eu (S.-Inf.) et la Tombe d'un Monétaire*. Rouen, 1891.

(3) G. Cumont. Balances trouvées dans les tombes des cimetières francs d'Harmignies (Hainaut), de Belvaux, de Waucennes et d'Eprave (prov. de Namur). *Annales de la Société d'Archéologie de Bruxelles*, vol. V, 1891.

qui se trouvait dans la même tombe que la balance, ainsi que d'une autre, trouvée plus loin, plus grande et fort gracieuse, de style gallo-romain, dont le manche est en bronze et la cuillère en verre finement striée en forme de coquillage. Ces petites cuillères trouvées près de la statère, pourraient bien avoir quelque rapport avec celle-ci et doivent avoir servi à recueillir des médicaments ou des parfums qu'on pesait sur la romaine.

En résumant l'ensemble de ces réflexions, il résulte, d'après nous, que :

1° Les statères très rares avaient comme peson un poids curseur et souvent une monnaie de contrôle dans l'unique plateau ;

2° Que les balances à deux plateaux, également rares, mais plus répandues, avaient comme pesons, des poids marqués, de différentes manières mais la plupart du temps, des monnaies ;

3° Que toutes ces balances minuscules et si fragiles servaient aussi bien à peser ou contrôler des monnaies, que des bijoux, pierres et métaux précieux, parfums, médicaments.

Toutes ces hypothèses sont admissibles et nous nous bornons ici à constater un fait sans formuler aucune affirmation.

A. HOULÉ.

LE BAC DE BORAN ET LE PASSAGE DE L'OISE

LE PONT SUSPENDU

Un peu en aval de Quierzy qui rappelle les Mérovingiens, l'Oise arrose les anciens pays qui ont formé le département auquel elle a donné son nom, depuis un kilomètre en amont de Brétigny, rive gauche, jusqu'un peu au-delà de Boran, rive droite. Le parcours sinueux de la rivière est de 105 kilomètres environ, à travers les six cantons de Noyon, Ribécourt, Compiègne, Pont-Sainte-Maxence, Creil et l'extrême pointe du canton de Neuilly-en-Thelle, constituée uniquement par le terroir de Boran.

L'Oise a joué un rôle historique très important, non seulement sous les Mérovingiens et les Carolingiens qui avaient assis sur ses bords leurs palais et leurs fermes ; mais elle a levé sa barrière féodale de forteresses sur le chemin des invasions normandes et anglaises. La féodalité laïque et religieuse n'a pas manqué d'ériger en privilèges les grands et les petits passages de ses ponts et de ses bacs, contre lesquels la royauté a établi des contrôles et des conflits redoutables. L'histoire d'un des grands ponts de l'Oise, Compiègne, Pont, Creil, Saint-Leu-d'Esserent, serait un chapitre qui présenterait le drame du passé en un puissant raccourci; il y a, certes, bien des points plus intéressants que le passage de l'Oise à Boran, mais, à notre exemple, d'autres chercheurs seront curieux de les étudier. Boran c'est, dans notre département, le dernier passage en aval de la rive droite de l'ancien pays chambliois, à la rive gauche du Valois senlisien forestier.

Le passage de l'Oise à Boran se faisait autrefois au moyen d'un bac qui suppléa au pont construit plus haut pendant l'occupation romaine avec la voie du même temps, selon toutes les probabilités, en face Morancy, écart de la commune, et dont la forteresse fut démantelée sous le règne de Louis XI. Dans son Histoire de Royaumont, l'abbé Duclos dit qu'il y a des actes de Saint Louis concernant le péage.

Le passage du bac sur la rivière était utilisé par les habitants pour passer leurs instruments aratoires, leurs voitures attelées et chargées de fumier ou de récoltes et leurs bestiaux, afin de les faire pâturer dans les marais communs sur la rive gauche (1). La dame de Rozier de Boran détenait ce droit et recevait par année le fermage d'une somme de 400 livres, vers la fin du xviiie siècle. Sur le plan de l'intendance de 1785, le bac est indiqué en face du parc du château sur une chaussée qui mène aux prairies et au port dormant, avec un petit bassin.

En l'an II de la République française, le bac était affermé au citoyen Jean Fanfarre par le district de Senlis; sur sa demande, la Municipalité de la commune de Boran s'en occupa, ayant intérêt à le conserver en bon état, et prit la délibération suivante : « Ce jourd'hui, dix-huit germinal de l'an deuxième de la « République française, Nous, maire et officiers municipaux de « la commune de Boran, d'après la représentation qui nous a « été faite par le citoyen Jean Fanfarre, bacquier dudit Boran, « que le bacq qu'il conduisoit et qu'il lui étoit affermé par le « district de Senlis étoit en tres mauvais état, et sur sa repré- « sentation nous nous somme transporté audit bacq et avons « reconnu que le dit bacq étoit en tres mauvais état et qu'il étoit « tres urgent d'en faire faire une visite par des citoyen char- « pentier de bateaux afin qu'il puisse donné des renseignements « nécessaires sur la nécessité de réparé le dit bacque ou d'en « monté un neufe : sur quoi, avons délibéré qu'il en pourait « presenté acte aux citoyens administrateur du Directoire révo- « lutionnaire du district de Senlis affin qu'il puis estatuer à « nomé des commissair charpentier de bateaux pour pouvoir « rendre compt des besoins tres urgent dont et le dit bacq, « parce que le moindre evenement seurait dans le ca de faire « perir le dit bacque, ce qui interromperoit le passage qui « seurait tres dangereux pour les voiture qui passe continuel- « lement pour porté des vive aux armé et ainsi qu'à Senlis et à « Chantilly et aux autre commune voisine. Fait et arrêté au « temple de la raison et de la réunion du dit Boran le jour et an « que dessus et avons signé. » Suivent les signatures de Fanfart, maire; Heaumé, greffier : Auchois, agent : Mennessier, Courtois, Viart, Antoine Salentin, Duflos, Jean-Vast Mauger, Cœur d'Egalité (2), etc.

La même année eut lieu la convention de la réparation à faire au bac et l'acte ci-dessous fut dressé par le commissaire du district de Senlis et la municipalité : « Ce jourd'huy, quatorze « thermidore, deuxième année republicaine. En vertu de l'areté « du directoire revolutionnaire du district de Senlis s'est presenté « le citoyen prévost commissaire expert du district chargé par « une commission exprès qui nous a presenté à l'effet de proceder « conjointement avec la municipalité dudit lieu à la convention « de la reparation à faire au bacq dudit Boran, la ditte reparation « doit etre faitte conformement au detaille du proces verbal qui « a eté fait sur le lieu par le citoyen prevot commissaire expert « du district et les citoyens Le Mariée pere et Gabriel Hemet « tous trois reqfierie a cette effet. En conséquence il resulte que « la reparation audit bacq d'apres le devis dont ils ont une pleine « connaissance, fournire tous les mattériaux et main d'œuvre « necessaire pour parvenir a la confection desditte ouvrage pour « prix et somme de douze cent cinquante livres, la commune « dudit lieu est authorize à donner audit entrepreneur dans le « courant de l'ouvrage la somme de six cents livres et le surplus « apres la reception duditte ouvrage faitte et arettez le meme « jour et an que ci-dessus et avons signé. » L'acte porte les signatures de Prévot commissaire du district, Fanfart, maire ; Heaumé, greffier ; Mariée, Pierre Auchois, agent municipal ; Mennessier, Thomassin, officier ; Fourquier.

Les entrepreneurs se mirent de suite à l'ouvrage : ils exécutèrent rapidement les réparations au bac conformément aux devis et convention, et leur travail, jugé convenable, fut reçu le deux fructidor an second de la République par Prévot commissaire expert du district de Senlis accompagné des officiers municipaux de la commune de Boran.

Le procès-verbal de réception est signé par ledit Prévot, Fanfart, maire ; Heaumé, greffier ; Auchois, agent, et Thomassin.

Le passage de l'Oise était assuré et devait durer ainsi jusqu'au 31 mars 1841, époque à laquelle le bac fut remplacé par un pont en bois suspendu.

On sait par une réclamation autographe du comte de Parabère datée de Boran, le 13 juillet 1806, que le bac de cette commune appartenant à sa sœur, Mme de Saucy, avait été saisi en l'an VII par le Gouvernement et estimé contradictoirement d'après la loi ; M. de Parabère en réclamait le payement ; la réponse qu'il reçut le 24 du même mois était favorable et indiquait l'étude de l'affaire qui ne fut suivie d'aucune solution.

L'idée de construire un pont sur l'Oise avait été soulevée au commencement du xviiie siècle par le duc d'Orléans, régent de

France, qui venait fréquemment à Royaumont et à Boran, au temps du prince François-Armand de Lorraine (1), abbé commendataire de la célèbre abbaye.

Ce projet fut ajourné, on ignore vraiment pourquoi. Un siècle devait s'écouler avant qu'il fût repris.

L'adjudication des travaux à exécuter pour la construction d'un pont suspendu en bois sur l'Oise à Boran fut passé au profit de M. Donatien Marquis, propriétaire à Chambly, moyennant un cautionnement de quinze mille francs déposé par lui à la Recette générale du Département pour la garantie de son entreprise. Approuvée le 24 dudit mois par M. le Ministre de l'Intérieur, cette adjudication donnait à M. Marquis la concession d'un droit de péage à percevoir à son profit pendant quarante-neuf ans, conformément au tarif établi par l'ordonnance royale du 13 juin 1839.

Après avoir été soumis aux épreuves prescrites par le cahier des charges, le 24 mars 1841 et résisté convenablement, ce pont fut ouvert le 1er avril 1841 ; le bac du passage d'eau avait cessé la veille au soir. Un chemin rural portant son nom en rappelle le souvenir. Quelques madriers de sa charpente vendue servirent à faire des poutres de bâtiments et, les planches, des portes cochères qui existent encore aujourd'hui.

A la date du 20 mai 1841, le maire et les conseillers municipaux de Boran adressèrent une pétition à M. le Sous-Préfet de Senlis, demandant qu'il fût apporté des modifications au tarif perçu au passage du pont suspendu, lequel était onéreux pour la classe ouvrière. Il leur fut répondu que ce tarif avait été soumis aux enquêtes prescrites par la loi, arrêté par l'ordonnance royale du 13 juin 1839 et qu'il y avait dès lors obligation pour le concessionnaire, comme pour les habitants de Boran, de s'y soumettre pendant les quarante-neuf ans de péage et qu'il n'existait aucun moyen de les en dispenser.

La construction du chemin de fer et plus particulièrement celle du chemin de halage causèrent un préjudice aux concessionnaires du pont : ce fut en vain qu'ils demandèrent au Conseil municipal, au mois de juillet 1851, une prolongation de leur péage.

Le Conseil reconnut que la perte qui les atteignait était notoire et fut d'avis que l'Administration supérieure les indemnisât, attendu qu'au moment de la construction du pont, ils n'avaient pu prévoir l'établissement du chemin de fer ni la construction du

---

(1) *Histoire de Royaumont,* par l'abbé Duclos.

chemin de halage qui diminuaient considérablement la recette du péage, mais il dit aussi qu'il ne serait pas juste d'engager la génération future de la commune à payer une contribution dont le terme avait été fixé à quarante-neuf ans et décida qu'il n'y avait pas lieu d'accorder aucune prolongation à la durée du péage.

Vers 1853 l'Administration se vit dans l'obligation de faire démonter ce pont dont la volumineuse et lourde charpente s'affaissait de jour en jour, la résistance des tiges de fer articulées étant probablement trop faible. Celles-ci furent remplacées par des câbles de suspension et de tension métalliques et devant être, pour leur conservation, fréquemment goudronnés. Un bac assura de nouveau le passage de la rivière pendant la durée des travaux qui n'excéda pas six mois.

La perception des droits de péage cessa le 1ᵉʳ avril 1890. Quelque temps après, à la charpente en bois fut substituée une autre en fer, sans que la circulation ait été entravée.

Un arrêté de M. le Préfet de l'Oise, en date du 21 juin 1889, limita, dans l'intérêt de la sûreté publique, à 2,500 kilogrammes le poids des véhicules passant sur ce pont qui enjambe hardiment les deux rives de l'Oise, sur une largeur de 65 mètres. Il joint l'élégance à la solidité et c'est avec plaisir que le voyageur s'arrête à cet endroit pour admirer le ravissant paysage que, de tous côtés, la vallée de l'Oise offre à ses yeux.

Quelques Français étrangers au village et sans aucun mandat parlèrent de le faire sauter en 1870 à l'approche des Prussiens. Heureusement le gardien et péager s'opposa énergiquement à ce sacrifice inutile et dont les conséquences eussent coûté cher à la commune.

Les Allemands eurent aussi l'intention de le détruire au lendemain du combat de Formerie, étant sérieusement menacés dans la direction de Beauvais. Après avoir pris leurs dispositions à cet effet, nos ennemis renoncèrent à leur dessein. Sa réalisation aurait attristé davantage les Boranais en ces jours d'inoubliable deuil.

Les chemins de grande communication de Plailly à Neuilly-en-Thelle, n° 118 et de Chantilly à la station de Chambly, n° 21, rendent la circulation très active sur le pont de Boran, en même temps que l'Oise est sillonnée par de nombreux bateaux pesamment chargés de houille, de pierres, de bois, de vins, etc, et presque tous tirés par des remorqueurs à vapeur, depuis la construction d'une nouvelle écluse en 1894, plus grande que l'ancienne, servant toujours à la navigation.

E. MÉNARD.

LA PREMIÈRE ASSEMBLÉE ÉLECTORALE

du département de l'Oise (10-17 mai 1790)

STANISLAS DE GIRARDIN

Les citoyens actifs du département de l'Oise furent convoqués pour la première fois en assemblées primaires du 29 avril au 7 mai 1790.

Des 539 électeurs à qui ils déléguèrent leurs pouvoirs, 475 se réunirent à Beauvais, le lundi 10 mai, à dix heures du matin, dans l'église des Minimes (1), sous la présidence du doyen d'âge, Jean Roisin, de la paroisse de Lihus, avocat en parlement. Etienne-Nicolas Calon, de Grandvilliers, ancien officier, chevalier de Saint-Louis, voulut bien se charger provisoirement des fonctions de secrétaire. D'Autry, de Senlis, Pierre Bourgeois, de Guiscard, et Louis-Philippe Amaury, de La Croix-Saint-Ouen, consentirent à remplir l'office de scrutateurs.

L'après-midi, dans une seconde séance, on procéda à la vérification des procès-verbaux des assemblées primaires et à l'appel des électeurs. Puis le président provisoire déclara constitué le « corps électoral du département de l'Oise », et ajourna au lendemain la désignation des membres du bureau définitif.

Un électeur du canton de Plailly, Girardin, proposa alors à ses collègues de voter des remerciements à l'Assemblée nationale et d'affirmer leur dévouement à la Constitution :

« Messieurs, dit-il, notre glorieuse révolution, dont l'histoire des empires n'offre pas d'exemple, n'a pu s'opérer que par la force de l'opinion publique et l'énergie nationale. Cette régénération complète du royaume de France, cette constitution qui nous assure le plus précieux des biens, la liberté et l'égalité politique. ne s'est faite, vous le savez, qu'en livrant pour ainsi

---

(1) Le Théâtre occupe une partie de l'emplacement de l'ancien couvent des Minimes.

dire un combat à chacun des Décrets, dont le but était évidemment la prospérité et le bonheur du peuple. Il fallait vaincre les résistances de l'intérêt particulier, qui est toujours en opposition avec l'intérêt général ; il fallait encore triompher de l'ambition, de la vanité et de toutes les viles passions qui trouvent leurs jouissances les plus douces dans le malheur commun...

« Déjà les électeurs des divers départements, réunis avant nous, ont envoyé des adresses à l'Assemblée nationale. Si nous eussions été assez heureux pour être assemblés les premiers, notre patriotisme en aurait sûrement donné l'exemple ; mais puisque nous ne pouvons plus leur servir de modèle, empressons-nous du moins de les imiter. »

Et Girardin donna lecture d'une adresse qui souleva de chaleureux applaudissements. On demanda qu'elle fût sur le champ imprimée : l'auteur seul s'y opposa, estimant qu'elle devait être au préalable soumise à l'examen d'une commission.

Le 11 mai, 242 voix appelaient Girardin à la présidence de l'assemblée ; le maire de Beauvais, Walon, qui avait eu 145 suffrages, fut proclamé vice-président.

Stanislas-Cécile-Xavier de Girardin avait alors 28 ans. Né à Lunéville (1), où son père occupait, à la cour du roi de Pologne, les charges de premier gentilhomme de la chambre et de chef de brigade des gardes du corps, il avait été élevé dans le culte du *philosophe bienfaisant*, qu'il eut pour parrain. Il reçut plus tard, à Ermenonville, dans ce domaine qu'affectionnait et qu'embellit avec tant de goût le marquis de Girardin, les leçons de Jean-Jacques Rousseau qui lui enseigna, comme il le dit lui-même, « les principes de la liberté (2) » ; c'est là qu'il accourut lorsque la lettre royale du 24 janvier 1789 eut annoncé les élections aux Etats généraux : il était capitaine au régiment de Chartres-Dragons, en garnison au Mans. Le 2 mars, il se rendait à l'assemblée bailliagère de Senlis, non pas dans les rangs de la noblesse, où il pouvait prendre place, mais au milieu des membres du tiers état, comme député de la paroisse d'Ermenonville : il s'y opposa énergiquement à la réduction au quart des députés présents,

---

(1) Cf. Ch. Denis. *Inventaire des registres de l'état civil de Lunéville.* p. 148. — Girardin naquit à Lunéville le 20 janvier 1762 : il est désigné dans l'acte officiel sous les prénoms de Stanislas-Cécile-Xavier ; il prit dans la suite ceux de Louis-Cécile-Xavier.

(2) Discours de Girardin à l'Assemblée législative, 6 février 1792. — Sur les relations de Girardin avec Rousseau, qu'il n'eut pas, à proprement parler, pour instituteur, mais qu'il vit souvent, surtout dans les six derniers mois de sa vie, voir Aulard. *Les Orateurs de la Législative et de la Convention,* t. I, p. 106 et suiv. ; Stanislas de Girardin. *Mémoires.* t. I, p. 69 et 129.

réduction qu'il qualifiait d'injuste et de préjudiciable aux intérêts du tiers, — injuste, parce qu'elle ne portait que sur un ordre; préjudiciable, en ce qu'elle pouvait priver plusieurs villes et villages de toute représentation. Et lorsque, dans la séance du 11 mars, le duc de Lévis, grand bailli, vint en personne contraindre l'assemblée bailliagère à subir la réduction règlementaire, Girardin renouvela sa protestation et se retira suivi des députés d'une vingtaine de paroisses.

On a dit, pour expliquer son audace révolutionnaire, qu'il cherchait à être nommé député du tiers et préparait son élection. Il est certain qu'il s'efforçait à cette époque de dissiper les préventions que sa qualité de noble pouvait exciter contre lui chez quelques membres du troisième ordre : « Si le hasard, écrivait-il, m'a placé dans un ordre privilégié, je n'ai pas pour cela renoncé à ma qualité de citoyen, et c'est même le seul titre dont je sois véritablement jaloux (1). » Sous des apparences simples et modestes, cet homme à l'imagination vive et sensible, à la parole chaude et énergique, avait la noble ambition (2) de contribuer de toutes ses forces à la régénération de la France; il caressait le rêve de lutter à l'Assemblée constituante, comme il devait bientôt le faire à la Législative, pour le triomphe d'une monarchie sage, modérée, respectueuse de la loi, douce aux humbles et aux faibles.

N'ayant pu être élu à Senlis, Girardin alla rejoindre son corps au Mans. Il rappelle avec fierté dans ses *Mémoires* qu'à la prise de la Bastille les citoyens de la ville lui offrirent une cocarde nationale en lui disant : « Elève de Jean-Jacques, ton patriotisme te rend digne de la porter. » Il fut nommé successivement commandant de la garde nationale à cheval, membre du conseil municipal, et, le 7 décembre 1789, citoyen de la ville du Mans (3).

Peu de temps après il obtenait un congé et venait à Paris. Il y suivit avec exactitude les séances de l'Assemblée nationale, et, pour les mieux graver dans son souvenir, en fit un journal détaillé. Le soir, il s'exerçait à parler, dans les clubs et les réunions

---

(1) *Discours qui devait être prononcé le jour de l'élection des représentants aux Etats généraux, à l'Assemblée du tiers état, par un des députés de la paroisse d'Ermenonville,* cité par Desjardins, *le Beauvaisis, le Valois, le Vexin français, le Noyonnais en 1789,* p. 466.

(2) Girardin en a fait lui-même l'aveu en ces termes : « Dès l'ouverture des Etats généraux, j'avais suivi avec le plus vif intérêt la marche de ce grand mouvement populaire qui est devenu la Révolution. Je gémissais quelquefois en secret d'être condamné à ne former pour mon pays que de stériles vœux, tandis que j'aurais été si heureux, si fier de lui consacrer tout ce que je ressentais de bien pour lui dans mon cœur, » *Mémoires,* t. III, p. 111.

(3) *Ibid.,* t. III, p. 69 et 70.

électorales, particulièrement au district des Filles-Saint-Tho-
mas (1).

De mai 1790 à septembre 1791, son nom est intimement lié à
l'histoire de notre département et de la ville de Beauvais.

En portant Girardin à la présidence de leur assemblée, les
électeurs de l'Oise s'étaient donc déclarés d'une façon nette et
hardie en faveur des idées nouvelles. 275 suffrages maintinrent
Calon, le futur membre de la Législative et de la Convention
dans les fonctions de secrétaire : Darcourt, de Clermont, et Le
Porquier, de Chaumont, qui avait obtenu le plus de voix après
lui, furent nommés secrétaires adjoints.

L'assemblée électorale délibéra, les 12 et 13 mai, sur la désignation définitive du chef-lieu du nouveau département. La
Constituante avait en effet décrété que l'assemblée administrative de l'Oise tiendrait sa première session à Beauvais parce
que cette ville était « la plus peuplée, la plus considérable » ; mais
elle avait sagement réservé son avis, laissant aux électeurs eux-
mêmes le soin de décider. On adopta presque sans débat cette
résolution que l'assemblée administrative ne serait pas perma-
nente dans un seul lieu, mais qu'elle siègerait alternativement
dans deux villes. Beauvais fut désignée sans contestation comme
devant être l'une de ces villes : une longue discussion s'engagea
pour savoir quelle serait l'autre : on écarta successivement
Senlis et Clermont, qui avaient eu d'ardeurs défenseurs, et une
forte majorité se prononça en faveur de Compiègne (2).

Le président proposa ensuite de choisir le chef-lieu de district
où se tiendrait la prochaine assemblée électorale : la voie du sort
fut admise, et les électeurs de Beauvais, obéissant à un généreux
sentiment, déclarèrent « que leur ville sentait trop le prix de
posséder dans son sein tous les membres composant le corps
électoral, pour ne pas craindre qu'elle parût ambitieuse en pré-
tendant à la chance que l'évènement du sort pourrait lui faire
espérer pour la seconde époque : qu'en conséquence ils prenaient
sur eux d'en faire pour elle le sacrifice. » Huit billets, portant
les noms des huit autres chefs-lieux de district furent mis dans
un chapeau, et le doyen d'âge des membres présents, Ducollet
(François-Antoine), de Coudun, tira le billet désignant Crépy.

---

(1) *Ibid.*, t. III, p. 112 et 114.

(2) Cette décision fut accueillie à Compiègne avec une vive joie ; les officiers
municipaux écrivirent au procureur général syndic Dubourg, qui leur notifia officiel-
lement la *gracieuse* nouvelle : « Nos concitoyens, reconnaissants du bon accueil fait à
nos électeurs, jurent aux habitants de Beauvais un attachement sincère, une amitié
pure et durable, une fraternité sacrée, une union cordiale et plus indissoluble même
que celle du sang... ». Lettre du 26 mai 1790. *Arch. de l'Oise*, L m 3.

On nomma, du 14 au 16 mai, les trente-six membres qui devaient composer le conseil général du département. D'après le décret de l'Assemblée nationale, ces membres étaient élus par le corps électoral tout entier, et pris au nombre de deux au moins dans chaque district. Les électeurs de l'Oise décidèrent à la presque unanimité que, pour « économiser le temps si précieux aux habitants de la campagne », et, aussi, ménager à chaque district une égale répartition dans l'assemblée du corps administratif, les membres à élire seraient choisis par les électeurs de chaque district, et à raison de quatre par district. Toutefois, cette manière de procéder paraissant contraire à la lettre du décret, le bureau de l'assemblée électorale jugea prudent de consulter le comité de constitution de l'Assemblée nationale, le suppliant d'envoyer sur le champ son avis.

Le Chapelier et Target, d'une part, Siéyès, de l'autre, dissipèrent les appréhensions du bureau en répondant que les électeurs avaient le droit de nommer le corps administratif comme il leur plaisait, pourvu qu'il s'y trouvât deux membres au moins de chaque district : « Mais, — écrivaient Le Chapelier et Target, — le corps électoral ne peut faire une loi de cette volonté commune, les décrets de l'Assemblée ne pouvant être ni changés ni augmentés par aucun pouvoir administratif. Une convention écrite d'avance dans le procès-verbal, portant les apparences d'une loi, et pouvant influer par l'exemple sur la conduite des autres électeurs dans les divers départements, serait contraire à l'esprit des décrets... ». Siéyès rappelait en outre que c'était « le corps électoral en commun », et non « les députations de district », qui devait élire les membres de l'administration (1).

On mit à profit ces renseignements, et voilà pourquoi le procès-verbal de l'assemblée électorale, sans faire la moindre allusion à l'entente qui avait eu lieu, énumère, comme élus à la majorité absolue, les trente-six membres du conseil général du département groupés par districts dans l'ordre suivant : Chaumont, Crépy, Senlis, Noyon, Breteuil, Grandvilliers, Compiègne, Beauvais et Clermont. Nous trouvons dans cette liste Girardin et Calon, avec cinq de leurs collègues à la Législative : Tronchon, Lecaron de Mazancourt, Lucy le jeune (2), Thibaut et Juéry ; puis Descourtils de Merlemont, Bosquillon de Fontenay, Budin, Baclé, Francastel, etc.

L'élection du procureur général syndic se fit sans lutte : l'abbé Dubourg, vicaire général du diocèse de Beauvais, l'un des trois

---

(1) Archives de l'Oise. L. 1 m.

(2) Lucy (Adrien-Jean-Alexandre), de Chèvreville.

commissaires chargés par le roi de présider à la formation du département, fut nommé au premier tour de scrutin.

Le 17 mai, les électeurs de l'Oise approuvaient les termes de deux adresses, l'une au roi et l'autre à l'Assemblée nationale. La première, présentée par un électeur de Crépy, fut lue par Salentin, curé de Mouy, chargé du rapport ; elle saluait en Louis XVI le *restaurateur de la liberté française :*

« Interprètes de tous et de chacun de nos commettants, nous venons, sire, jurer à Votre Majesté la fidélité qu'un peuple libre doit à son prince, l'amour que des enfants chéris doivent à leur père, l'admiration que des justes appréciateurs de la vertu doivent au plus vertueux des hommes... »

L'adresse à l'Assemblée nationale était celle qu'avait proposée Girardin le 10 mai ; Lucy le jeune en fit de nouveau la lecture :

« Nous, citoyens librement élus par toutes les communes du département de l'Oise pour procéder à la formation du corps administratif, déclarons unanimement, et conformément au vœu de nos commettants, que nous adhérons à tous les décrets de l'Assemblée nationale.

« Le peuple français, plongé dans un abîme d'abjection, de malheur et de désespoir, gémissait depuis des siècles ; c'est au courage intrépide, au zèle infatigable de ses dignes représentants, de ses véritables amis, qu'il doit enfin le jour prospère qui se lève sur lui et sur sa postérité.

« Le despotisme ministériel souillait la monarchie : elle va reprendre sa splendeur et sa majesté. Le nom du prince ne sera plus prostitué par des œuvres d'iniquité : il n'annoncera plus que des bienfaits.

« Forts de l'opinion publique, environnés des bénédictions du peuple, méprisez les intrigues, les manœuvres, les sourdes menées de ceux-là même qui ne pourraient manquer d'être les premières victimes de l'explosion qu'ils auraient produite... »

Une délégation de dix membres fut désignée pour porter ces adresses au roi (1) et à l'Assemblée nationale : elle comptait,

---

(1) Girardin raconte ainsi la visite de la délégation au roi : « A onze heures, nous étions aux Tuilleries... Les cultivateurs qui faisaient partie de notre députation avaient un air d'assurance dont les courtisans paraissaient surpris. Les cultivateurs ne l'étaient pas moins de voir des hommes dont la seule occupation était de perdre leurs journées dans les antichambres. En passant pour se rendre à la messe, le roi, prévenu par M. de Saint-Priest de l'objet de notre députation, s'arrêta en face de nous ; alors je lui fis la lecture de notre adresse. Quoique naturellement timide, je ne fus nullement troublé. Le roi m'écouta en se balançant, et me répondit : « Recevez l'expression de mes sentiments ; vous pouvez compter sur ma protection ». Mes cultivateurs s'attendaient sans doute à une autre réponse ; car celle-ci ne parut pas les satisfaire... ». *Mémoires,* t. III, p. 124.

outre Girardin, Calon et Tronchon, Delafraye (Augustin), de
Fouquerolles ; Legrand (Valentin), de Saint-Just-en-Chaussée ;
Lucy (Jean-François), d'Ognes ; Deslion (François-Léonard), de
La Villeneuve-le-Roi ; Leclerc (Antoine), d'Estrées-Saint-Denis ;
Debonaire (Jean-François), de Fouilloy ; Magnier (Nicolas), de
Babœuf.

Et comme les électeurs n'avaient pas perdu, au milieu des
effusions et des transports, tout souci de leurs intérêts matériels,
ces délégués étaient chargés de remettre en même temps à
l'Assemblée nationale un pétition « tendante à ce qu'il lui plût
de décréter dans sa sagesse et sa justice un traitement pécuniaire
capable d'indemniser les électeurs des frais que le déplacement
et la distraction de leurs travaux habituels leur occasionnent
pendant la présente tenue. »

Enfin l'assemblée électorale décida que, pour clore la session,
et afin de mettre « la liberté française sous la protection de l'Être
suprême », elle se rendrait en corps à un *Te Deum* qui serait
chanté à la cathédrale, à sept heures du soir, en présence des
officiers municipaux, de la garde nationale et des autorités de la
ville de Beauvais. Et la dernière séance fut levée sur ces paroles
solennelles du président :

« Allons maintenant, Messieurs, dans le temple de l'Éternel, le
remercier de l'esprit de concorde et de fraternité qui a régné
parmi nous, jurer en face des autels de défendre la liberté
jusqu'au dernier soupir, et de maintenir de tout notre pouvoir
la Constitution qui nous la garantit (1). »

H. Baumont.

---

(1) Archives de l'Oise. *Procès-verbal de l'Assemblée électorale du département de l'Oise. 10-17 mai 1790*, Imp. de Beauvais, 1790. 77 p., petit in-4°.

DE L'ORIGINE ET DES FAITS

résultant des rivalités entre deux villages de l'Oise
Sainte-Geneviève et Novillers (1559-1835)

CONSTITUTION D'UNE MUNICIPALITÉ ILLÉGALE EN 1790

Sainte-Geneviève est aujourd'hui un grand village du canton
de Noailles (Oise). Antérieurement à 1770 il comprenait, en
dehors du siège de la communauté, les succursales de La
Chapelle-Saint-Pierre qui s'en sépara en 1770 et 1784, et Novillers qui n'obtint son érection en commune qu'en 1835.

La configuration géographique générale du sol de Sainte-Geneviève même, avant sa séparation avec les succursales, n'a rien de
particulier, tandis qu'au contraire le territoire de Novillers est
limité en grande partie par deux et même trois voies d'origine
romaine : c'est là une particularité fort intéressante pouvant
avoir quelque corrélation historique avec la rivalité entre les
habitants des deux villages (rivalité qui parait naître en 1559,
mais qui vraisemblablement était antérieure à cette date).

En 1559, l'abbaye de Penthemont (1) pour indemniser le curé de
Sainte-Geneviève d'un tiers sur les dîmes des dites religieuses
sur Novillers, et La Chapelle-Saint-Pierre lui accorda une
redevance de 6 muids de grains, par contrat passé par devant
M⁰ Foucart, au Châtelet de Paris, le 14 novembre.

En 1579, le titre de la chapelle de la maladrerie s'éteignant
on y substitua, par sentence d'officialité du 17 juin 1580, une
succursale avec un vicaire sous l'autorité de la Paroisse. Ce
vicaire jouit directement de la redevance de l'abbaye sans aucun
trouble. (Enquête du 13 décembre 1664.)

Après quelques années de jouissance, le prêtre de Sainte-

Geneviève revendiqua une part et il s'engagea un procès qui fut taxé aux dépens le 22 mars 1660, mais qui se prolongea encore cent ans et ne fut terminé que par transaction le 12 décembre 1778.

Le feu est aux poudres et une rivalité devait s'ensuivre, occasionnant des faits saillants et de quelque intérêt historique.

En 1654, Henry de Joigny, écuyer, seigneur de Novillers, tenta, avec les habitants, d'obtenir un cimetière près de l'église : il n'y put réussir quoique Graves l'eût signalé comme établi définitivement.

En effet, aucune inhumation ne se fit à Novillers avant 1784 : toutes eurent lieu au chef-lieu de la Paroisse.

Le vicaire Loret mourut après 50 ans d'exercice, à Novillers ; il exprima le désir d'être inhumé dans le village, et en particulier dans l'Église, le prêtre de Sainte-Geneviève s'y refusa et ce n'est que plusieurs jours après sa mort qu'il parut une ordonnance de l'évêché enjoignant au prêtre de Sainte-Geneviève de se soumettre ou à défaut autorisant la famille « à *faire procéder par le premier ecclésiastique rencontré.* »

En 1716, les habitants de Novillers demandèrent à obtenir une existence communale entièrement séparée; ils échouèrent lorsque La Chapelle-Saint-Pierre avait obtenu satisfaction en 1700.

En 1782, La Chapelle obtient l'érection de son église en vicariat en chef; Novillers fait une tentative en 1784, même échec dû en grande partie aux rivalités avec la paroisse mère.

En 1789, Novillers produit un cahier de doléances séparé où il est dit article 2. « *Qu'ils sont fort lézés dans la disproportion des impositions que le rôle de Sainte-Geneviève leur fait supporter ; que pour obvier à cet abus ils désirent un rôle particulier pour leur communauté, qui étant éloignée de près de 3/4 de lieue de Sainte-Geneviève où ils ne sont pas tenus de se rendre pour assister aux offices, attendu qu'on les célèbre dans leur église, ce qui les prive d'entendre la publication des ordonnances de police et qui leur cause souvent de grands frais.* » Ils nomment pour leur « *député* », disent-ils, Aléxis Tampé, laboureur.

En 1790, ils vont plus loin : contradictoirement au décret de l'Assemblée nationale du 22 décembre 1789 et celui du 8 juin 1790, ils nomment une municipalité séparée, municipalité qui entre en rapports avec l'administration départementale. Le 29 juin 1790, l'assemblée du district de Beauvais écrit à la municipalité de Sainte-Geneviève « *pour avoir des éclaircissements sur la forma-* « *tion, que l'on dit avoir été faite nouvellement au hameau de* « *Novillers, d'une municipalité qui n'y avoit jamais existé* ».

Le 11 juillet 1790, le conseil général de la municipalité de la

Paroisse de Sainte-Geneviève délibère que cette administration est illégale, demande à l'administration départementale « *qu'il « plaise à ces messieurs déclarer nulle et illégale la municipalité « formée dans le hameau de Novillers et leur interdire tous pou- « voirs* (1) » ; il fait ressortir l'importance de Sainte-Geneviève, importance reconnue puisque, dit la délibération entre autres considérations : « *les Commissions dans le principe ont désigné « cette paroisse pour être le point de réunion pour former l'une « des assemblées primaires du canton de Noailles qui a eu lieu « pour la nomination des électeurs.* »

Comme complément à la protestation adressée au district, les officiers municipaux et notables font réponse aux griefs exposés par le hameau de Novillers. Ce document est en quelque sorte un résumé de la vie administrative de ces deux villages et comme il est extrait d'archives particulières pouvant disparaître d'un jour à l'autre, sa publication *in-extenso* est utile :

Réponse aux motifs exagérez proposés par les habitants de Novillers, paroisse de Sainte-Geneviève, pour parvenir à avoir un rolle d'imposition séparé et distinct de celui du chef-lieu.

« 1. — C'est à la cure de Sainte-Geneviève qu'a apartenue dans tous les temps la redevance de six muids de grains payé par Mesdames religieuses de Panthemont : le titre de 1559 l'at-tribue spécialement au curé pour l'indemniser d'un tiers justement prétendu et obtenu par sentence du grand Prévost dans les dîmes des dites religieuses sur Novillers et La Chapelle-Saint-Pierre à la charge par le dit curé de ne rien demander au-dela pour le service spirituel et les fonctions de Pasteur envers les dits hameaux, dans le cas où il y auroit un prêtre, sy dans la suitte les vicaires de Novillers ont jouit de cette redevance c'est par une bonté particulière des titulaires qui dans tous les cas auroient mieux fait de ne payer au dit vicaire que l'honoraire fixé par les règlements et percevoir constamment pour eux-mêmes la redevance.

« C'est cette facilité des curés et la faveur accordée par les Seigneurs Evêques aux vicaires de Novillers ont toujours triomphé quoi qu'il fut très certain que selon les règles du droit, aucun tribunal subalterne ne pouvoit s'atribuer de prononcer et de faire novation à un titre homologué en cour de parlement.

« Nous croyons que toutes ces procédures ont du jetter les habitants de Novillers dans quelques frais mais qu'ils aient été

aussi considérable qu'ils l'annoncent, c'est ce que l'on aura bien
de la peine à croire. On scait que les gens de Novillers tiennent
trop à l'intérêt pour faire de si grands sacrifices ; le plus souvent
ils ont eut recours au revenu de leur chapelle pour faire l'acquit-
tement de cette sorte de frais extraordinaires.

« 2. — En mil sept cent soixante-dix-sept, l'affaire étoit en
instance au parlement pour y être jugé : M. le curé actuel ayant
pris possession à cette époque de l'avis de M. l'Evêque de Beauvais que le vicaire de Novillers perceveroit les trois quarts de la
redevance et s'est réservé le quatrième.

« 3. — Il est faux que le curé de Sainte-Geneviève ait porté
le vicaire de La Chapelle-Saint-Pierre et les dames de Penthemont à troubler la jouissance de Novillers : le curé a deffendu
contre les dames religieuses et contre le vicaire de La Chapelle-
Saint-Pierre et l'arrêt provisoire qui a été obtenu contre eux est
un effet de sa poursuite pour obtenir la levée de l'opposition au
payement de la redevance.

« 4. — Les plaintes des habitants de Novillers pour les contributions auxquelles ils ont été contraints son mal fondées,
elle n'ont été exécutés que parcequ'ils ont refuser de payer
même avec violence et les frais sont exagérés de plus de moitié.
C'est bien à tord qu'ils regardent cette contribution comme une
taxe illégale, les frais de reconstruction d'un presbitère frappent
sur toutes les terres qui sont dans l'étendue de la paroisse ; il est
également faux que M. Berlier leur ait promis dans le temps de
les dédommager, il ne le devoit pas.

« 5. — Il est vrai que les offices se font à Novillers comme au
chef-lieu et qu'on y administre les sacrements, mais la communion Paschale est due au chef-lieu, ils font aussi sépulture
commune et ce n'est que depuis 1779 qu'on y célèbre les mariages.
Nous croions bien qu'il peut arriver que les gens de Novillers
ignorent dans le courant de l'année quelques ordonnances mais
elles ne sont pas essentielles, car on a soin quand elles portent
ce caracthère de leurs communiquer, l'exemple qu'ils apportent
est un bien faible appuis, selon nous, le règlement pour les
coutres à charrue a été publié et affiché de manière à ne laisser
personne dans l'ignorance.

« 6. — La grêle de 1785 a occasionné des perte aux gens de
Novillers. En conséquence, M. l'Intendant a affecté un dédom-
magement à leur territoire seulement et ils sont les seuls qui en
ayent profité, ils n'ont été dans aucun temps à nous comme surchargés au rolle d'imposition et toutes les remises qui ont eut
lieu, ils les ont partagés avec nous, ils sont à leur tour porteur

de rolle et collecteurs des deniers, bien à même par conséquent de vérifier l'exactitude de la répartition.

« 7. — L'hiver rigoureux de 1788, la cherté et la disette des grains avoit réduit à l'extrémité les pauvres de la paroisse, touché de leur triste position, sur la demande de M. le curé nous avons pris du consentement de Monseigneur l'Evêque par écrit cinq cent livres pour être employé à fournir du pain aux pauvres malheureux, la distribution en a été faite par les préposés sur les carthes distribuées par M. le curé : et il est très faux que ayons rejetté les pauvres de La Fuzée quoi qu'ils fûsent sur le territoire de Novillers (et qu'ils eussent eut parts aux distribution de pain que M. de Simodant (1) avoit ordonné dans ses terres, celle du hameau de La Fuzée quoique sur le territoire de Novillers) (2), assiste constamment à tous les offices à Sainte-Geneviève et n'a rien de commun en ce genre avec ceux de Novillers.

« 8. — Que les habitans de Novillers obtiennent un rolle séparé, peu nous importe, pour vu que le chef-lieu n'en reçoive aucun domage et qu'ils n'induisent pas par là qu'ils ne sont plus de la paroisse. Ils exagèrent l'éloignement du chef-lieu et la difficulté des chemins.

Il n'i a guère que quarante feux à Novillers et si leur territoire est de neuf cents arpents, ils en cachent environ deux cents.

« 9. — Finalement nous nous soumettons volontiers à la décision de Messieurs de l'Administration pour le rolle séparé s'ils l'estiment convenable quoique nous ne voions aucun inconvénient à ce que les choses restent ce qu'elles ont été jusques à ce jour.

« Nous voions avec peine que nos frères de Novillers fassent tant d'efforts pour se séparer entièrement du chef-lieu, dans un temps où l'esprit de paix et de concorde semble devoir les raprocher plusque jamais, nous y serions moins sensibles peut-être s'ils n'eussent point emploiés pour réussir des voies obliques et mensongères, mais pas un article de leur requête qui ne renferme des exagérations qui ne contiennent du faux. Nous vous l'attestons, Messieurs, jamais M. le curé ne s'est immisée dans la confection des rolles, dans aucun temps il n'a eut part à la distribution des impositions, mais toujours il à recommandé d'être juste et de favoriser les pauvres, aussi est-ce la marche que nous nous sommes toujours fait un devoir de suivre, nous déffions nos frères de Novillers de prouver aucune des inculpa-

---

1) M. de Pimodan.

(2) Partie entre parenthèses, en report en marge.

tions dont ils nous chargent si malignement pour ridiculiser à vos yeux et exiter votre commisération pour eux. Ce qui blesse d'avantage, c'est que le père de Renty, vicaire de Novillers, vieillard que nous respections tous ait mis à part toute délicatesse pour prêter sa plume et son stile pour présenter autres qu'ils ne le sont des faits qu'il ne ignorer puisqu'ils viennent de se passer sous ses yeux.

« Nous serions au désespoir de parvenir à aucune fin plus avantageuse qu'elle dut être par des voies aussi extraordinaires.

« Vous jugez, Messieurs, mais encore un coup, quel inconvénient à laisser les choses sur l'ancien pied.

« Délibéré à Sainte-Geneviève le dimanche 18 juillet 1790, par nous officiers municipaux de la Paroisse et signez à l'originale.

« Certifiez par moi, secrétaire soussigné,

« L. Mast, secrétaire ».

Le mardi 27 juillet 1790, M. Frain (1) est nommé par l'Assemblée commissaire pour faire un rapport sur les difficultés subsistantes entre le hameau de Novillers et de Sainte-Geneviève pour l'érection d'une Municipalité (2).

Le vendredi 13 août 1790, M. Frain chargé du rapport, ayant terminé son travail, les pièces et renseignements ont été remis au procureur syndic.

Des lacunes dans les registres de correspondance du district de Beauvais ne permettent pas de pousser les recherches plus loin, mais une supplique adressée le 9 novembre 1790 par les habitants de Novillers à l'Administration édifie suffisamment sur les résultats acquis et dénote un changement de sentiments chez les habitants des deux villages qui paraissent s'entendre, sinon la phrase de « *l'avis et consentement des officiers municipaux de la paroisse de Sainte-Geneviève* » est une supercherie des habitants de Novillers ou un piège tendu par la Municipalité de Sainte-Geneviève (3).

Le 3 décembre 1790, l'Administration du district résolut de supprimer l'église de Novillers et de la réunir à la paroisse mère. Les habitants adressent une longue supplique signée de trente-huit habitants les plus notables au Directoire du Département pour solliciter son maintien (4).

---

(1) Membre de l'Administration du district de Beauvais.

(2) Délibération du Directoire du district.

(3) Archives départementales (supplique renvoyée à l'organisation des paroisses).

(4) Imprimé de quatre pages (imprimerie P. C. D. Desjardins, imprimeur du département de l'Oise) Archives départementales).

Surviennent les évènements de la Révolution qui transforment cet état de choses et rendent les efforts des habitants inutiles.

Néanmoins les habitants de Novillers ne désarment pas et quarante-cinq ans plus tard ils renouvellent leurs tentatives d'émancipation : par ordonnance royale du 26 avril 1835 Novillers est érigé en commune. Des contestations s'élèvent au sujet de la délimitation du territoire. Le 28 mai 1837, Sainte-Geneviève demande la répartition du territoire proportionnellement au nombre d'habitants. Le Préfet, par arrêté du 11 septembre 1837, essaie une transaction, et enfin, le 20 avril 1838, le Ministre de l'Intérieur déclare qu'il n'y a pas lieu de changer les limites de 1835.

Ces limites sont restées en grande partie les anciennes voies romaines et du moyen-âge et les anciennes limites de dîmage. Encore une fois la tradition triomphait.

A partir de cette époque les rivalités s'atténuent, l'industrie de l'éventail s'étend à Novillers, les ouvriers sympathisent progressivement et ces nouveaux faits, en transformant la vie économique de ces villages, contribuent largement à faire disparaître toute trace des querelles et des rancunes plus que trois fois séculaires.

F. Bordez.

LE CENTENAIRE DES COURS NORMAUX PRIMAIRES

DE L'OISE (1804-1807)

Le département de l'Oise est un des premiers où l'on ait essayé des moyens pratiques pour former les maîtres en des cours normaux, un des premiers qui ont connu des *écoles de méthodes*, dix ou quinze ans avant la plupart des départements qui, dans le premier quart du XIXe siècle, ont préparé l'avènement des écoles normales avec des cours normaux plus modestes.

Et pourtant l'Oise fut aussi un des derniers départements à posséder deux écoles normales bien organisées : les élèves-maîtres furent envoyés à Versailles pendant vingt ans ; pendant trente-trois ans ils furent confiés à un cours normal, professé par les Frères à Beauvais, et depuis 1884 seulement ils sont formés dans une école normale laïque. N'est-il pas juste de rappeler et de faire revivre ces cours normaux d'il y a cent ans, dus à l'initiative du Préfet de l'Oise, sous le Consulat et au début de l'Empire, Belderbusch, qui sut devancer la pensée du législateur de 1808 et l'institution du législateur de 1833 ? — C'est une période obscure et mal connue (1), à cause de l'insuffisance des enquêtes historiques départementales : aussi faut-il jeter quelque lumière sur ces expériences méritoires et ces initiatives courageuses où se reconnaissent certaines idées modernes.

La loi du 11 floréal an X (1er mai 1802) n'apporta qu'une solution insuffisante aux difficultés de la situation dans l'ensei-

(1) L'excellent *Dictionnaire de Pédagogie* de Buisson présente des lacunes pour la partie historique : dans l'article *Oise*, la statistique commence à 1829. E. Jacoulet (Notice historique sur les écoles normales d'instituteurs et d'institutrices — Mémoires et documents scolaires, 2e série, n° X, 1899, Imp. Nat., p. 375-451) ne renseigne pas davantage sur les cours normaux des départements. On ne les connaîtra qu'après des dépouillements sérieux aux archives départementales. Nous avons étudié les pièces de la série T 1, le Mémorial administratif du département (1802-1850) et l'enquête de 1888 auprès des instituteurs de l'Oise sur leurs archives locales concernant les écoles (enq. 1 A). Elle est à l'Inspection académique et nous a été libéralement communiquée.

gnement primaire (1). Elle abandonnait l'école au pouvoir local, ainsi que l'instituteur, choisi par le maire et le conseil municipal ; son traitement, dépendant de l'écolage, était précaire et instable. La loi, il est vrai, lui accordait un logement, comme la loi Daunou de 1795, dans un temps où la commune qui devait ce logement allait avoir la charge nouvelle de loger un curé ou un desservant ; aussi dans les conventions municipales signées avec les instituteurs trouve-t-on une indemnité parfois dérisoire, puisqu'elle dépend uniquement de l'appréciation de l'esprit local (2).

A défaut de la loi forçant les usages locaux à s'améliorer en faveur de l'école et des maîtres, le préfet, par son influence morale, par son goût pour l'instruction, pouvait seul tenter certaines mesures de progrès. Le préfet Belderbusch, arrivé dans l'Oise en avril 1802, resta huit ans en fonctions. Il voulut d'abord, comme son prédécesseur Cambry, connaître l'étendue du mal et des difficultés à vaincre ; il y avait dans l'Oise 362,139 habitants (3), soit une population scolaire de 52,000 enfants en 650 communes possédant 640 écoles, 592 mixtes et 48 pour les filles. L'enseignement était borné à la connaissance rudimentaire de la lecture, de l'écriture, du calcul, parfois de l'arpentage dans les communes agricoles : il n'était donné que neuf mois, ou six mois, ou même cinq mois, pendant la mauvaise saison. La fréquentation scolaire était en moyenne quatre fois plus grande en hiver, et les maîtres étaient alors surchargés.

Le Préfet eut en novembre 1803 des états par arrondissements des communes de l'Oise pourvues d'instituteurs, avec des notes sur les locaux appartenant aux communes, sur les avantages faits aux instituteurs, sur les taxes d'écolage (4). Pour l'arrondissement de Beauvais sur 177 communes 91 ont des locaux scolaires ; 49 0/0 paient une location, donnent à l'instituteur une indemnité ou lui paient un loyer, quand l'instituteur possède la maison où il tient école. Il y a un certain nombre de vieux instituteurs (5) dépassant la soixantaine, 8 0/0. Les écolages sont de trois, quatre et même cinq catégories de 0 fr. 30 à 0 fr. 75 ou 1 franc.

Les maires ne voient d'autre amélioration au sort de l'insti-

---

(1) Gréard. Législation de l'E, p. I. 178.

(2) Enq. I. A. Méru 21 août 1802 : 20 fr. ; Montataire : 40 fr., etc.

(3) *Mémorial administratif*, 1803.

(4) Arch. dép. T I. Etat des communes du département de l'Oise qui ont des instituteurs, 30 brumaire an XII (22 nov. 1803).

(5) Saint-Léger, Valdampierre, Beaudéduit, Offoy, Bornel, Saint Deniscourt, Porcheux, Montagny, Vaudancourt, Formerie.

tuteur que de réunir deux communes voisines, par exemple Goincourt et Saint-Paul, de réglementer le libre exercice des pensions qui font concurrence à l'école (1). Peu s'avisent de demander le dédoublement de l'école mixte. Lorsqu'il est question de séparation des sexes, il s'agit surtout d'une cloison à hauteur d'homme dans le même local, rarement de deux écoles (2).

Le Conseil général se charge aussi de renseigner le Préfet sur l'insouciance et l'utilitarisme des parents, sur l'insuffisance des maîtres. « Ils savent bien écrire, mais ils n'ont aucun principe de grammaire et d'orthographe ; ils calculent par routine sans pouvoir rendre compte d'une opération quelconque. » Tel est l'avis de Lancry pour Compiègne et d'Armand d'Evry pour Attichy dans une lettre du 14 août 1803 (3).

Quelques instituteurs sont taxés de négligence, parce qu'ils sont réduits à demander à un métier des ressources supplémentaires : l'un est batteur en grange (4), ménager ou fermier ; tel autre charron ou vigneron (5). Peu sont inculpés d'inconduite ou d'ivrognerie (6) mais beaucoup de routine et d'incapacité.

Le Préfet adjoignit à ses bureaux un bureau d'instruction pour les écoles primaires, chargea un homme actif de ce service (7), où furent vite refondus les livres élémentaires. Il usa du *Mémorial administratif* pour réveiller souvent le zèle des maires et des conseils municipaux. Le 1er mai 1804 il prévint par cette voie qu'il allait mettre entre les mains des élèves et des maîtres des abécédaires et des exemples d'écriture cursive et qu'il allait convoquer les maîtres à des cours de pédagogie à Beauvais (8).

---

(1) A Noailles Lescuyer a 35 garçons et 30 filles ; il a pour concurrent Lesbroussart, ancien professeur du collège de Beauvais et maître de pension.

(2) Enq. I. A. Breteuil, 5 janvier 1804, reg. 8, fol. 138.

(3) Arch. dép. T 1, correspondance.

(4) Enq. I. A. Morienval. — A. D. T. 1. Warnault de Saint-Arnoult écrit qu'il est retenu chez M. le maire dont il est un des moissonneurs (12 sept. 1807).

(5) Thevet de Goincourt cultive mieux ses vignes qu'il n'instruit les enfants. Arch. dép. T. 1. Etat de 1803.

(6) Même document : 4 p. 100.

(7) Arch. dép. T. 1. Lettre du Préfet du 5 sept. 1804 au Ministre de l'Intérieur. « J'ai désiré que, privé d'un lycée et de beaucoup d'autres avantages, ce département reçût une faible compensation dans une partie plus modeste de l'enseignement et j'ai composé un Bureau d'instruction pour les écoles primaires dans lequel se fait aussi une refonte générale des livres élémentaires. Laënnee y est depuis 18 mois et demande 1500 fr. ».

(8) Mém. adm. n° 75 : deux cours à Beauvais le 1er messidor 20 juin 1804, pour les maîtres des villes et le 15 fructidor (7 sept.) pour ceux des campagnes, après la moisson.

« Les méthodes si simples qu'elles soient, disait-il, s'éloignent
« de la routine : donc il faut rendre les principes familiers aux
« maîtres chargés de l'enseigner. L'exemple de plusieurs pays
« où cette pratique a été suivie avec succès en démontre
« l'utilité. De pareilles leçons éveillent l'imagination du maître,
« donnent de l'essor à ses idées, peuvent en faire naître de
« nouvelles et peut-être lui révéler des talents que sans cela il
« eût toujours ignorés. On présume bien que tous ne pourront
« assister à ces leçons, mais on a pensé que pour en recueillir
« les avantages, il suffirait, en employant divers encouragements,
« de s'assurer d'un certain nombre de maîtres intelligents
« répandus dans les arrondissements à des distances plus ou moins
« rapprochées et que les autres pussent prendre pour modèles ».

Le Préfet invitait les maires ainsi que les curés des paroisses
et les desservants des succursales à faciliter par leurs conseils et
leur influence l'adoption et les progrès du nouveau mode d'enseignement « dont le résultat sera le développement naturel et
« plus rapide de l'intelligence des enfants et conséquemment de
« rendre tous les genres d'instruction et de leçons plus
« profitables à tous les citoyens et moins pénibles pour ceux
« qui sont chargés de les donner. »

En même temps les instituteurs étaient informés que les
déclarations d'intention d'assister aux cours seraient reçues dans
chaque canton par des commissaires que les Sous-Préfets allaient
nommer pour surveiller les écoles primaires.

Ces commissions cantonales créées aussitôt (mai 1804) étaient
composées de cinq membres : un ou deux curés, toujours celui
du canton, un instituteur et deux ou trois notables réputés et
compétents ; elles étaient en même temps des jurys d'instruction
cantonaux chargés d'examiner les candidats instituteurs : le
candidat désigné par les jurys devait seul être présenté par le
Sous-Préfet au Préfet. Le droit de surveillance s'entendait du
rapport qu'ils fourniraient, à la demande du Préfet, pour qu'il
lui fût facile « de redresser les instituteurs ». En fait, l'autorité
de ces jurys cantonaux ne fut pas toujours reconnue (1).

Ainsi les curés de chef-lieu de canton furent surtout les
interprètes des intentions préfectorales et les recruteurs des
cours normaux. Les avantages promis aux élèves de ces cours
étaient des indemnités de déplacement, des primes de mérite et

---

(1) Arch. dép. T. 1. Crépy-en-Valois : les curés de Crépy et de Gilocourt, l'instituteur
de Crépy Loranger, deux notables, Bezin d'Élincourt et Delahante de Crépy. — Creil :
le maître de pension de La Morlaye, un ancien élève de Polytechnique, de Chantilly,
le receveur d'enregistrement de Mello, un homme de lettres de Montataire, Olivier,
le curé de Creil, Juéry.

des postes meilleurs ; « le Préfet, disait le *Mémorial*, s'est assuré l'assentiment des municipalités d'un certain nombre de communes pour y placer immédiatement les maîtres qui seront jugés les plus capables. »

Les Cours normaux

Cinquante instituteurs suivirent réellement les premiers cours normaux du 4 juillet 1804 : 35 de l'arrondissement de Beauvais, 4 de Clermont (1), 5 de Compiègne (dont Lucas de Noyon), 6 de Senlis ; sur les listes de présence on relève 72 noms pour la première semaine ; 90 pour certains jours de la seconde : mais les désertions furent nombreuses quand les maîtres inhabiles eurent compris les chances de leurs concurrents, leur infériorité et qu'ils s'éclipsèrent pour n'avoir pas à en rougir ; les absents alléguaient comme excuses qu'ils étaient retenus par la moisson : la troisième semaine, les plus zélés seuls persistèrent. Le Préfet se plaignit, insista auprès des Commissaires pour obtenir d'eux des visites aux récalcitrants qui furent prévenus par lettres directes. Le second cours s'ouvrit le 4 septembre, réunit une centaine d'auditeurs et dura aussi quatre semaines.

Les leçons normales furent données sur l'écriture cursive, la lecture et l'arithmétique y compris le système métrique. Mozella, professeur d'écriture à l'école des arts de Compiègne, avait été mis à la disposition du Préfet le 16 juin 1804 et il avait eu le temps de faire des modèles d'après les indications du Préfet ; celui-ci insiste dans les détails avec une grande compétence, fait modifier les *t*, les *s* finals du professeur, lui inspire comme modèles le choix de préceptes, de leçons morales tirées des fables de La Fontaine. Un petit cours d'écriture cursive était lithographié. Boudrot, ancien professeur de mathématiques à l'école centrale de l'Oise, avant de se rendre à son nouveau poste à l'école militaire de Fontainebleau, put exposer le nouveau système des poids et mesures d'après un petit travail imprimé, une Instruction élémentaire, qui fut distribué ensuite aux auditeurs. Un petit manuel de lecture avait été tiré de la méthode de Port-Royal : le professeur de lecture (2) prononça, au nom du Préfet, le discours d'ouverture du premier cours. Il parla de la méthode élémentaire avec une justesse d'expression et d'idée qui rappelle les meilleurs

---

(1) Arch. dép. T I. 2 de Breteuil, 1 de Broyes, 1 de Crèvecœur.

(2) Il n'est nommé nulle part, mais ce fut le chef de bureau Laënnec. L'Instruction élémentaire à l'usage des écoles primaires du dép. de l'Oise, 1re partie, *Lecture*, se vendait 0 fr. 45 ; le système des poids et mesures 0 fr. 30 ; l'écriture cursive 0 fr. 40.

discours analogues prononcés à l'école centrale : il proclama la nécessité de lutter contre les routines et les lenteurs de la méthode individuelle, d'éviter à l'école l'ennui et les difficultés inutiles, de la faire aimer davantage en vue de « rendre la profession d'instituteur aussi honorée qu'elle est honorable ».

Après les leçons théoriques collectives vinrent les questions individuelles ; les auditeurs furent exercés à enseigner avec précision et simplicité les notions qu'ils venaient d'acquérir. « Le plus grand nombre d'entre eux ont fait de très grands « progrès dans toutes les parties de l'enseignement ; tous ont « passé mon attente sous le rapport de l'écriture ». C'est ainsi que le Préfet exprimait sa satisfaction dans le *Mémorial* du 14 août (n° 88) pour le premier cours et sans attendre le résultat final et la distribution des récompenses. Le rapport sur le second cours (1) est aussi favorable : le Préfet se félicite de l'émulation des instituteurs et des commissaires-inspecteurs qui ont déjà offert des livres de prix pour les prochains concours cantonaux d'élèves. Le directeur de l'instruction publique Fourcroy avait envoyé auparavant en ces termes son entière approbation (2).

« Non seulement j'approuve les mesures que vous avez prises pour répandre l'instruction dans votre département, mais j'y applaudis et je désire qu'elles soient imitées. ».

Tous les auditeurs des cours furent indemnisés de leurs frais. Vingt communes avaient accordé à leurs instituteurs la subvention nécessaire, calculée à raison de 1 franc ou 12 sols par jour, la distance en plus : le Préfet compléta les fonds : les émargements vont de 90 à 36 francs : la moyenne est de 72 francs.

A la distribution des prix du 14 vendémiaire an XIII (7 oct. 1804) 2 prix de 120 francs, 9 de 80 et 7 mentions honorables furent accordés selon la promesse antérieure (3). Les deux premiers lauréats furent les instituteurs du Vauroux et d'Ecuvilly ; les neuf lauréats du prix de seconde classe furent Hénocq et Marion, de Beauvais, les instituteurs de Boubiers, Coudray-Saint-Germer, Fenquières, Hamel, Rochy-Condé, Romescamps et Songeons.

En prenant congé des instituteurs munis de leurs nouveaux livres élémentaires et de bonnes méthodes, le Préfet leur recommandait de les propager dans leurs écoles et autour d'eux,

---

(1) Arch. dép. T 1. Correspondance. Rapport au Ministère de l'Intérieur 23 oct. 1804.

(2) Id. Lettre du 24 prairial an XII (13 juin 1801).

(3) Mémorial n° 88. Le Préfet et M. Descourtils ont fait les frais des prix aux instituteurs. Mais l'expérience de 1804 avait coûté quand même 2.099 fr. qui furent demandés au Ministre le 23 octobre 1804. Mozella reçut 250 fr. pour le premier cours, 300 fr. pour le second ; Boudrot 60 francs.

leur annonçait la visite des inspecteurs cantonaux et les invitait
à préparer leurs élèves à un concours cantonal qui aurait lieu en
floréal (1re semaine de mai), date choisie, à cause de la désertion
des écoles après le 15 floréal (5 mai). Le Préfet rappela le concours
aux maires par la voie du *Mémorial* (9 avril 1805, n° 122) : « On
jugera, dit-il, des maîtres par les élèves. » La réunion des élèves
désignés devait avoir lieu à la justice de paix : six matières d'enseignement eurent leur prix particulier, l'orthographe, l'arithmétique, le système métrique, l'écriture, la lecture et la mémoire.
A la date du 2 thermidor an XIII (21 juillet 1805) 33 cantons de
l'Oise sur 35 avaient eu leur distribution de prix, en présence des
jurys d'instruction qui, pour la plupart, en avaient fait les
frais (1). Il en fut de même en 1806 et en 1807.

« C'est le manque de sujets qui donnera le plus d'embarras »,
disait avec raison le Préfet, et sans se lasser, il fit tenir des
cours normaux pendant les vacances de 1805, de 1806 et
de 1807, dans les principaux chef-lieux de canton : Clermont,
Compiègne, Mouy, Crépy, Noyon, Pont-Sainte-Maxence : ils
durèrent 15 jours en moyenne, furent annoncés dans le *Mémorial*,
rappelés aux maires et aux commissaires cantonaux. Toute
nomination d'instituteur qui n'a pas passé par un cours normal
n'est faite qu'à la condition qu'il suive le prochain cours
du canton (2). Quand un instituteur est absent sans motif,
il est suspendu par le Préfet et il doit venir à Beauvais s'expliquer ; le Préfet redouble les reproches quand le cours normal a
réuni peu d'auditeurs, malgré la date du début de l'hiver (3).
Il n'y a pas d'excuses valables, même pour les vieillards ; ils
profiteront toujours, ne serait-ce que de la lecture (4).

Chaque auditeur (5) emporte pour 5 francs de livres élémentaires, les tablettes alphabétiques qui coûtent 3 francs, la grammaire de Lhomond 0fr. 90 et les manuels élémentaires déjà cités :
c'est une prime d'assiduité. Le Préfet s'assure que ces manuels
leur servent dans leurs écoles. Il est bien secondé par quelques
commissaires-inspecteurs. Certains, à l'extrémité du département,
comme Devin à Noyon (6), sont d'un zèle bien utile et ils entraînent

---

(1) *Mémorial*, n° 129.

(2) Arch. dép. T. 1. Circulaire aux maires du 28 août 1806.

(3) A Noailles, le cours de l'instituteur Miné, en décembre 1805.

(4) Crépy (9 juillet 1805).

(5) On voit d'après la liasse de correspondance T. 1. qu'il y eut environ 300 auditeurs
aux cours normaux des cantons.

(6) Arch. dép. T. 1. Le cours de 1806 ouvert le 11 a fini le 30 septembre 36 instituteurs sur 70 y ont assisté. Devin écrit souvent au Préfet ou à M. Laënnec. Il proteste
contre les écoles particulières qui, en ville, ruinent les écoles communales.

à leur suite les meilleurs instituteurs. Devin a pressenti, dans son ardeur, les conférences pédagogiques mensuelles qui ont rendu tant de service pour la propagation des méthodes modernes. Il voudrait engager les maîtres des écoles rurales à venir, même deux fois par mois, le jeudi, faire des leçons de calcul et de grammaire.

Le Préfet, pour entretenir la lutte contre les routines tenaces, descend dans les moindres détails pratiques : au début de l'année 1805-1806, il prescrit l'usage du tableau noir par circulaire : il essaie de faire partager sa foi à ses moindres collaborateurs comme aux membres du Conseil général. Il donne l'impression d'un inspecteur d'académie très actif.

Cassini, interprète de l'opinion bourgeoise d'alors, signale avec un intérêt marqué toute cette série de mesures administratives en avance sur la législation. Et l'ancien président du jury d'instruction de l'Ecole centrale comprend bien toute l'importance d'une préparation des maîtres qui ne sera inscrite par le législateur que dans la loi de 1808 et réalisée par Guizot vingt-cinq ans plus tard. « Il faudrait une espèce de noviciat de maîtres d'école ; mais où trouver des fonds suffisants ? — Et d'ailleurs quel sort pourrait-on faire à des instituteurs dans les communes qui, pour la plupart, n'ont aucun revenu ? » (1). Cassini entrevoit la difficulté toujours la même depuis 1789, et hésite à dire le vrai remède, dont la hardiesse fait reculer les plus clairvoyants, un budget de l'instruction publique, une solution d'Etat.

Il ajoute en effet qu'il faudrait « presser le Gouvernement d'établir sur des bases fixées et solides, une instruction publique pour les deux sexes qui réunisse l'assentiment et porte la confiance et la tranquillité dans le sein des familles » (2). En 1807, il relève les motifs du peu de succès obtenu dans les écoles primaires, « ignorance des instituteurs, mauvaise routine d'enseignement, défaut de bons livres élémentaires, point d'émulation parmi les maîtres ni parmi les élèves... Ce n'est pas la faute du Préfet de l'Oise. » Non certes, puisqu'il avait essayé les véritables mesures d'organisation et même préparé les bases d'une Ecole normale. Cassini précise ce projet « d'une école « d'enseignement théorique et pratique à Beauvais, dans « laquelle une douzaine de jeunes gens choisis au concours et se

____

(1, Arch. dép. N. Ms. Cassini p. 93. « L'Ecole normale établie à Beauvais pour former des instituteurs, a beaucoup de succès (1805). p. 100. On a continué à Beauvais les leçons normales ; 300 sujets s'y sont présentés ; des distributions de prix ont été établies dans les cantons, avec prix de catéchisme. (Le *Mémorial* n'en parle pas).

(2) Id. p. 100. Le Préfet ne demande rien au Conseil que son appui moral. (Rapport du 27 avril 1805), pour engager les communes à faire quelques sacrifices....

« destinant aux fonctions d'instituteurs ruraux, seraient entre-
« tenus aux frais du Département. Le Conseil général ne peut
« que témoigner un véritable regret de ne pouvoir réaliser cette
« excellente idée faute de moyens ».

Même en 1807, après trois ans d'expérience, le Préfet ne
paraissait pas découragé et son langage témoignait toujours
d'autorité et de confiance : aux maires il annonçait le 23 juin
une réunion des instituteurs au chef-lieu de canton pour une
durée de deux jours : il s'agissait d'un examen préliminaire au
cours normal et d'exercices de lecture ; l'injonction d'y assister
était très ferme (1). Mais la menace n'intimidait personne.

Le règlement préfectoral du 31 janvier 1805 (2) précisa la
division et la répartition des écoles, l'enseignement, le choix et
la révocation des instituteurs, le budget de l'école, les traitements,
la surveillance, les examens et les prix : il protégea l'instituteur
contre l'avilissement des écolages et de la dure pratique de leur
perception directe : par une méthode uniforme dans les livres
élémentaires, par des écoles pratiques où les apprentis instituteurs
pouvaient se former dans un certain nombre d'écoles de
première classe désignées (3), le Préfet espérait entretenir le zèle
des maîtres dont les noms seraient proclamés avec leurs élèves
lauréats aux concours cantonaux annuels de mai.

Réussit-il dans ces diverses tentatives ? — Il pensa, avec juste
raison, avoir indiqué une méthode d'amélioration, en s'avouant
toutefois impuissant pour l'amélioration décisive, celle du
traitement. D'après lui, un dixième seulement des instituteurs
peut vivre dans les principales communes ; deux dixièmes
peuvent vivre, sans plus ; sept dixièmes végètent. Cette dernière
catégorie est livrée à la routine, à la mendicité et à la pénurie. Il
pense qu'on ne doit pas compter sur une amélioration à cet
égard tant qu'on abandonnera le sort des instituteurs à des
conseils municipaux trop peu instruits pour sentir le prix de
l'instruction. C'est exactement la pensée de Guizot et c'était
l'opinion que le Préfet de l'Oise avait répandue autour de lui,
parmi ses collaborateurs immédiats (4), comme parmi les maires

(1) « Ce cas excepté (la maladie) tous ceux qui ne s'y rendraient pas seraient
censés avoir renoncé à leur état, et il serait pourvu à leur remplacement. » A. D. T. I.

(2) *Mémorial adm.* n° 122. 9 avril 1805.

(3) Art. 16 du règlement. A compter du 1ᵉʳ vendémiaire (23 sept. 1806) nul ne sera
admis à l'examen s'il ne justifie avoir exercé pendant trois ans ou s'il n'a fréquenté
une école pratique en qualité de répétiteur au moins pendant six mois.

(4) Arch. dép. T. I. II. Lettre du Sous-Préfet de Senlis du 5 juillet 1808. « Vous
avez la douleur de voir les uns et les autres aussi ignorants que si aucun soin, aucun
effort, aucun encouragement n'avaient eu lieu, tandis que notre département est peut-
être celui où l'éducation rurale est la mieux administrée. »

intelligents. Les instituteurs dont il avait essayé de relever la situation et la valeur professionnelle retombèrent trop vite dans l'assujettissement à de misérables servitudes de salaires locaux. Il resta cependant de cette période un souvenir qui facilita sans doute la tâche du préfet de Germiny et de La Rochefoucauld-Liancourt dans l'heureuse propagande en faveur de l'enseignement mutuel et de ses méthodes tant combattues.

Aucun effort rationnel n'est réputé perdu quand il a aidé à l'accomplissement d'un autre effort. La clairvoyance de Belderbusch fut méritoire : son rôle fut utile puisqu'il montra chez un Préfet de l'Empire une initiative d'autorité départementale qu'un Préfet de la Restauration reprit pour son compte en la poussant encore plus loin.

H. Quignon.

DÉCOUVERTE D'UN FOYER EN TUILES
A LA PORTE SAINT-LOUIS, A BEAUVAIS

Le 4 avril 1903, dans la propriété de la Banque de France, près de la porte Saint-Louis, l'on procédait à des fouilles pour la construction de caves.

Jusqu'au niveau de l'eau (2 mètres de profondeur), ces fouilles n'offrirent rien de particulier dans toute leur étendue, soit sur 140 mètres superficiels.

A cette profondeur, l'attention fut éveillée par la présence de tuileaux amoncelés à l'angle de l'ancienne construction sur rue, face sur le boulevard. On découvrit quelques vestiges de construction que l'on dégagea soigneusement pour relever l'appareil de ce travail.

Il parut d'abord être celui d'un sol carrelé, mais en réalité c'était un âtre relativement décoratif et construit en tuiles posées sur le champ. Un relevé en a été fait avec soin ; il a été déposé aux archives de la Société.

Les mesures portées au croquis sont absolument exactes la face B est latérale aux fondations de la façade postérieure de la Banque et à 1 mètre d'elle ; la face D est sur rue, à 2 mètres de la rivière couverte et à 1 mètre de l'alignement municipal actuel.

Les seules causes qui nous ont fait donner le nom d'âtre à cet appareil sont : sur la ligne de la face B, 1° un dossier construit en tuiles de même nature ayant toutes apparences d'un foyer et renversé en arrière ; 2° deux costières latérales de même construction faisant supposer des contre-cœurs éboulés en fermant sur l'axe de la ligne. La face intérieure des parois était noircie par la fumée et chaque lit était séparé par une légère couche de braisette parfaitement conservée.

Au point D se trouvait une petite dalle de pierre dure paraissant avoir servi d'assise aux jambages. Le sol, côté C, paraissait avoir été fortement pilonné.

Vraisemblablement il a dû exister un travail d'ensemble, mais il a été tronqué, détruit sur trois faces par la construction de la Banque du côté B, par celle du mur de clôture et de la voûte de la rivière du côté D et par celle d'une fosse d'aisance du côté A.

L'âtre en particulier est construit en tuiles à champ hourdées en argile ordinaire. La tuile, dont un échantillon est joint au croquis, est de pâte blanche parfaitement homogène et pure : il a été impossible d'en trouver une entière, chacune d'elles ayant été cassée intentionnellement sur le sens de la grande largeur, soit pour faciliter la pose, soit pour satisfaire aux exigences de l'appareil qui est relativement difficultueux avec de tels matériaux.

L'argile du hourdis est de teinte jaune foncée et a été tirée dans les environs de Beauvais; elle a été réduite en pâte avant son emploi.

Ce qu'il est utile de signaler, c'est que les onglets sont parfaits et non exécutés la tuile posée à bâton rompu, mais taillée spécialement suivant l'angle à obtenir. Ce travail a nécessité de la part de l'ouvrier une patience très grande.

L'ensemble de l'ouvrage a été détruit pour continuer les travaux.

Les fouilles procurèrent encore deux objets en bronze d'origine romaine, mais détériorés ou cassés. Quant aux nombreux os d'animaux et aux débris de poteries du moyen-âge, ils ne doivent avoir été amenés que par des remblais successifs.

Nous ne considérons pas cette découverte comme ayant un intérêt de premier ordre et immédiat, mais nous supposons qu'il était utile de la classer, ne serait-ce que pour aider à déterminer une enceinte ou une côte d'ancien nivellement.

La situation de ce vestige, près de la rivière, à quelques mètres des fortifications romaines et ultérieures, sa découverte près de la porte romaine supposée, contestée, font seules l'utilité du signalement de cette découverte.

Rien ne parait avoir été mentionné lors des fouilles précédentes; nous devons le déplorer, car aujourd'hui un travail documentaire d'ensemble pourrait éclairer ce point de l'enceinte de notre ancienne cité.

F. BORDEZ.

DOCUMENTS

DOCUMENTS MANUSCRITS CONCERNANT LE BEAUVAISIS

déposés aux Archives municipales d'Abbeville.

(Communication de M. Alcius LEDIEU, Archiviste municipal et Conservateur de la Bibliothèque et des Musées d'Abbeville, Correspondant honoraire du Ministère de l'Instruction publique.)

Les archives municipales d'Abbeville renferment neuf documents manuscrits relatifs à des personnes du Beauvaisis. Le plus ancien en date est de 1226 et le dernier, de 1595.

L'intérêt qu'offre chacune de ces pièces est d'ordre peu élevé ; cependant, j'ai cru être utile aux travailleurs du Beauvaisis en les leur signalant. L'analyse que j'en donne suffira, je pense, à ceux que ces documents pourront intéresser.

J'ai reproduit en entier deux lettres (VII et VIII) parce que l'une éclaire un point de l'histoire de la Ligue à Abbeville et à Beauvais, et que l'autre émane d'un magistrat beauvaisien, originaire du comté de Ponthieu, lequel sollicitait l'appui de la municipalité abbevilloise.

I

Charte de Regnault d'Amiens, seigneur de Flixecourt, par laquelle il fait don au prieur du lieu, dépendant de Saint-Lucien de Beauvais, de soixante journaux de bois, pour en disposer à son gré en échange du droit que le prieur de Flixecourt avait de prendre du bois pour son chauffage dans les bois du seigneur et pour d'autres usages que possédait également le prieur. Regnault d'Amiens s'engageait, en outre, à payer annuellement au prieur une somme de trente sols pour le droit de pêche que celui-ci possédait dans la rivière.

Mai 1226. Parch. Lacs en soie. Sceau perdu.

(Arch. mun. d'Abbeville, II., 10).

II

Lettres de R., doyen de Beauvais, faisant mention que Simon del Waut, chevalier, s'étant porté à des voies de fait à l'égard des Frères Hospitaliers de Beauvais, ces derniers ont réclamé justice auprès du doyen. Simon ayant amendé ses torts par-devant le Père Pénitencier de la ville, il fut décidé qu'il serait condamné à une amende de dix livres dans le cas où lui et ses gens se porteraient, à l'avenir, au moindre excès contre les Frères Hospitaliers.

Juillet 1239. Parch. Sceau perdu.

(Arch. mun. d'Abbeville, II., 11.)

III

Acte passé par-devant Fouques Meinier, clerc tabellion de la prévôté de Chaumont, par lequel Jeanne de Beaumont, dame d'Ons-en-Beauvoisis, fait don à l'abbé et aux religieux de Saint-Germer-de-Flay de tous les droits qu'elle possédait sur la terre de Reilly.

A la suite de cette donation est reproduit l'acte de vente des terre et seigneurie de Reilly, en date du « lundi après Pasques floryes » de l'an 1300, par Guy de Beaumont, chevalier, sire d'Ons-en-Beauvoisis et de Neufchâtel, Guillaume, Pierre et Ysabelle, ses frères et sœur, enfants de feu Jean de Beaumont, chevalier, et de Jeanne de Beaumont ; cette vente fut faite aux religieux de Saint-Germer moyennant quatorze cents livres et quarante sous parisis. La seigneurie de ce lieu consistait notamment en soixante et onze arpents de bois, quarante journaux de terre arable, trente-deux mines de blé prises au moulin de Reilly, la moitié du vivier, six arpents de pré, le champart de toute la paroisse, valant un muid de grain, dix chapons, dix oublies, quarante œufs de rente, le manoir et le pourpris de Reilly, un fief et un arrière-fief, ventes, saisines, reliefs, forfaiture, toute seigneurie, justice et chasse.

La donation de Jeanne de Beaumont est datée du « mescredy après la surexion nostre Seigneur Jhesucrist, au mois d'avril » 1301.

Parchemin. Sceau perdu. Vidimus.

(Arch. mun. d'Abbeville, II., 31.)

IV

Acte par lequel le chapitre de Notre-Dame et de Saint-Firmin d'Amiens donne, à cens perpétuel, deux masures qu'il possédait à Nointel, bailliage de Clermont-en-Beauvoisis.

11 janvier 1371. Parchemin. 3 sceaux en cire brune.

(Arch. mun. d'Abbeville, II., 76.)

V

Arrêt du Parlement rendu contre un curé de Beauvais qui avait tenté de s'approprier les meubles d'une personne qu'il prétendait être morte sans avoir fait de testament.

Parchemin. 10 décembre 1376.

(Arch. mun. d'Abbeville, II., 85.)

VI

Contrat de mariage passé le 14 mai 1575 par-devant Jehan Allou et Loys Macqueron, notaires royaux au bailliage et comté de Clermont-en-Beauvoisis. Furent présents, Adrien du Souich, écuyer, seigneur de La Ferrière, la Mothe, les Marrées, Boisberge, en partie ; Pierre Louvel, écuyer, seigneur de Flers, fondé de lettres de procuration de Marie d'Aoust, mère dudit du Souich, d'une part ; et Lancelot de Venisse, écuyer, seigneur du Metz, tuteur de Madeleine d'Argillière, fille de feu Me Charles d'Argillière, écuyer, seigneur de Monceaulx, et de Marguerite Gentien, mariée en secondes noces audit de Venisse, d'autre part. Le futur reçoit une somme de « quatre mille cinq cents livres tournois d'argent comptant, sur laquelle somme ledict du Souich prendra lesdictz cinq cens livres tournois pour les fraiz du banequet des nopces qu'il sera tenu moiennant ce faire du tout à ses despens. »

14 mai 1575. Parchemin.

(Arch. mun. d'Abbeville, II., 179.)

VII

Messieurs. La chose quy doibt estre plus recommandable entre les catholicques uniz et la manutention de la religion catholique, appostolique et romaine, et à ce subject voyant dès l'an mil Vᶜ iiijˣˣ iiij les politcqz vouloir faire bresche à nostre religion, les gens de bien auroient inventé ung suptil remède quy est le serment d'unyon que chacun d'entre nous auroit juré solempnellement. Et, depuis ces troubles, après avoir conféré avec Messieurs de Paris, Amyens et vous, et promis les ungs aux aultres de s'entre aider de conseilz, faveurs et tous aultres bons remedes, nous avons faict de nostre part ce que avons jugé appartenir à notre debvoir. Neantmoings, nous avons, depuis ce temps, apperceu plusieurs quy ont dissimullé estre des nostres quy se sont touteffois habandonnez aux desseings des ennemys ausquelz ilz ont presté l'aureille pour avecq eulx avoir confédération au préjudice de l'honneur de leurs confédérez et ruyner de leur propre nature qu'ilz ne peuvent esviter. Et d'aultant, Messieurs, que le bruyet est en deça que estes prestz d'entrer en quelque espèce de neutralité ou cessassion d'armes, et que plusieurs aultres quy ont voulu essayer ce bruvage s'en sont mal trouvez. Nous vous prions vous remettre en mémoire l'infidélité des ennemys à l'encontre des pauvres habitans de Roye (1) et Méry-sur-Seyne, quy se sont oubliez de leur part d'avoir eu conférence avec des ennemys. Et soubz l'espérance qu'avons tousjours eu de vostre part que n'atempteriez à faire chose contre voz promesses, nous vous avons faict la présente pour vous baiser bien humblement les mains et prier Dieu, Messieurs, vous donner très longue et heureuse vye. De Beauvais, ce xxiij° février 1594.

Vos confrères, voisins et bons amis à vous servir.

Les maire et pairs de la ville de Beauvais,

REGNART.

Messieurs.
Messieurs les Majeur
et Eschevins de la ville d'Abbeville.

23 février 1594. Papier.

(Arch. mun. d'Abbeville, II., 184.)

VIII

Lettre d'Adrien de Boufflers, grand bailli de Beauvais, aux maïeur et échevins d'Abbeville.

Messieurs, Ayant l'honneur de tenir mon extraction de vostre ancien conté de Ponthieu et d'estre héritier de la mesme affection qu'ont eu mes devanciers au bien et repos de la patrie et de faire service à vostre communauté, cela me faict promettre que m'accorderez, s'il vous plaist, l'humble prière que je vous fay de me vouloir ayder de vostre faveur et authorité pour conserver ma poure maison de Boufflers, qui est tout ce qu'il me reste des grandes pertes que m'ont fait recevoir les estraugers qui y séjournèrent quatre moys entiers durant le fort de l'hyver il y a environ cinq ans. Le plaisir qu'en cela je désire de vous autres, messieurs, est qu'il vous plaise écrire à monsieur de Rubempré, comme Boufflers est dans l'estendue de voz limites, et qu'il veulle retirer ceux qu'il y a mis

---

(1) Le 21 janvier 1594.

pour y establir de vostre part le capitaine Tremont, qui est mon suject et qui a crédit au pays parmy les gens de guerre. Et outre l'utilité qui en reviendra à la province, je m'en ressentiray pour mon particulier vostre redevable pour m'en revanger par tous les devoirs que vous pourrez attendre.

Messieurs, de

Vostre bien humble voisin et amy à vous faire service.

BOUFFLERS.

De nostre maison de Cagny, ce 3 mars 1595.

(Arch. mun. d'Abbeville, II., 186.)

IX

Extraits d'un aveu et dénombrement non daté d'un fief au terroir de Catenoy en Beauvaisis, relevant de Jean Juvenel des Ursins, évêque de Beauvais, de 1433 à 1444, appartenant à Pierre Choart, notaire au Châtelet de Paris, fils de feu Jehan, procureur au Châtelet, appartenant jadis à Raoul Doyen.

Ce fief consistait en deux arpents de vigne, un quartier de vigne, deux arpents de bois à La Folie Choltin, sept quartiers de terre à La Couture vers Courcelles, deux mines et un quartier de terre à La Croix de la bataille, un quartier de bois au lieudit les Broches, droits de ruage et de forage sur certaines maisons de Catenoy, et plusieurs menus cens.

S. d. Papier.

(Arch. mun. d'Abbeville, II. 278.)

ÉVANGÉLIAIRE LATIN 17968 DE LA BIBLIOTHÈQUE NATIONALE

ayant appartenu à Antoine Loisel.

Ce manuscrit, qui date du IXe siècle, a 169 feuillets et mesure 175 ^{m}/$_m$ sur 125 .1. On sait qu'il a appartenu à l'église Notre-Dame de Paris, car on lit au folio 1 : *Notre-Dame 284 (olim I. 13)*; antérieurement, il était en la possession d'Antoine Loisel dont la signature est à côté de l'inscription ci-dessus. Plus anciennement encore, il a dû très certainement faire partie de la bibliothèque du Chapitre de Beauvais : d'une part, en effet, on remarque aux folios 168 v°-169 v° des oraisons, ajoutées par une main du XIIe siècle, parmi lesquelles se lisent les noms de Saint Lucien, Saint Germer, Saint Pierre, etc... (2) D'autre part, on sait qu'Antoine Loisel

---

(1) cf S. Berger. *Histoire de la Vulgate...* Nancy, 1893, in-8°, p. *279-280*. *Trierer die Ada Handschrift...* Leipzig, 1889, in-fol. *(Publicationen der Gesellschaff für Rheinliche Geschichtskunde, n° VI). De Bastard (Peintures et ornements des manuscrits, pl. 124-127).*

(2) Voici la liste des Saints ou Saintes invoqués : SS. Lucien, Laurent, Vaast, Jacques, Symphorien, Barthélemy, Ste Marie, SS. Pantaléon, Michel, Germer, Nicolas, Paul, Just, Hypolite, Ouen, Lazare, Ste Marie-Madeleine, Ste Marthe, S. Pierre.

avait emprunté des manuscrits à la bibliothèque du Chapitre de Beauvais, sans les rendre très souvent (1).

L'évangéliaire latin 17968 est orné de peintures, très curieuses pour l'époque carolingienne et qui, par leur style très caractéristique, se rattachent à l'école dite de Reims (2). En voici une description sommaire.

La concordance des évangiles (fol. 6-11 v°) est disposée sous des portiques dont les colonnes sont marbrées ou annelées; quelques-unes ont des cannelures. Les chapiteaux rappellent, en général, le style corinthien. Au sommet et sur les rampants des frontons, l'artiste a figuré des animaux, des oiseaux, des monstres marins, des tritons et surtout des feuillages ou des arbustes.

Au fol. 15 v°, peinture représentant l'évangéliste Saint Mathieu (3). Il est assis sur un siège orné d'un large coussin, vêtu d'une longue tunique bleue et d'un manteau gris-bleu, il tient un livre appuyé sur un genou et une plume; un autre livre est posé sur un pupitre; à terre est une grande caisse à rouleaux. Le Saint se détache sur une muraille crénelée au sommet de laquelle apparaît, à droite, un ange tenant un volumen déplié. La miniature, comme celles qui suivent, est entourée d'un cadre noir, blanc et rouge.

Au fol. 16 commence l'évangile selon Saint Mathieu. Les deux premières lettres du mot *Liber* sont de grandes initiales d'or à entrelacs sur fonds bleu et noir.

Fol. 55 v°. L'évangéliste Saint Marc. — Il est assis sous un portique à fronton triangulaire avec chapiteaux de style corinthien. Des rideaux, dont l'extrémité s'enroule aux colonnes, ornent ce portique. Le Saint, assis sur un siège analogue à celui de Saint Mathieu, porte une longue tunique blanche et un manteau rouge clair. De la main gauche, il tient un encrier et un bout du rouleau qui est déplié sur ses genoux et sur lequel il écrit; à droite est une caisse avec d'autres rouleaux. L'évangéliste tourne la tête vers le lion placé sur le fronton et qui tient aussi un volumen.

Au fol. 56, commencement de l'évangile selon Saint Marc. Initiale de même style que celles du fol. 16.

Fol. 83 v°. Miniature représentant Saint Luc (4). — C'est la figure la plus intéressante du volume. L'évangéliste, vêtu d'une longue tunique bleu-clair, ornée de deux claves, et d'un manteau de même couleur, est dans une attitude assez curieuse. Il pose le menton sur ses deux mains croisées, ses coudes étant appuyés sur ses genoux; son expression, qui est celle de la réflexion, est très énergique; à sa gauche est un pupitre et une caisse à rouleaux. Le fond de la composition est formé par une large draperie au sommet de laquelle on aperçoit le bœuf tenant un volumen.

Fol. 84-90 : feuillets blancs. — Le commencement de l'évangile selon Saint Luc manque.

Au fol. 125 v°, figure de Saint Jean (5). — L'évangéliste porte une tunique et un manteau bleus. Il est assis sur un siège pliant, garni d'un coussin

---

(1) cf G. Hector Quignon, *La Bibliothèque de la ville de Beauvais (anciens fonds, etc.)* Paris, 1904, in-8°, 51 p., p. 16 et n. 2 (Extrait de l'*Annuaire de l'Oise pour 1904*).

(2) cf A. Boinet, *La miniature carolingienne dans le Nord de la France.* (Extr. des *Positions des thèses de l'Ecole nationale des Chartes.*) 1903, in-8°.

(3) cf De Bastard, *op. cit.* pl. 128.

(4) cf De Bastard, *op. cit.* pl. 128.

(5) *Ibid.*, pl. 129.

rouge. De la main gauche il tient un encrier et un livre, de la droite il écrit. Le pupitre a une forme spéciale : c'est une armoire à compartiments renfermant des rouleaux. Le fond de la miniature est formé, à la partie supérieure, par un paysage avec une maison et des plantes. L'aigle est à droite. Le Saint tourne la tête vers lui.

Fol. 126. — Commencement de l'évangile selon Saint Jean. Initiale analogue aux précédentes.

Le manuscrit se termine par les trois morceaux suivants :

Fol. 155 v°-162 v° : « Incipit breviarium evangeliorum de dominicis diebus atque feriis per totum annum. »

Fol. 163-168 : « Incipit ordo evangeliorum de festivitatibus sanctorum per anni circulum. »

Fol. 168 v°-169 v°. — Oraisons citées plus haut. Ces oraisons copiées au xii° siècle, comme les deux morceaux précédents, ne sont cependant pas de la même main.

Nous avons dit précédemment que l'évangéliaire de Loisel appartenait au groupe de manuscrits à peintures de l'école de Reims. Il suffit de prendre, comme points de comparaison, certaines miniatures de l'évangéliaire d'Ebbon(1) (Bibliothèque d'Epernay) et de l'évangéliaire de Saint Thierry de Reims (2) (Biblioth. de Reims n° 7) pour se rendre compte que la ressemblance est frappante. Le Saint Marc de notre volume rappelle beaucoup dans l'ensemble celui du premier de ces deux manuscrits. De plus, le style des figures, les expressions et les attitudes sont tout à fait analogues. Ce qui est caractéristique dans les têtes des personnages, c'est l'aspect dur et sévère ; l'artiste a accentué fortement les lignes du visage, les sourcils, les yeux, avec des traits noirs, ce qui donne parfois un aspect assez tragique. Enfin, il est bon de faire remarquer que les traces d'imitation de l'antique sont très visibles. Les portiques sous lesquels est inscrite la concordance des évangiles, les caisses et l'armoire à rouleaux, les sièges, les vêtements, tout rappelle les miniatures de la basse époque, comme celle du Virgile du Vatican où se trouve représenté le poète romain.

A. BOINET,
Archiviste-Paléographe.

Dans la riche bibliothèque de M. le comte de Troussures existe un évangéliaire provenant du Chapitre de Beauvais, datant du x° siècle et se rattachant à l'école des miniatures de l'abbaye de Saint-Bertin à Saint-Omer. Il contient trois grandes miniatures qui représentent Saint Marc, Saint Luc, Saint Jean (il manque au début Saint Mathieu). On remarque le luxe décoratif des sujets du cadre et des entrelacs : les étoffes sont finement traitées.

L'importance de ces manuscrits enluminés du haut moyen-âge est exceptionnelle : ce sont des témoins artistiques et intellectuels de premier ordre sur une époque des plus malaisées à connaître.

---

(1) Le ms. renferme une dédicace en vers par laquelle nous apprenons que l'archevêque de Reims Ebbon (817-834) le commanda à Pierre, abbé d'Hautvillers.

(2) Une inscription en capitale rustique, répétée plusieurs fois, nous prouve que le fameux archevêque Hincmar donna cet évangéliaire à l'abbaye de Saint-Thierry de Reims.

Beauvais. — Imprimerie centrale administrative, 15, place Ernest Gérard.

LE DÉPARTEMENT DE L'OISE

I. Sa formation en 1790 : districts et cantons. — II. Contestations avec les départements limitrophes. — III. Rivalités et litiges entre communes. — IV. Désignation du chef-lieu. — V. Le projet de l'an IV et la loi de pluviôse an VIII.

Lorsque les États généraux, transformés en Assemblée nationale constituante, eurent pris la ferme résolution de régénérer la France, l'une des premières et des plus importantes questions qui se présentèrent à leur examen fut la réorganisation des institutions administratives, judiciaires, militaires, ecclésiastiques et fiscales du royaume. On voulut rompre d'un coup avec les traditions du passé, détruire les privilèges et les coutumes que les provinces avaient conservés au fur et à mesure de leur réunion à la couronne, et fondre toutes les parties du pays dans une harmonieuse unité.

Le 11 novembre 1789, la division de la France en départements fut décidée. Le Comité de Constitution, chargé du travail, avait surtout pour idéal d'établir des circonscriptions à peu près égales de 324 lieues carrées, 18 sur 18 : de tous les points d'un département on devait pouvoir arriver au chef-lieu en une journée de voyage. Il se proposait aussi de maintenir dans leurs grandes lignes les limites des anciennes provinces, et, pour ne pas improviser une œuvre de cette importance, son intention était de faire appel aux lumières et aux conseils des représentants des populations intéressées.

I

C'est ainsi que les députés des bailliages de Chaumont-en-Vexin, de Beauvais, d'Amiens, de Péronne, du Vermandois pour Noyon, de Senlis, de Crépy et de Clermont-en-Beauvaisis, furent désignés pour déterminer les lignes de démarcation d'un département dont le Beauvaisis formerait l'une des parties principales.

Les compétitions locales se donnèrent alors libre carrière.

Dès le 11 décembre 1789, le corps municipal de Beauvais envoyait à Paris l'échevin Legrand, avocat du roi au présidial, le chargeant de solliciter pour la ville « ce qui paraissait le plus avantageux (1) ». Legrand devait accompagner l'abbé Dubourg, que le bureau intermédiaire venait de déléguer aux mêmes fins auprès du Comité de Constitution. Les deux commissaires s'acquittèrent de leur mission avec autant d'intelligence que de zèle ; le 14 décembre, Legrand informait ses concitoyens que vraisemblablement la ville de Beauvais serait classée dans un arrondissement distinct de celui d'Amiens et qu'elle pouvait espérer devenir le chef-lieu d'un département, mais il ne leur dissimulait pas qu'il serait difficile dans ce cas de conserver l'évêché et désirait connaître sur ce point le vœu du corps municipal.

L'importance de la décision à prendre détermina le maire à « assembler la commune », c'est-à-dire, selon un ancien usage, à réunir aux officiers municipaux les représentants des corps, communautés et corporations : il fut arrêté, « à une très grande majorité de voix, que l'évêché présenterait en tout temps plus d'avantages réels pour la ville qu'un département ou un tribunal supérieur » ; qu'en conséquence on devait s'occuper par dessus tout du soin de le conserver, et que si, comme il paraissait très vraisemblable, il était possible, en conservant l'évêché, d'y réunir un département ou une cour souveraine, « le département serait, après l'évêché, l'établissement le plus avantageux pour une ville commerçante comme la ville de Beauvais (2) ».

Quelques jours après, Legrand faisait savoir au corps municipal qu'il y avait tout lieu d'espérer à Beauvais la conservation de l'évêché et l'établissement d'un département (3).

Plusieurs mémoires avaient été rédigés pour faire ressortir auprès des membres de l'Assemblée nationale les titres de Beauvais. Nous lisons dans l'un : « De toutes les villes de la province de l'Ile-de-France qui peuvent prétendre à être chefs-lieux de département, il n'en est point d'aussi importante que Beauvais, soit par la population, soit par la masse d'impositions qu'elle supporte.

« ...La ville est non seulement intéressante par la variété et la multitude des manufactures, mais les campagnes qui s'adonnent aussi aux manufactures, sans cesser d'être agricoles, partagent son industrie...

----

(1) Archives de Beauvais, *Registre des délibérations du corps municipal.* 11 décembre 1789.

(2) *Ibid.,* 16 décembre 1789.

(3) *Ibid.,* 22 décembre 1789.

« On peut dire avec vérité que Beauvais renferme un grand
nombre de citoyens éclairés dont on peut espérer de bons
administrateurs.

« Le bailliage de Chaumont-en-Vexin désire se réunir à
Beauvais s'il est chef-lieu de département, et voudra rester uni
à la Normandie si Beauvais n'est pas chef-lieu (1) » ·

Ailleurs, on énumérait avec fierté les établissements que
possédait la ville de Beauvais : « Un évêché, une cathédrale
nombreuse (quarante-deux chanoines sans les dignitaires), douze
paroisses, un collège renommé, un séminaire, trois abbayes
d'hommes, quatre couvents de Jacobins, de Cordeliers, de
Capucins et de Minimes, une manufacture royale de tapisseries
qui le dispute à celle des Gobelins et qui souvent la surpasse (2) ».

Compiègne se croyait également digne de l'honneur que
revendiquait Beauvais, et faisait valoir « la beauté de son local,
l'agrément de sa forêt et surtout la pureté de l'air qu'on y
respirait (3) ».

Noyon, de son côté, rappelait qu'elle avait toujours été mise
au nombre des villes de premier rang, « tant à cause de sa
population, de son commerce de blé et de son importance
territoriale, qu'à cause de la somme considérable d'impôts que
paye à l'État son élection, qui passe 1,400,000 livres... » ; elle
n'osait toutefois entrer ouvertement en concurrence avec
Beauvais et émettait le vœu que l'administration nouvelle dont
elle serait le siège s'étendît sur les villes de Roye, Nesle, Saint-
Quentin, Ham, Coucy-le-Château, Soissons, Compiègne et
Montdidier (4). Le 28 janvier 1790, la municipalité décernait
le titre de citoyen de la ville au curé Gibert, député à l'Assemblée
nationale, et à Poittevin-Mesmy, maître des requêtes à Paris,
pour les remercier des démarches qu'ils avaient faites en vue
d'obtenir que Noyon devînt chef-lieu de département, ou tout
au moins de district (5).

Le bailliage de Clermont n'avait point alors pour sa ville
principale de hautes ambitions : il se contentait de demander
par l'organe du duc de Liancourt, l'un de ses députés, à ne
point être « compris dans un département qui aurait pour chef-
lieu Senlis, Pontoise, Saint-Germain, Versailles ou Meaux. » Il

---

(1) Archives nationales, D IV bis 29, dossier 412, e 12, dossier 248.

(2) Cf. Ferdinand Dreyfus, *La Rochefoucauld-Liancourt*, p. 108.

(3) *Ibid.*

(4) Archives nationales, D IV bis 12, dossier 248.

(5) Cf. Mazière, *Noyon de 1789 à 1795*, dans *Mém. du Comité arch. et hist. de Noyon*,
XV, 15.

désirait vivement être « réuni avec Beauvais, Gisors, Montdidier, Senlis et Compiègne ; si un arrondissement convenable le mettait à Amiens, il le verrait sans peine : il voudrait dans tous les cas être réuni à Beauvais et Montdidier (1) ».

La ville de Chaumont s'était mise de bonne heure sur les rangs pour obtenir un district du département dont le siège pouvait être fixé à Beauvais ; elle avait demandé, à la vérité, dans son cahier de doléances, à faire partie des assemblées provinciales de Normandie : « Mais alors, — écrivait-elle à l'Assemblée nationale pour expliquer ce que son attitude paraissait avoir de contradictoire, — on avait encore à redouter le régime des intendants ; entre deux maux il fallait choisir le moindre, et les citoyens de Chaumont sous ce point de vue devaient préférer l'intendance de Rouen à celle de Paris. » Le 22 novembre 1789, Le Porquier de Vaux, avocat en parlement, faisait parvenir à l'Assemblée nationale une nouvelle adresse de ses concitoyens de Chaumont : « Ils l'ont envoyée à M. Bordeaux, leur premier député, écrivait Le Porquier, mais s'ils ont grande confiance en ses vertus, ils craignent qu'il n'ait pas tous les moyens nécessaires pour faire valoir leurs droits. Quant à leur second député, M. Dailly, ils rendent justice à son mérite distingué, mais il pourrait être plus disposé en faveur de Magny, sa patrie, qu'en faveur de Chaumont (2) ».

Les habitants de Breteuil sollicitaient, eux aussi, un district, mais peu leur importait qu'il relevât du département d'Amiens ou de celui de Beauvais : ils invoquaient, à l'appui de leur demande, l'éloignement où ils se trouvaient de tout centre important, la situation de leur ville, à cheval sur deux grandes routes, l'existence d'un bureau de la poste aux lettres et d'une brigade de maréchaussée, enfin l'importance des marchés hebdomadaires et des foires (3).

Senlis et Crépy cherchaient à ne pas appartenir au département de Beauvais : « Si l'arrangement des autres départements déjà faits, lisons-nous dans le mémoire de Senlis, mettait un obstacle invincible à rendre Senlis chef-lieu d'un département, ses députés représenteraient à MM. les commissaires que la position, les habitudes et le genre de commerce font désirer à cette ville d'être plutôt réunie à Meaux, qui le désire, qu'à Beauvais dont le département semble devoir être fixé à l'Oise qui le borne

---

(1) Note de Liancourt. Arch. nat., D IV *bis* 12, dossier 248

(2) *Ibid*, D IV *bis* 29, dossier 412, et 12, dossier 2

(3) *Ibid.*, D IV *bis* 29, dossier 412.

naturellement, et dans ce cas ils demandent que Dammartin soit compris dans leur district (1) ».

La ville de Crépy tenait surtout à « voir son district rester comme par le passé sous la dépendance du département de Soissons » ; elle fit parvenir à l'Assemblée nationale plusieurs suppliques par l'intermédiaire de l'un des deux députés du tiers état du bailliage, Adam de Verdonne, qui rédigea lui-même un rapport sur la formation « des départements qui sont au-dessous du Cambrésis et du Hainaut ». Perdant tout espoir de suivre les destinées de Soissons, elle insista pour être placée plutôt dans le département de Meaux que dans celui de Beauvais : « Des raisons de convenance, disait-elle, jointes à l'utilité publique, à l'économie et au bien général, la sollicitent de vous faire ardemment cette prière, dont elle attend le plus heureux succès (2) ».

Toutes les localités ne s'inspiraient pas dans la nouvelle répartition territoriale de ce qui paraissait le plus conforme aux intérêts du pays ; parfois se réveillaient d'anciennes jalousies, de vieilles haines. Ainsi les habitants de Chambly souhaitaient de former la limite du département de Beauvais, et d'être séparés de Beaumont-sur-Oise : « Les mœurs et le caractère de ces deux petites villes voisines, écrivaient-ils à l'Assemblée nationale, ne se sont jamais accordés. La rivalité de Beaumont a toujours été le germe de discussions qui seraient devenues meurtrières sans la modération des habitants de Chambly (3) ».

Le 9 janvier 1790, les députés des bailliages s'étaient mis d'accord pour fixer les limites du département du Beauvaisis ou de Beauvais, formé, pour un peu plus des trois quarts, de l'Ile-de-France (4), et, pour le reste, de la Picardie ; ils faisaient connaître en ces termes à leurs concitoyens les motifs qui les avaient engagés à le diviser en neuf districts : « Ils ne se sont pas dissimulé que la multiplicité des districts entraînait après elle les inconvénients et d'une grande dépense pour les frais d'administration, et d'une grande difficulté pour trouver des sujets capables d'administrer ; mais ils ont pensé que les inconvénients des plus grands frais pouvaient être compensés par les avantages d'approcher les

---

(1) *Ibid.*, D IV *bis* 12, dossier 218.

(2) *Ibid.* — Les sieurs d'Elincourt et Tardu furent députés par la ville de Crépy pour défendre ses intérêts auprès des membres de l'Assemblée nationale. *Arch. de l'Oise*, L 2m (Crépy).

(3) Arch. nat., D IV *bis*, dossier 412.

(4) L'Ile-de-France a fourni le Beauvaisis et le Clermontois (250,000 hectares), le Valois (121,000 hectares), le Noyonnais (62,000 hectares), et une faible partie du Soissonnais (20,000 hectares) ; la Picardie, des morceaux de l'Amiénois (30,000 hectares) et du Santerre (102,000 hectares). Superficie totale : 585,500 hectares

administrés de l'administration, et que l'espérance de concourir à l'administration formerait des administrateurs et en multiplierait le nombre ; ils ont d'ailleurs trouvé un désir si prononcé dans les députations de villes et de paroisses de voir multiplier les districts, qu'ils ont cru concourir avantageusement au maintien de la paix et du bon ordre, à l'établissement tranquille et solide de la nouvelle Constitution qu'ils regardent comme le plus grand bienfait, en délibérant neuf districts.

« D'ailleurs ils ont pensé que si l'expérience démontrait que cette multiplicité de districts a plus d'inconvénients que d'avantages, la Législative prochaine, sur le vœu exprimé du département, en réduirait le nombre... (1) ».

Les députés laissaient aux électeurs le soin de désigner, à leur première assemblée, le chef-lieu du nouveau département, mais ils jugèrent à propos de convoquer cette assemblée à Beauvais, parce que cette ville était « la plus peuplée, la plus considérable » du département.

Le 7 février 1790, l'Assemblée nationale, après avis du Comité de Constitution, approuvait ces conclusions et décrétait que le département de Beauvais comprendrait neuf districts. Chacun des districts était partagé en cantons, dont voici les chefs-lieux :

Le district de Beauvais eut dix cantons : Beauvais, Auneuil, Bresles, Gerberoy, Noailles, Ons-en-Bray, Saint-Germer, Savignies, Tillé et Troissereux.

Le district de Chaumont en eut sept : Chaumont, Flavacourt, Fresneaux, Méru, Montjavoult, Trie-Château et La Villetertre.

Le district de Grandvilliers compta neuf cantons : Grandvilliers, Feuquières, Formerie, Le Hamel, Marseille, Romescamps, Sarcus, Sommereux et Songeons.

Le district de Breteuil eut le même nombre, neuf : Breteuil, Ansauvillers, Cormeilles, Crèvecœur, Froissy, Luchy, Maignelay, Plainville et Tricot.

Le district de Clermont fut divisé en dix cantons : Clermont, Bulles, Léglantiers, Liancourt, Lieuvillers, Mouy, La Neuville-Roy, Sacy-le-Grand, Saint-Just et Wavignies.

Le district de Senlis comprit huit cantons : Senlis, Baron, Chambly, Chantilly, Creil, Mello, Plailly et Pont-Sainte-Maxence.

Le district de Crépy n'en eut que six : Crépy, Acy-en-Multien, Morienval, Nanteuil-le-Haudoin, Thury-en-Valois, Verberie.

---

(1) Procès-verbal signé des députés suivants : **La Rochefoucauld, évêque de Beauvais** ; **Dauchy, David, comte de Crillon, duc de Liancourt, Hanoteau, Farochon, Bordeaux, Leblanc, de Verdonne, Lenglier, Gibert, Oudaille, Millon de Montherlant.** *Arch. de l'Oise,* brochure de 34 p., petit in-4°.

Le district de Compiègne en eut huit : Compiègne, Coudun, Estrées-Saint-Denis, Grandfresnoy, Le Meux, Monchy-Humières, Pierrefonds et Rethondes.

Enfin le district de Noyon en eut neuf : Noyon, Attichy, Babœuf, Beaulieu-les-Fontaines, Carlepont, Guiscard, Lassigny, Ressons-sur-Matz, Ribécourt : soit, en tout, 76 cantons.

Le 26 février 1790, le Comité de Constitution proposait à l'Assemblée nationale de donner aux départements des noms particuliers empruntés surtout aux rivières et aux montagnes de leur territoire : « Il n'est pas moins important, s'écriait Target, de détruire l'aristocratie des villes qu'il ne l'était de détruire celle des ordres (1) ». L'Assemblée nationale accueillit d'autant plus volontiers cette proposition qu'elle avait autorisé les *alternats*, et qu'il était impossible de donner plusieurs noms à un département dont les assemblées seraient tenues dans plusieurs villes. C'est alors que le département de Beauvais devint le département de l'Oise.

II

Les cartes des nouveaux départements avaient été dressées avec une précipitation qu'expliquent les nécessités du moment et l'enthousiasme de nos pères ; aussi devaient fatalement surgir entre circonscriptions voisines des difficultés que le Comité de Constitution de l'Assemblée nationale et les administrations départementales s'efforçaient de résoudre au mieux des intérêts de chacun.

Eure. — Entre l'Oise et l'Eure, les contestations ne portèrent que sur Boisgeloup, d'une part, Beausseré et Courcelles-lès-Gisors, de l'autre.

Boisgeloup, aujourd'hui annexe de Gisors, avait été rattaché au département de l'Oise et devait former une commune du canton de Trie-Château. Ses habitants protestèrent avec énergie contre cette décision, alléguant qu'ils avaient toujours été compris pour les impositions dans le rôle de Gisors ; ils refusèrent même de fournir la liste des citoyens actifs et des citoyens éligibles demandée par le district de Chaumont. La municipalité de Trie-Château fit observer que Boisgeloup était séparé de Gisors par l'Epte, rivière qui formait de ce côté la limite du département de l'Oise ; elle rappela aussi que ce hameau dépendait de l'ancien bailliage de Chaumont et était régi par la coutume

---

(1) Assemblée nationale, séance du 26 février 1790. *Moniteur,* n° du 27 février 1790.

de Senlis, tandis que Gisors était régi par la coutume de Normandie ; elle établissait enfin que Boisgeloup, comptant 60 feux,
était « plus fort » que nombre de villages constitués en municipalités. Mais ces raisons n'eurent pas aux yeux des membres
du Comité de Constitution l'importance que leur attribuaient le
maire et les officiers municipaux de Trie-Château : Boisgeloup
resta une dépendance de la commune de Gisors (1).

Les paroisses de Beausseré (2) et Courcelles-lès-Gisors avaient
été comprises à la fois dans les départements de l'Eure et de
l'Oise. Comme elles se trouvent en-deçà de l'Epte, le conseil
général du district de Chaumont les revendiqua et leur interdit,
par sa délibération du 25 mai 1790, de se réunir à l'assemblée
primaire du canton de Gisors ; cette défense fut signifiée par
ministère d'huissier, le 27 mai, au président de l'assemblée tenue
en l'église Saint-Gervais de Gisors. Saisi de la question, le
Comité de Constitution décida, le 14 juin suivant, que les paroisses
de Courcelles et Beausseré seraient provisoirement convoquées
au département de l'Oise, « sauf la réclamation contraire, s'il en
existe, être portée aux départements respectifs pour, sur leur
avis, être statué ce qu'il appartiendra ».

Malgré cette décision, les habitants des deux paroisses refusèrent de reconnaître l'autorité des administrateurs du district
de Chaumont et ne répondirent à aucune des demandes qui leur
furent adressées relativement à la population, aux impositions et
aux biens nationaux. Le président du district signala, le 25 septembre, leur mauvais vouloir au directoire du département. Mais
bientôt un revirement complet, dont nous ignorons la cause, se
produisit dans l'esprit de ces gens qui, rétractant leurs déclarations antérieures, demandèrent, le 17 octobre, à faire définitivement partie du district de Chaumont ; le 3 janvier 1791, le
Comité de Constitution accueillit favorablement ce vœu (3).

Seine-Inférieure. — Les divers litiges qui survinrent entre
les départements de l'Oise et de la Seine-Inférieure n'aboutirent
pas tous avec la même facilité à une solution satisfaisante.

Le premier, relatif à Mothois (4), n'a qu'une importance
relative. Le 29 avril 1790, le maire, les officiers municipaux et
notables de la paroisse de Mothois se présentèrent à l'assem-

---

(1) Arch. de l'Oise, L 1 m.

(2) Beausseré a été réuni à Courcelles-lès-Gisors par ordonnance du 23 septembre 1825.

(3) Arch. nat., D, IV bis, 12, dossier 218 ; Arch. de l'Oise, *Reg. des délib. du dist. de
Chaumont*, fᵒˢ 3 et 6 ; *Journal du département de l'Oise*, 13 janvier 1791.

(4) Commune réunie à Saint-Quentin-des-Prés par ordonnance du 27 décembre 1826.

blée primaire du canton de Saint-Germer pour y faire part de leur intention de solliciter par tous les moyens leur incorporation au district de Gournay, dont ils ne pouvaient, disaient-ils « s'écarter qu'à leur détriment, leur position n'étant qu'à une demi-lieue de Gournay, où leur commerce les appelle tous les jours, et nullement à Beauvais, dont ils sont éloignés de plus de six lieues (1). » Acte leur fut donné de cette déclaration : ils n'obtinrent rien d'autre, et continuèrent à dépendre du canton de Saint-Germer et du district de Beauvais.

Beaucoup plus grave est l'incident soulevé par les communes de Frettencourt, Lannoy-Cuillère, Rothois (2) et Saint-Valéry, qui demandèrent en octobre 1790 à faire partie du département de la Seine-Inférieure. Les administrateurs de l'Oise s'empressèrent d'écrire à l'Assemblée nationale que l'intérêt de ces paroisses était incontestablement de rester dans le département de l'Oise, en raison de la proximité du chef-lieu de leur district, Grand-villiers, alors qu'incorporées dans la Seine-Inférieure, elles appartiendraient à un district dont le chef-lieu, Neuchâtel, se trouverait beaucoup plus éloigné ; ils ajoutaient que la Seine-Inférieure avait 330 lieues carrées et que l'Oise, qui n'en comptait que 285, n'était pas assez étendu pour se laisser enlever quatre communes (3).

Saint-Valéry fut vite débouté de ses prétentions, car aucun motif valable ne pouvait être invoqué pour les soutenir. Mais les trois autres communes étaient revendiquées par le départe-ment de la Seine-Inférieure comme se trouvant situées sur la rive gauche de la Bresle, et figurant dans le procès-verbal de formation de ce département : le district de Grandvilliers les ayant convoquées pour concourir à l'élection des curés de la circonscription, les administrateurs de la Seine-Inférieure signa-lèrent à leurs collègues de l'Oise « l'usurpation méditée » du district et les prièrent d'employer leur autorité « pour réprimer ces entreprises ». Le district de Grandvilliers, à qui fut commu-niquée cette lettre, répondit par l'intermédiaire de Calon, le futur conventionnel, alors membre du conseil général de l'Oise : « Les réclamations de MM. du directoire du département de la Seine-Inférieure ne sont nullement fondées. S'ils étaient mieux instruits, c'est au district de Neufchâtel qu'ils appliqueraient les reproches qu'ils font avec si peu de ménagement à celui de

---

(1) Arch. de l'Oise, L 1 m.

(2) Rothois-sur-Bresle et Frettencourt ont été réunis à Lannoy-Cuillère par les ordonnances du 31 mars 1825 et du 20 février 1828.

(3) Arch. nat., D IV *bis* 69, dossier 2 ; Arch. de l'Oise, L m 7.

Grandvilliers... Ces Messieurs ignorent sans doute que ce n'est qu'à Aumale que la rivière de Bresle commence à prendre son nom, et que plus haut elle est divisée en trois sources dont la principale, qu'ils voudraient prendre pour limite, porte le nom de l'Eaniette... » Calon expliquait ensuite que les paroisses de Lannoy, Frettencourt et Rothois figuraient bien dans le préambule du procès-verbal signé des députés de la Seine-Inférieure comme appartenant à ce département, mais qu'elles avaient été cédées par lui en échange des paroisses de Grumesnil, Haussez et Doudeauville (1), qui étaient avant la Révolution du bailliage de Beauvais (2).

Le débat fut porté devant le Comité de Constitution. Il importait pour la tranquillité publique qu'un arrangement intervînt au plus tôt. Les esprits étaient surexcités et le bruit courut à Grandvilliers, dans les premiers jours de juin 1791, qu'une attaque des gardes nationales du district de Neufchâtel se préparait activement. L'effervescence était entretenue par le curé réfractaire de Lannoy-Cuillère, qui, remplacé par les électeurs du district de Grandvilliers, s'était réfugié à Neufchâtel et avait obtenu du directoire de cette ville qu'une nouvelle élection à la cure de Lannoy eût lieu le 5 juin : on prétendait que les gardes nationaux de Neufchâtel viendraient installer à main armée le nouvel élu, et que, d'autre part, les gardes nationaux de Grandvilliers étaient disposés à repousser la force par la force.

Les têtes se montant, le directoire de la Seine-Inférieure jugea prudent de surseoir à l'élection annoncée, pendant que le Comité de Constitution priait le président de l'Assemblée nationale de convoquer d'urgence les députés des deux départements. La réunion eut lieu le 8 juin 1791, au Comité : les députés de la Seine-Inférieure constatèrent que les trois paroisses de Frettencourt, Rothois et Lannoy, inscrites par erreur dans le procès-verbal imprimé comme faisant partie du canton de Gaillefontaine, ne figuraient pas dans la carte de leur département déposée au Comité, tandis qu'elles étaient portées sur celle du département de l'Oise. Après une discussion courtoise, ils consentirent sans peine à ce qu'il fût rendu un décret qui laissait la jouissance des trois paroisses au département de l'Oise : l'Assemblée nationale ratifia cet accord le 27 septembre 1791 (3).

---

(1) Ces communes dépendent aujourd'hui, les deux premières du canton de Forges, la troisième du canton de Gournay (Seine-Inférieure).

(2) Lettre du 26 mai 1791. Arch. de l'Oise, L m 7.

(3) Arch. de l'Oise, L m 7.

Somme. — S'inspirant d'un vœu émis par l'assemblée électorale de la Somme, le district de Grandvilliers (1) avait proposé au directoire de l'Oise de se concerter avec celui de la Somme pour modifier les limites des deux départements, et obtenir la réunion d'une quarantaine de communes plus rapprochées de Grandvilliers que d'Amiens : Thoix, Saint-Romain, Agnières, Hescamps, Fourcigny, Thieulloy-la-Ville, Sentelie (2), Famechon, Poix, etc. Le département de la Somme serait dédommagé par l'abandon qui lui serait fait de paroisses plus voisines de ses chefs-lieux de district.

Le district de Grandvilliers rappelait, pour appuyer sa proposition, que la nouvelle division territoriale de la France avait eu pour but de « rapprocher les justiciables de leurs juges, les contribuables de l'administration, et de les réunir au centre de leurs habitudes et de leurs relations agricoles et commerciales » ; il faisait aussi remarquer que le district d'Amiens contenait 88 lieues et quart carrées, tandis que celui de Grandvilliers n'en avait que 25 et demie, et que d'ailleurs le département de la Somme était plus vaste que celui de l'Oise (3).

L'administration départementale de l'Oise ne pouvait favorablement accueillir un tel projet, de nature à bouleverser de fond en comble une organisation à peine établie. Elle rejeta également un vœu de la paroisse de Paillart, désireuse d'être « insérée » dans le département de la Somme (4), et ne prêta aucune attention à une requête analogue présentée par les maires des communes du canton de Tricot : ceux-ci avaient sollicité, le 21 octobre 1790, leur réunion au district de Montdidier sous prétexte que Breteuil, le chef-lieu de leur district, était à cinq ou six lieues, et qu'ils ne pouvaient s'y rendre que par des chemins de traverse, très difficiles en hiver, et dangereux en toutes saisons à cause des « coupe-gorge » qui se trouvaient dans la forêt de La Hérelle (5).

Les limites des deux départements ne furent légèrement modifiées sur certains points que pour mettre un terme aux contestations pendantes entre plusieurs communes du district de Noyon, — Conchy-les-Pots, Boulogne-la-Grasse, Hainvillers, Mortemer, etc., — et les communes voisines du district de

---

(1) Délibération du 7 octobre 1790.

(2) Du 22 au 26 octobre 1790, les trois communes de Hescamps, Fourcigny et Sentelie, s'adressèrent à l'administration départementale de l'Oise pour la prier d'appuyer leur réunion au district de Grandvilliers. Il ne semble pas que ce mouvement ait gagné les commune voisine

(3) Arch. de l'Oise, L m 7 et L m 8.

(4) *Ibid.*, reg. des délibérations du directoire, 11 février 1791.

(5) *Ibid.*, L m 8.

Montdidier. Deux commissaires nommés, l'un par le département de l'Oise, — Warnier, notaire à Ressons, — l'autre par le
département de la Somme, procédèrent à la démarcation des
territoires contestés (1).

Aisne. — Entre les départements de l'Aisne et de l'Oise l'entente
fut facile et complète.

Le district de Compiègne avait par mégarde autorisé les
habitants de la Tannière et du Châtelet à former une municipalité
et à correspondre avec lui. Or ces deux hameaux faisaient partie
de la commune de Montigny-l'Engrain, dépendant du district de
Soissons. Les administrateurs de Compiègne, à qui s'adressèrent
directement leurs collègues de Soissons, reconnurent leur erreur
de bonne grâce (2).

Le district de Crépy avait un instant songé à faire valoir ses
droits sur l'abbaye de Longpré que revendiquait le district de
Soissons comme annexe de la commune d'Haramont; il se proposait de la rattacher à Eméville, mais le maire, consulté à cet
effet, fit cette réponse peu encourageante : « La maison que vous
voudriez avoir dans votre district ne serait pas peu de chose pour
vous et pour nous. Vous avez assez d'occupations sans de nouvelles, car depuis six semaines la municipalité d'Haramont a eu
beaucoup d'ouvrage dans cette maison, sans peut-être ce qui
pourra arriver. Vous vous arrangerez là-dessus comme il vous
plaira (3). » Les administrateurs jugèrent prudent de demander
l'avis du département. Celui-ci, tout en rappelant que l'abbaye
figurait dans le procès-verbal de formation du département de
l'Oise et sur la carte qui y était jointe, engagea le district à
renoncer à ses prétentions, dès lors que cette maison avait toujours appartenu à la paroisse d'Haramont, qu'elle en dépendait
pour le spirituel et qu'elle était imposée au même rôle (4). Et il
ne fut plus question désormais de l'abbaye de Longpré.

Seine-et-Marne. — Les paroisses de Maz-en-Multien et du
Plessis-Placy, comprises d'abord dans le canton d'Acy (district
de Crépy), puis dans celui de Crouy-sur-Ourcq (district de
Meaux), affirmèrent en termes fort vifs leur intention d'appartenir au département de l'Oise et firent déclarer par leurs maires,
à l'assemblée primaire de Crouy, qu'elles n'entendaient pas parti-

---

(1) *Ibid.*, reg. des délib. du directoire, 20 mars 1792.

(2) Arch. de l'Oise, L m 7.

(3) Lettre du sieur Vignon, maire d'Eméville, au directoire du district de Crépy,
12 août 1790. *Ibid.*

(4) *Ibid.*, L m 7.

ciper à la nomination des électeurs de Seine-et-Marne (1). Le Comité de Constitution les engagea à « réfléchir sur le choix des termes qu'elles insèrent dans leurs délibérations », et leur fit savoir que leur résistance lui paraissait d'autant moins fondée qu'elles étaient plus rapprochées de Meaux que de Crépy : dans le cas où elles persisteraient à vouloir être du département de l'Oise, elles devaient s'adresser à la prochaine assemblée électorale qui ferait droit, si elle le jugeait à propos, à leurs réclamations (2). Les deux communes cessèrent alors de se plaindre et se résignèrent à envoyer leurs électeurs aux assemblées de Seine-et-Marne.

Le hameau de Montmélian ne montra pas la même soumission. Bien que rattaché à Mortefontaine, il avait nommé une municipalité et refusait de recevoir les ordres du district de Senlis sous prétexte qu'il relevait du département de Seine-et-Marne. Le directoire de l'Oise, par arrêté du 20 août 1790, annula « comme illégalement formée » la municipalité de Montmélian et enjoignit aux habitants de ne reconnaître pour officiers municipaux que ceux de Mortefontaine, puisqu'ils étaient imposés sur le rôle de cette commune. Mais, soutenus dans leurs prétentions par le district de Meaux qui leur faisait défense d'obéir aux réquisitions de la municipalité de Mortefontaine, les *trois* citoyens de Montmélian continuèrent à s'administrer eux-mêmes ; leur hameau, entièrement séparé du territoire de Mortefontaine, formait, sur les confins de Seine-et-Marne, une enclave entre la commune de Plailly (3) et le département de Seine-et-Oise. Lorsque vinrent les réquisitions de l'an II, ils cherchèrent à profiter de leur isolement pour se soustraire aux charges de l'époque, et il fallut une nouvelle intervention de l'administration départementale de l'Oise pour les faire rentrer dans l'obéissance (4).

Seine-et-Oise. — Le tracé des limites des départements de l'Oise et de Seine-et-Oise ne donna lieu qu'à un très petit nombre de réclamations.

Trois communes, Survilliers, Le Bellay et Nucourt demandèrent, pour convenances locales, a être distraites des districts de Gonesse et de Pontoise, et réunies à ceux de Senlis et de Chaumont ; mais leurs requêtes, appuyées par les autorités admi-

---

(1) Lettres du 2 mai 1790. Arch. nat., D IV *bis* 84, dossier 4.

(2) Lettre du 5 mai 1790. *Ibid.*, D IV *bis* 12, dossier 248.

(3) Cette particularité s'explique si l'on considère que Montmélian et Mortefontaine étaient deux sections de la paroisse primitive de Plailly. Cf. *Annuaire du département de l'Oise*, 1841 (canton de Senlis).

(4) Arrêté du 11 vendémiaire an III (2 octobre 1794). Arch. de l'Oise, L 2 m (Senlis).

nistratives de l'Oise, ne purent aboutir par suite de l'opposition du directoire de Seine-et-Oise (1).

Du moins les deux départements s'entendirent pour régler à l'amiable une difficulté survenue entre les districts de Senlis et de Gonesse relativement à l'abbaye de Royaumont que le district de Senlis prétendait être de son territoire, et dont le district de Gonesse se préparait à mettre les propriétés en vente, comme biens nationaux. Le Comité de Constitution, ratifiant l'accord survenu, décida que Royaumont serait du district de Gonesse, mais déclara bonne et valable l'adjudication d'une coupe de bois faite précédemment par le directoire de Senlis (2).

III

Dans l'intérieur du département, un certain nombre de municipalités réclamèrent contre leur incorporation [dans tel ou tel district, tel ou tel canton, et demandèrent à être unies à des communes avec lesquelles elles avaient plus d'affinité et plus de relations.

Verberie, pour ne pas « devenir la proie de Crépy »; pria l'Assemblée nationale d'abord de ne point établir de district à Crépy, puis, ce district organisé, de placer dans le district de Compiègne toutes les communes de son canton ; elle prétendait que les chemins entre Crépy et Verberie étaient impraticables les deux tiers de l'année, qu'il n'existait aucune relation commerciale entre les deux villes, tandis que Compiègne — où aboutissait une belle route, — était le grand marché de la région (3).

Le directoire du département, à qui la pétition fut renvoyée, la transmit aux deux districts, les engageant à s'entendre sur les échanges qu'ils pourraient se faire à l'amiable, « afin qu'il ne pût exister aucune lésion entre eux, tant à cause de la population que de la contribution (4) ».

La commune de Béthisy-Saint-Pierre avait appuyé la requête de Verberie, son chef-lieu de canton, en adressant elle-même au département une demande qui fut retournée, avec une formule identique, aux districts intéressés.

Margny-sur-Matz, du district de Noyon, qu'attirait également

---

(1) Arch. nat. D IV *bis* 12, dossier 218 ; Arch. de l'Oise. *Reg. des délib. du directoire du département.* 23 novembre 1790 ; *Reg. des délib. du conseil général et du dir. du dist. de Chaumont,* 2 septembre 1790.

(2) Arch. de l'Oise. *Reg. des délib. du directoire du département,* 17 décembre 1790.

(3) Arch. nat. D IV *bis* 39, dossier 412.

(4) Lettre du 23 décembre 1790. Arch. de l'Oise. L. m 7

Compiègne, n'obtint même pas du département cette vague et illusoire satisfaction.

Et c'est en vain que Songeons et quelques communes voisines écrivirent à l'Assemblée nationale, la suppliant de désigner Gerberoy pour chef-lieu d'un district. Cette pétition n'eut pas plus de succès que celle présentée par trente et une communes des districts de Breteuil et de Grandvilliers en vue d'obtenir l'établissement à Crèvecœur d'un tribunal commun aux deux districts (1).

On tint compte, pour désigner les chefs-lieux de chaque canton, de l'importance relative des communes et de leur situation plus ou moins centrale ; mais parfois il fallait lutter contre certaines influences particulières, ainsi que le montre la lettre suivante adressée au président du Comité de Constitution par Coupé, alors curé de Sermaize : « L'attention de nos paroisses est actuellement occupée du lieu où se feront les assemblées partielles du district de Noyon. Le maire du Frétoy, aubergiste, se donne les plus grands mouvements pour attirer le siège de notre cantonnement au Frétoy. Un intérêt si misérable n'est point le vœu du canton. Nous recevrons avec une pleine soumission la désignation de ce lieu de la part de l'Assemblée nationale. Mais si c'est à nous mêmes qu'elle laisse le choix, nous demandons qu'il soit déterminé dans une assemblée même de nos paroisses convoquées à ce sujet, plutôt que par des requêtes surprises ou mendiées séparément (2). »

Beaulieu-les-Fontaines, et non Frétoy, fut désigné comme chef-lieu, et ce choix ne souleva aucune critique.

Il en fut de même dans la plupart des cas. Nous voyons cependant quelques communes ambitieuses ou jalouses revendiquer l'honneur qui avait été attribué à d'autres : La Bosse voudrait déposséder Flavacourt ; Moliens fait des démarches pour supplanter Sarcus ; Marseille et Ribécourt sont un instant menacés par Hautépine et Chiry qu'appuient plusieurs villages voisins ; Tracy-le-Mont, pour se substituer à Rethondes, ne craint pas de proposer un échange de communes entre le district de Noyon et celui de Compiègne. Enfin Loueuse, qui n'ose entrer en parallèle avec son chef-lieu, Feuquières, émet simplement le vœu d'être le centre d'un nouveau canton pour avoir « aidé de tout son pouvoir la Révolution et donné, au milieu des troubles, l'exemple d'une parfaite tranquillité (3) ».

---

(1) Arch. nat., D IV *bis* 29, dossier 412.

(2) *Ibid.*

(3) Arch. nat. D IV *bis* 29, dossier 412 et 84, dossier 4 ; Arch. de l'Oise, L. III 7 et *Reg. des délib. du directoire*, 23 juillet, 24 août et 10 novembre 1790.

Plus rares sont les communes qui demandent à changer de canton : Margny-les-Compiègne, dépendant de Compiègne, voudrait être rattaché à Coudun. Thieuloy-Saint-Antoine a appris avec « une extrême peine » qu'il doit être réuni au canton de Grandvilliers : « Dans le nombre des habitants qui composent la population de la France, écrivent à l'Assemblée nationale ses officiers municipaux, nous osons vous assurer qu'il n'est pas de peuple avec lequel nos concitoyens ne répugnent autant d'être associés ; il n'est peut-être pas de lieu en France où il règne aussi peu de probité et de mœurs que dans ce bourg (1) ».

Nous devons signaler, à titre de curiosité, l'intention qu'eurent un jour les membres du conseil du district de Beauvais de « se servir, pour la désignation des cantons, d'un nominatif tiré des rivières ou des particularités qui se rencontrent dans les arrondissements », les principes d'égalité ne permettant pas « d'affecter à la désignation de chaque canton la dénomination d'une municipalité de ce même canton » :

Le canton de Saint-Germer serait appelé canton du Bray ;

—	Noailles	—	— du Sillet ;
—	Bresles	—	— du Mont-César ;
—	Auneuil	—	— du Viverant ;
—	Savignies	—	— des Tuileries ;
—	Gerberoy	—	— des Vallées ;
—	Tillé	—	— de l'Eauvette.

Il n'était question ni d'Ons-en-Bray, ni de Troissereux ; quant au canton de Beauvais, qui ne comprenait que la ville, on jugeait inutile de lui chercher un autre nom (2).

Les administrations du département et des districts eurent aussi à intervenir fréquemment entre les communes et leurs annexes, ou entre communes limitrophes. On connaît le cas de Compiègne et de ses deux faubourgs, le Petit-Margny et Saint-Germain. Ceux-ci, érigés en 1790 en municipalités distinctes, furent abandonnés par le conseil général de l'Oise (3) dans la lutte que mena contre eux leur puissante voisine ; le 6 janvier 1791, l'Assemblée nationale décrétait qu'ils feraient retour à la ville de Compiègne pour ne former avec elle qu'une seule et même commune ; et c'est en vain que trois ans plus tard, le 25 nivôse an II

---

(1) Arch. nat. D IV *bis* 12, dossier 248.

(2) Arch. de l'Oise, *Reg. des délib. du cons. du dis. de Beauvais,* 29 octobre 1791.

(3) Le 15 décembre 1790, le conseil général de l'Oise émit l'avis que les deux faubourgs en question devaient être réunis à Compiègne, en observant toutefois que « la paroisse de Saint-Germain a toujours eu un rôle séparé, et qu'elle n'a jamais été assujettie aux droits d'octroi que paye la ville de Compiègne. »

(14 janvier 1794), les sans-culottes de La Montagne (c'est le nom révolutionnaire qu'avait pris Saint-Germain) priaient la Convention de rapporter le décret précédent et de leur donner « la consolation de s'administrer fraternellement » (1).

Le hameau de Boasne, revendiqué par les communes de Montépilloy, district de Senlis, et de Ducy (2), district de Crépy, fut rattaché à Montépilloy par arrêté du directoire du département, en date du 27 septembre 1790 (3).

D'ordinaire les difficultés entre communes provenaient de bornages insuffisants ou défectueux, et, dans la séance du 14 décembre 1790, le conseil général de l'Oise, pour remédier au mal, demanda à l'Assemblée nationale d'obliger chaque commune à faire délimiter exactement son territoire en présence de commissaires nommés par elle et par les autres communes intéressées : en cas de contestation, il en serait référé aux directoires des districts qui enverraient les mémoires avec leur avis au directoire du département. Le lendemain, dans la séance du 15 décembre, le conseil général priait même l'Assemblée nationale d'autoriser les municipalités à procéder au bornage des propriétés particulières sur un simple vœu émis par le conseil général de la commune et après approbation des corps administratifs.

La Constituante, ne voulant pas attenter aux droits des citoyens, se garda d'accueillir cette dernière proposition ; mais, par l'article 7 de la loi sur la contribution foncière et mobilière, du 17 juin 1791, elle donna aux directoires des départements la faculté de faire procéder à la délimitation des communes dont le bornage n'avait pas encore été exécuté : s'appuyant sur cette loi, le directoire de l'Oise prenait des mesures, le 7 décembre 1791, pour mettre fin, d'un seul coup, à une quarantaine de litiges entre communes.

<h2 style="text-align:center">IV</h2>

La première assemblée électorale de l'Oise avait décidé, le 13 mai 1790, que les séances du département alterneraient entre Beauvais et Compiègne, et désigné Crépy comme devant être le chef-lieu de district où se tiendrait la prochaine assemblée électorale. Mais c'est encore à Beauvais que se réunirent, du 20 au 23 février 1791, les électeurs de l'Oise convoqués pour la nomination de l'évêque constitutionnel du département; ils dési-

---

(1) Arch. nat., D IV bis 84, dossier 4 ; Sorel, *Bul. Soc. hist. de Compiègne*, IX. 174 et 176.
(2) Réuni à Fresnoy-le-Luat en mars 1825.
(3) Arch. de l'Oise, *Reg. des délib. du directoire du dép.*, 27 septembre 1790.

gnèrent en même temps un juge au tribunal de cassation et son suppléant (1).

Ces deux magistrats ne tardèrent pas à donner leur démission. Pour pourvoir à leur remplacement (2) eut lieu, à Crépy, le 1er mai 1791, une assemblée qui passa presque inaperçue et n'attira que 167 électeurs, sur près de 550 que comptait le département : on se sépara le jour même après avoir décidé par 50 voix sur 92 votants qu'en cas de convocation nouvelle les électeurs se rendraient à Compiègne : 33 voix s'étaient prononcées en faveur de Clermont.

Bientôt parut la loi du 29 mai 1791 : les assemblées électorales devaient se réunir pour la nomination des députés au corps législatif dans les villes où siégeaient les administrations départementales. Le directoire du district de Noyon réclama aussitôt : rappelant la décision de l'assemblée de Crépy, il fit observer que les électeurs s'étaient réunis deux fois déjà à Beauvais, et que, pour « établir une égalité parfaite » entre les districts, il fallait que la prochaine assemblée se tînt à Compiègne (3).

Les administrateurs du district de Compiègne s'empressèrent de féliciter leurs collègues de Noyon de la généreuse initiative qu'ils venaient de prendre, et, s'adressant à ceux de Crépy, les prièrent de « grossir la masse des réclamants », afin de rendre la manifestation plus imposante et de déterminer les représentants du peuple, « peut-être surpris, à rétablir un équilibre qui est dans leur paternelle intention et que romprait immanquablement l'influence dangereuse et inévitable des chefs-lieux de département » (4).

Le directoire de Crépy fit observer que la loi du 29 mai 1791 lui paraissait fort sage ; il trouvait naturel que l'élection des représentants eût lieu pour la première fois à Beauvais, puis alternativement dans les divers chefs-lieux des districts : « S'il en était autrement, écrivait-il, il pourrait arriver qu'une ville chef-lieu de district fût perpétuellement privée de cet avantage parce qu'il se serait tenu dans son sein une assemblée d'électeurs pour un objet bien moins important que celui de l'élection des législateurs... » On voit que l'assemblée électorale du 1er mai n'avait pas donné toute satisfaction au commerce de Crépy.

Présentée par Dauchy au Comité de Constitution de l'Assemblée

---

(1) Le Porquier de Vaux et Simon (Jean-Denis).

(2) Le Porquier de Vaux fut remplacé par de Prounay, président du tribunal du district de Compiègne, et Simon, par Foucnet-Dubourg, juge à Beauvais.

(3) Lettre du 6 juin 1791. Arch. de l'Oise, L 2 m (Crépy).

(4) Lettre du 7 juin 1791. *Ibid.*

nationale, la réclamation du directoire de Noyon y fut mal accueillie et c'est à Beauvais qu'eut lieu, du 29 août au 9 septembre, la nomination des députés à l'Assemblée législative.

Sur ces entrefaites la Constituante supprimait les *alternats*, « cet expédient conciliatoire » — disait à ses collègues le député Gossin — « que les rivalités des villes, leur prétention de prééminence, l'entière démolition des institutions de l'ancien régime avaient fait admettre pour opérer le succès de la distribution de la France en départements » : ce n'est pas seulement « une difformité que vous avez à effacer, ajoutait-il, c'est un mal réel que vous avez à réparer... Quoi de plus ridicule et de plus onéreux que des administrations qui nécessitent l'ambulance des papiers, des commis, la multiplication des bâtiments pour les recevoir, le doublement des frais des administrateurs?... » (1). Le décret du 11 septembre 1791 maintint les administrations départementales dans les villes où elles étaient alors établies : Beauvais fut ainsi, à l'exclusion de Compiègne, le chef-lieu de l'Oise.

Seule la gravité des circonstances empêcha que ce décret ne devînt le point de départ d'une agitation dans le pays. A Chaumont, où les électeurs du département furent convoqués du 2 au 7 septembre 1792 pour nommer les députés à la Convention, aucune protestation ne se fit entendre ; mais les partisans de Compiègne n'avaient pas désarmé.

Lorsque, le 11 novembre suivant, les mêmes électeurs se réunirent, d'après les ordres de la Convention, à Grandvilliers, pour renouveler complètement l'administration départementale, un grand nombre manifestèrent des dispositions hostiles à l'égard de Beauvais et résolurent de solliciter l'intervention de l'assemblée électorale.

On reprochait à Beauvais de ne pas occuper dans le département une place assez centrale, et comme Compiègne était encore plus excentrique, on mit en avant, par une manœuvre habile, le nom de Clermont : la ville de Compiègne était en effet aux districts de Noyon, Crépy et Senlis, ce que Beauvais était à ceux de Chaumont, Grandvilliers et Breteuil ; en attirant à eux le district de Clermont, naturellement porté vers Beauvais, les quatre districts orientaux faisaient pencher la balance en leur faveur.

Le 14 novembre, un électeur de la ville de Beauvais, Danjou (2),

---

(1) Assemblée nationale, séance du 11 septembre 1791. *Moniteur*, n° du 12 septembre 1791

(2) Danjou, procureur syndic du district de Beauvais, avait été élu, la veille, par l'assemblée électorale, procureur général syndic du département

avisait ses concitoyens du danger qui les menaçait, les engageant à se tenir sur leurs gardes : le conseil général de la commune dépêcha aussitôt à Paris les citoyens Laurent Anselin,
officier municipal, et Borel, procureur de la commune, « pour
faire auprès de l'Assemblée nationale, des comités et du ministre,
les représentations nécessaires sur le projet annoncé et solliciter
la conservation à Beauvais du siège du département (1) ».

L'assemblée électorale fut en effet saisie, le 15 novembre, à la
fin de la séance, d'une proposition relative au transfèrement de
l'administration départementale de Beauvais à Clermont. Elle
arrêta que le lendemain matin, après un appel nominal, chacun
des électeurs serait invité à faire connaître à haute voix son
opinion. Sur 493 membres présents, 281 votèrent pour le transfèrement, 212 contre, et une commission, composée d'un électeur
de chaque district, rédigea l'adresse suivante dont l'envoi à la
Convention nationale fut décidé le jour même :

« Représentants du peuple français,

« Quand la France entière, portant ses regards vers vous, voit
entre ses mains ses destinées et tous les moyens de prospérité et
de bonheur, les électeurs du département de l'Oise pourraient-ils
différer de vous indiquer ceux après lesquels les administrés,
leurs commettants, soupirent depuis près de trois ans?

« Le chef-lieu du département de l'Oise, provisoirement fixé
à Beauvais, semblait devoir y rester, mais il s'en faut de beaucoup que ce soit pour l'avantage de tous.

« Que l'on jette en effet les yeux sur la carte du département,
que l'on examine le placement des districts, et l'on reconnaîtra
que le chef-lieu est presque à l'une des extrémités, tandis que
la raison, la justice, l'économie et la possibilité le plaçaient
naturellement à Clermont, véritable point central.

« Mais comme l'intérêt public a toujours droit de réclamer, il
le fait aujourd'hui. Nous sommes ses organes pour vous demander
que le chef-lieu du département de l'Oise soit assis à Clermont.

« Là le chef-lieu, entouré de six districts sur huit, étendant
ses rayons vers chacun d'eux, leur offre une communication plus
aisée, plus directe qu'avec la ville de Beauvais. Là arriveront
avec plus de célérité les lois du corps législatif et seront portées
de même vers les administrations secondaires. Là de tous les
lieux du département viendront en un jour les administrés,
tandis que pour la grande majorité d'eux une journée de voyage,

____

(1) Arch. de Beauvais. *Reg. des délib. du Conseil général,* 14 nov 1792.

de fatigue et de dépense ne suffit pas : les juges, le juré et les témoins auront le même avantage. C'est assez pour eux d'avoir à remplir des devoirs importants et pénibles sans encore y ajouter des sacrifices inutiles à la patrie.

« Le trésor public y trouvera aussi une épargne dans une dépense moins considérable pour la translation des prisonniers et la taxe des témoins.

« La correspondance du jour arrivée le jour même par la poste à Clermont et directement, la connaissance essentielle des mouvements de troupes, plus rapide, ne parviendrait plus dans les lieux de passage le lendemain de l'arrivée des troupes mêmes. Tous les établissements qui par eux-mêmes sont au centre, tel que l'ingénieur en chef vis-à-vis du sous-ingénieur, le payeur général vis-à-vis des receveurs de district venant au chef-lieu chercher plus d'une fois par trimestre les fonds nécessaires à leur caisse, le visiteur principal des rôles pour les autres employés, tous ces établissements seraient là où ils doivent naturellement être.

« Enfin l'administration, ses bureaux et dépendances placés localivement dans le palais du ci-devant évêque de Beauvais auraient dans Clermont un local aussi convenable que Beauvais, mais moins à charge aux contribuables.

« Législateurs, c'en est assez de toutes ces considérations pour faire espérer à plus de 300,000 citoyens que par une nouvelle loi vous établirez le siège du département à Clermont (1) ».

Afin de détruire l'effet produit par ce vote, les électeurs du district de Beauvais, réunis le 25 novembre, signèrent unanimement un mémoire destiné à la Convention, et dans lequel ils faisaient valoir les avantages du maintien de l'administration départementale dans leur ville : copie de ce mémoire fut envoyée par exprès aux assemblées électorales des districts de Breteuil, de Grandvilliers et de Chaumont, en même temps que des démarches étaient faites auprès des assemblées électorales de Gournay et des Andelys pour les engager à solliciter la réunion de ces deux districts au département de l'Oise. On voulait ainsi, en reculant vers l'ouest les limites du département, rendre plus centrale la position de Beauvais, et enlever aux partisans du transfèrement leur argument principal.

Mais l'assemblée électorale de Gournay, jugeant « prématuré » le projet de réunion, refusa de le discuter, et, des divers cantons du district des Andelys, celui de Gisors était à peu près le seul à

---

entrer dans les vues de Beauvais : encore n'avait-on à cet égard qu'une simple promesse faite par le maire de Gisors. En revanche, Beauvais trouva dans les assemblées électorales des districts de Breteuil, Grandvilliers et Chaumont tout l'appui qu'elle pouvait en attendre. Les électeurs de Chaumont accusaient l'assemblée de Grandvilliers d'avoir outrepassé ses pouvoirs et lui contestaient le droit de parler au nom des administrés ; ils reconnaissaient que la ville de Clermont était plus centrale que Beauvais, et que cinq districts gagneraient à avoir Clermont pour chef-lieu, mais les quatre autres n'avaient-ils pas une population au moins égale ? Et puis ne pouvait-on pas invoquer en faveur de Beauvais des avantages qui compensaient celui que l'on faisait valoir avec tant d'insistance pour Clermont ?

« Clermont, écrivaient-ils, a de 1,500 à 1,800 âmes ; Beauvais, de 14,000 à 15,000. A Beauvais, le département est établi dans un endroit commode, dont la disposition a déjà exigé des dépenses assez considérables ; Clermont ne présente aucun emplacement convenable : l'administration du district n'y est même logée que dans une maison particulière, insuffisante à ses besoins. On a proposé le ci-devant château de Fitz-James. C'est une superbe maison située au milieu des eaux, dans un parc magnifique, mais peu propre à recevoir le département, isolée et située à presque une demi-lieue de la ville de Clermont. On a parlé aussi du château de la ville, espèce de fort antique, situé sur un rocher de difficile accès pendant l'hiver, et qu'on ne pourrait accommoder à l'usage et aux besoins de l'administration que par 50 ou 60,000 livres de dépenses.

« La loi a quelquefois besoin d'être protégée par la force, soit des armes, soit de l'opinion publique. Quelles forces espérer dans une ville moins peuplée que beaucoup de villages ! Beauvais au contraire, garnison habituelle d'un certain nombre de troupes de ligne, présente dans ses seuls citoyens une masse imposante de forces. L'on a vu sortir de ses murs en un seul jour par différentes portes jusqu'à 1,200 hommes pour aller défendre contre des agitateurs l'exécution des lois... (1) ».

Enfin les électeurs de Chaumont faisaient ressortir les ressources commerciales que la ville de Beauvais offrait aux citoyens appelés au chef-lieu par des raisons d'ordre administratif, et tout

---

(1) Le 16 août 1791, la municipalité de Beauvais, sur réquisition du directoire du département, envoyait 400 gardes nationaux à Breteuil et 200 à Thieux (district de Clermont), — en tout 600 hommes, et non 1,200, — pour mettre un terme au désordre qu'avait fait naître dans un grand nombre de communes rurales la question du droit de champart.

heureux de faire, « comme dit le proverbe, d'une pierre deux coups » (1).

De leur côté, les autorités de Clermont ne restaient pas inactives. Dès le 23 novembre, la Société populaire, alors présidée par le citoyen Warée, écrivait aux assemblées électorales des districts de Senlis, Noyon, Compiègne et Crépy, pour les inviter à renouveler le vœu émis à Grandvilliers, et « éclairer » ainsi « la religion des législateurs et déjouer efficacement l'intrigue des Beauvaisiens (2) ».

Outre les assemblées électorales des districts, de nombreuses assemblées primaires, — particulièrement celles d'Attichy, de Beaulieu, de Guiscard, de Lassigny, de Crépy, d'Acy, de Morienval, de Verberie et de Thury, — intervinrent en faveur de Clermont. Les électeurs du canton de Thury, répondant aux citoyens de Chaumont qui parlaient de la nécessité pour un chef-lieu de posséder une garnison, affirmaient que « la vraie garde des administrateurs est l'opinion publique, et non pas les baïonnettes (3) ».

Nous savons que ces divers documents furent transmis par le Comité des pétitions de la Convention nationale au Comité de division ; ils ne paraissent pas être sortis, pendant la période révolutionnaire, du dossier où on les classa. La Convention avait d'autres soucis : obligée de faire face à la fois à ses ennemis du dedans et à ceux du dehors, elle devait, avant d'intervenir dans de tels différends, assurer l'existence même de la France.

La Constitution de l'an III, en supprimant les districts et en plaçant directement l'administration départementale au-dessus des municipalités de canton, donna aux chefs-lieux une importance nouvelle. Les défenseurs de Clermont ne manquèrent pas de faire ressortir l'influence salutaire que pouvait exercer sur ces municipalités une administration placée au centre même de son arrondissement ; à la fin de l'an VII (4), ils réussirent à attirer l'attention des ministres de la police et de l'intérieur, et ce dernier jugea à propos de demander l'avis de son représentant direct à Beauvais.

Le commissaire du pouvoir exécutif près l'administration cen-

---

(1) Adresse à la Convention, 26 nov. 1792. Arch. de l'Oise, L m 3.

(2) *Ibid.*, L 2 m (Senlis). — A cette lettre était joint un mémoire donnant le détail des appartements du *ci-devant château* de Clermont, afin de montrer que le local était plus que suffisant pour recevoir les bureaux d'une administration départementale.

(3) Adresse à la Convention, 2 décembre 1792. Arch. nat., D IV *bis* 86, dossier 4.

(4) Lettre du 5ᵉ jour complémentaire de l'an VII (21 septembre 1799). Arch. de l'Oise, L m 3.

trale de l'Oise était alors Jacques Isoré (1), de Cauvigny, l'ancien
président du district de Clermont, l'ancien député de l'Oise à la
Convention ; le 1er vendémiaire an VIII (23 septembre 1799), il
adressait au ministre cette réponse nette et significative :

« Citoyen ministre, il est vrai que la commune de Clermont est
au centre territorial du département de l'Oise, mais je crois qu'il
serait très dispendieux d'y placer l'administration centrale, parce
que les bâtiments nationaux qui se trouvaient propres à la formation de bureaux et de locaux convenables à ce sujet sont aliénés.
Il y a bien encore dans cette commune un vaste château suscep-
tible de grosses réparations, et une maison monacale, cependant
je ne hasarderai pas de les proposer, car avant de pouvoir les
habiter il faudrait y faire des ouvrages qui ne pourraient se
terminer d'ici à longtemps.

« Sous le rapport politique, je pense que l'administration
centrale de l'Oise doit rester à Beauvais. L'œil du gouvernement
a besoin d'être ouvert sur cette commune. L'esprit qui y règne,
quoique docile, serait bientôt la proie des royalistes qui font tous
leurs efforts pour faire sentir à l'ouvrier que le défaut d'ouvrage
vient de ce que les grosses fortunes deviennent impuissantes.

« La question que vous me faites, citoyen ministre, était
connue à Beauvais lorsque j'ai reçu votre lettre, et déjà ce bruit
court qu'il est temps que le royalisme et le fanatisme se taisent
pour ôter tout prétexte au changement de résidence de l'administration centrale. Les citoyens prénétrés de cette cause
redoublent d'efforts pour vaincre ces deux hydres, et ne fût-ce
que d'avoir parlé de cela, l'esprit public y gagnera (2). »

V

Une des conséquences de l'application de la Constitution de
l'an III avait été la mise à l'étude, au ministère de l'intérieur, du
projet de création d'un département nouveau qui, sous la dénomination de Marne-Inférieure, serait formé de territoires pris aux
départements de l'Aisne, de Seine-et-Marne et de l'Oise. Le 10 germinal an IV (30 mars 1796), le ministre adressait copie de ce
projet à l'administration départementale de l'Oise, en la priant de

---

(1) Nommé commissaire du pouvoir exécutif près l'administration centrale du
département de l'Oise par arrêté du 16 thermidor an VII (3 août 1799), il avait été
installé à Beauvais, le 21 thermidor. Arch. de l'Oise, *Reg. des délib. de l'adm. départ.*
(séance du 21 therm. an VII).

(2) Arch. de l'Oise, L n° 3.

l'examiner attentivement, d'en « peser avec impartialité et dans la seule considération du bien public les avantages et les inconvénients », et de faire connaître incessamment ses observations et son avis.

Dans l'exposé des motifs, on faisait remarquer que plusieurs districts de ces départements étaient « étrangement » situés par rapport aux chefs-lieux. L' « injustice de cette distribution » avait été jusque-là tempérée par la proximité d'une administration inférieure où se terminaient un grand nombre d'affaires, et qui, par la préparation des autres, accélérait les décisions de l'administration supérieure. Mais les districts et leurs tribunaux n'existant plus, il en résultait de graves inconvénients pour les administrés et surtout pour les justiciables éloignés du centre unique. En outre, on constatait que l'action du gouvernement s'affaiblissait en raison des distances, et que les lois n'étaient exécutées ni aussi promptement, ni avec autant de précision dans les extrémités trop reculées des départements.

La Marne-Inférieure devait comprendre les anciens districts de Meaux, Château-Thierry, Senlis et Crépy, ainsi que quelques cantons de districts voisins. On se proposait aussi de profiter de cette nouvelle formation pour enlever au département de Seine-et-Oise et rattacher à celui de Seine-et-Marne un certain nombre de communes du district de Corbeil, — Milly, etc., — qui avaient leurs habitudes à Melun.

La ville de Meaux était tout naturellement désignée comme chef-lieu de la Marne-Inférieure : « Elle est, disait le rapport, presque également éloignée de tous les points principaux du nouvel arrondissement, si ce n'est du côté de Paris, mais il serait possible de s'étendre vers Paris en comprenant le canton de Livry qui faisait partie du district de Gonesse ; d'ailleurs il est à remarquer que le chef-lieu d'un département environnant Paris peut-être plus commodément placé à l'extrémité voisine de cette grande commune qu'il ne serait même dans le centre, parce que les administrés de l'extrémité opposée arrivés au chef-lieu se trouvent plus près de Paris où souvent d'autres affaires les appellent, au lieu que les administrés plus proches de Paris s'en éloigneraient toujours avec peine pour venir au chef-lieu (1) ».

Les administrateurs de l'Oise n'avaient pas encore fait parvenir de réponse le 4 messidor an IV (22 juin 1796), et à cette date, le ministre de l'intérieur adressait une nouvelle lettre pour attirer

---

(1) Arch. de l'Oise, L m 7.

leur attention sur un objet qu'ils avaient « probablement perdu de vue ».

Bientôt le Consulat allait réussir, par un moyen plus simple et plus efficace que des remaniements territoriaux, à fortifier dans les départements l'action du pouvoir central. La loi du 28 pluviôse an VIII (18 février 1800) supprima les municipalités de canton, rétablit les anciennes communes et divisa l'Oise en quatre arrondissements : un préfet à Beauvais, des sous-préfets à Clermont, Compiègne et Senlis, un maire dans chaque commune, tous nommés par le gouvernement, devaient désormais exécuter eux-mêmes les lois et jouir d'une autorité presque absolue.

L'arrêté du 23 vendémiaire an X (23 octobre 1801) réduisit à trente-cinq le nombre des justices de paix et les répartit ainsi qu'il suit entre les quatre arrondissements :

Beauvais.

Auneuil.	Marseille.
Beauvais.	Méru.
Chaumont.	Noailles.
Coudray-Saint-Germer (Le).	Senantes.
Formerie.	Tillé.
Grandvilliers.	

Clermont.

Bailleul-le-Soc.	Froissy.
Breteuil.	Maignelay.
Clermont.	Mouy.
Crèvecœur.	Saint-Just.

Compiègne.

Attichy.	Lassigny.
Compiègne.	Noyon.
Frétoy.	Ressons.
Grandfresnoy.	Ribécourt.

Senlis.

Acy.	Nanteuil-le-Haudoin.
Chantilly.	Neuilly-en-Thelle.
Creil.	Pont-Sainte-Maxence.
Crépy.	Senlis.

Cette mesure administrative jeta la consternation dans nombre de chefs-lieux des anciennes circonscriptions cantonales. L'ex-constituant Lenglier, alors maire de Grandvilliers, envoyait directement au Conseil d'Etat, le 11 frimaire (2 décembre 1801), une pétition signée de maires et adjoints de vingt et une communes : « Connaissant parfaitement les localités, écrivait-il lui-même, puisque j'ai toujours habité au centre de ces communes, je dois vous dire que leur réclamation est fondée et que la fixation de plusieurs chefs-lieux, tels que ceux de Marseille, Formerie, Senantes est notoirement contraire à l'intérêt de l'agriculture, de l'industrie et du commerce ; et le gouvernement n'a pu, sans avoir été induit en erreur, préférer Marseille au bourg de Son-geons, Senantes, simple village, à la ville de Gerberoy, et Formerie, commune isolée, au bourg de Feuquières (1) ».

Dans l'arrondissement de Compiègne, Guiscard, chef-lieu de canton depuis 1790, se trouvait humilié d'être compris dans la justice de paix de Frétoy, alors qu'il « méritait la préférence » par « sa population et ses ressources locales ».

Liancourt et les villages voisins, réunis au canton de Clermont, s'en prenaient au duc de La Rochefoucauld de l'injustice commise à leur égard, et le duc écrivait avec humour au préfet Cambry : « Il est, je vous assure, bien essentiel pour le bien de notre canton et pour ma tranquillité personnelle que vous veuilliez bien faire droit à ma demande et que vous rétablissiez une justice de paix à Liancourt... Tout le pays est imbu de l'idée que je l'ai sacrifié (2). »

Comme il avait été question déjà de comprendre dans un seul canton Mouy et Liancourt, Cassini, pour jouer un bon tour à son « très cher voisin le citoyen La Rochefoucauld », prenait en main la défense des intérêts de Mouy et s'adressait en ces termes au préfet : « ... Voici une observation très essentielle qui répond aux grandes déclamations du citoyen de Liancourt, qui a très raison sans doute de prêcher pour son saint, mais qui cependant ne doit pas le faire meilleur qu'il n'est. Je sais qu'il va faisant grand bruit de la manufacture du citoyen Leclerc établie à Lian-court. Or, quand elle serait dans toute sa splendeur, quelle comparaison y a-t-il à faire vis-à-vis de 350 à 400 métiers montés à Mouy ?... De plus il est bon que vous sachiez que je tiens de Mme Leclerc elle-même que son mari et son beau-père vont aban-donner leur manufacture de Liancourt qui déjà n'allait plus

---

(1) Arch. de l'Oise, M.
(2) Ibid.

depuis plusieurs années... Resteront pour concurrence avec Mouy
les manufactures de sabots de Liancourt... Je vous parle en
faveur de Mouy non parce que je suis de ce canton, mais parce
que dans mon âme et conscience je crois que la justice de paix
doit à toute sorte de titre être placée dans l'endroit le plus popu-
leux, le plus manufacturier et le mieux placé géographique-
ment (1) ».

L'arrêté du 3 ventôse an X (22 février 1802) substitua Liancourt
à Mouy (2) comme chef-lieu de canton. C'était, pour Cassini,
une défaite qu'il réussit du moins à réparer : le 26 ventôse an XI
(17 mars 1803), le canton de Bailleul-le-Soc était supprimé et on
en formait un nouveau dont le chef-lieu fut fixé à Mouy.

L'arrêté de l'an X avait aussi fait disparaitre le canton de Chantilly réuni à Creil, et donné satisfaction à Guiscard, Estrées-
Saint-Denis, Betz et Songeons aux dépens de Frétoy, Grandfresnoy, Acy et Senantes. D'autre part, Nivillers supplanta Tillé
et Beauvais conserva ses deux justices de paix, de sorte que
les 35 cantons actuels de l'Oise portent aujourd'hui encore les
noms que leur donna le gouvernement consulaire. Mais, au cours
du xixe siècle, principalement sous les règnes de Charles X et de
Louis-Philippe, des changements fréquents ont été apportés
dans le nombre et la répartition des communes : en 1790,
739 municipalités furent constituées ; le Consulat en reconnut 731 :
il en existe à présent 701.

La meilleure preuve de l'utilité de la réforme entreprise par
la Constituante, c'est qu'elle a survécu à toutes les crises de
notre histoire : bien que la nouvelle division de la France ne se
soit inspirée ni des relations naturelles ni des rapports économiques (3), elle est encore debout, consacrée par l'usage, alors
que tant d'institutions de la période révolutionnaire ont été
détruites ou transformées.

---

(1) Ibid.

(2) A cette nouvelle, le maire de Mouy écrivait au préfet de l'Oise que « Mouy,
Bury et Angy forment une masse de 3,800 habitants, renferment une manufacture
d'étoffes de laine qui fait battre 400 métiers, expédie par année de 1,500 à 1,800 pièces
de différentes largeurs, dont une grande partie pour les troupes, et occupe, surtout
pendant l'hiver, environ 3.000 individus. Les mêmes communes placées sur la rivière
du Thérain attirent encore un grand nombre de citoyens par l'importance et la
multiplicité de leurs moulins, dont 15 existent sur un seul point du Thérain tant
pour farine que pour foulage de pièces ». Liancourt, au contraire, ne présentait
« aucun établissement de commerce », et n'était qu'un village, aux rues impraticables, « auquel on ne parvient l'hiver que par des chemins extrêmement difficiles
et souvent inondés, et éloigné de Mouy de deux grandes lieues et demie au moins ».
Arch. de l'Oise, M.

(3) Cf. Albert Demangeon, *La Picardie et les régions voisines*, p. 448 et suiv.

Notre département est d'ailleurs un de ceux qui peuvent le plus aisément trouver grâce aux yeux des géographes : il porte un nom heureusement choisi et échappe aux critiques que valent à d'autres la bizarrerie de leur forme, l'étendue de leur territoire, le chiffre ou la répartition de leurs habitants, parfois encore certaines étrangetés administratives ; de nombreuses voies de communication desservent le chef-lieu, et aucune ville de l'Oise ne songe plus à disputer à Beauvais la prééminence dont les hommes de la Révolution l'ont jugée digne, et que légitimeraient, à défaut d'autres titres, les seuls souvenirs de son passé.

H. BAUMONT.

INCISIONS, CAUTÉRISATIONS ET TRÉPANATIONS

de l'époque néolithique

UN CRANE DU DOLMEN DE CHAMPIGNOLLES-FLAVACOURT (OISE) (1)

Dans une récente communication faite à la Société d'anthropologie, je crois avoir définitivement élucidé la question des marques sincipitales en T ou de forme quelconque observées sur un certain nombre de crânes néolithiques et qui m'intriguaient depuis une dizaine d'années. Ce sont bien des traces d'opérations chirurgicales pratiquées sur des sujets jeunes. De plus, les chirurgiens qui faisaient ces opérations relativement légères il y a quelques milliers d'années, sur les bords de la Seine, paraissent avoir procédé à peu près de la même manière et pour les mêmes raisons que nos chirurgiens de l'école galénique il y a quelques siècles seulement. D'après les préceptes classiques de cette école, qui ont dû être suivis, on peut s'attendre à trouver sur des crânes parisiens du moyen-âge des marques à peu près semblables à celles des crânes néolithiques dont j'ai présenté déjà huit ou neuf spécimens.

Il n'est plus douteux qu'il s'agissait, aussi bien aux temps préhistoriques qu'à une époque beaucoup moins ancienne, de soulager et de guérir des douleurs de tête, des maladies nerveuses, des accidents nerveux de toute sorte dont le siège commun était considéré comme intra-crânien. Peu importait, d'ailleurs, que le mal fut attribué à des humeurs peccantes, à l'excès de l'humidité du cerveau, à des vapeurs ou à toute autre

---

(1) Sur le même sujet consulter :

1° Les publications de l'auteur parues Rev. E. A. P., 1883, et les Bull. S. A. P. depuis cette date ;

2° Les nombreuses communications citées dans la plaquette du docteur Lehmann-Nitsche, intitulée : *Trois crânes : un trépané, un lésionné, un perforé* (La Plata, 1899) ; et notamment en ce qui concerne l'Oise : Dʳ Topinard, *Grotte néolithique de Feigneux*, B. S. A. P. 1887 ; R. E. A. P. 1888 ; de Maricourt, sur *Quelques têtes de la sépulture mérovingienne de Hermes*, B. S. A. P. 1884 : sur la *Trépanation mérovingienne de Hermes*, B. S. A. P. 1885. (N. D. L. R.)

chose : il s'agissait de faire sortir ce mal par expulsion ou déri-
vation. Les théories ont pu varier sans que les pratiques primi-
tives qui, sans doute, étaient consacrées par une foule de succès
apparents ou réels, fussent abandonnées. Les moyens chirur-
gicaux, du reste, ne sauraient être aussi variés que les médicaments et suivre, comme ceux-ci, des modes toujours changeantes.
Autant d' « herbes » ou de substances, autant de médicaments.

La pharmacopée néolithique et même paléolithique a pu être
très riche sans que nous puissions le savoir, de même que nous
pouvons seulement savoir, de la chirurgie à l'âge de la pierre,
ce que nous révèlent les ossements. Mais il n'est pas téméraire
de supposer que les bistouris de silex ou de quartz travaillaient
aussi, tant bien que mal, dans les parties molles.

On a dit, quelquefois, que la première opération chirurgicale
fut la trépanation. Il doit apparaître maintenant que rien n'est
plus improbable. Mais il en est de celles qui la précédèrent
comme des outils et des armes de bois dont nous ne pouvons
trouver trace.

Les amputations et désarticulations, les réductions de fractures
et de luxations exigeaient plutôt moins d'imagination et n'exigeaient pas plus d'habileté que certaines ouvertures du crâne
dont la perfection nous étonne. Les opérations de petite chirurgie allaient de soi pour des praticiens aussi expérimentés.
Quant aux pansements, il en fallait, et d'assez compliqués, pour
sauver les trépanés.

Une question qui se pose à propos des marques sincipitales est
celle de savoir pourquoi tous les crânes néolithiques sur lesquels
ont été observées ces marques chirurgicales proviennent des
dolmens d'une région si limitée entre l'Oise et la Seine et dans
un rayon d'une cinquantaine de kilomètres seulement au nord
de Paris. C'est une région, il est vrai, très riche en dolmens,
mais elle est très riche aussi, malheureusement, en fouilleurs-
ravageurs, de sorte que le nombre des crânes et ossements
fournis à nos musées par cette région n'est pas grand. Les crânes
provenant des autres régions de la France sont, dans leur
ensemble, beaucoup plus nombreux, et cependant pas un seul
n'a présenté, jusqu'à présent, les marques sincipitales dont le
N.-O. de Seine-et-Oise nous a fourni déjà huit spécimens. Il
n'est plus possible d'attribuer au hasard ce fait singulier.

Faut-il croire que cette petite région fut exceptionnellement
favorisée par la présence de chirurgiens remarquables? On
trouve des crânes trépanés partout, et la trépanation exigeait
pour le moins autant d'habileté que de simples incisions ou
cautérisations superficielles. Mais l'idée de pratiquer ces opé-

rations relativement légères a pu prendre naissance là où nous en constatons les effets et y rester longtemps cantonnée.

On peut supposer aussi, étant donné que les thérapeutes habiles, dans l'antiquité, voyageaient beaucoup, que des chirurgiens orientaux apportèrent leurs procédés jusque dans le nord de la Gaule à l'époque néolithique. Mais on se demande quelle rémunération ils pouvaient trouver dans ce pays, quels échanges ils y pouvaient faire. Ils auraient, en outre, exercé leur art chez tous les autres peuples, dans toutes les autres tribus qu'ils auraient rencontrés sur leur long chemin. L'invraisemblance de ces conjectures nous ramène à l'hypothèse d'une chirurgie autochtone, si étonnante que doive nous paraître la similitude de ces pratiques chirurgicales, avec celles que recommandaient, tant de siècles plus tard, les auteurs héritiers des doctrines de l'antiquité classique.

J'insiste sur ce fait parce qu'il me paraît être de ceux qui nous font le mieux sentir l'indigence de nos idées en matière de préhistoire et la nécessité où nous sommes d'être réservés dans nos appréciations sur l'état de barbarie que semble impliquer l'âge de la pierre. Sans doute, les ressources de l'industrie ont été multipliées par la connaissance du bronze et du fer. Des objets usuels y ont évidemment gagné beaucoup en qualité, durée et commodité. Les armes, notamment, sont devenues meilleures et de terribles conséquences ont dû en résulter pour les derniers peuples qui n'eurent à leur disposition que des armes de pierre et de bois. Mais certains de ces peuples ont pu être détruits par d'autres qui ne les valaient pas sous le rapport de l'intelligence et du travail.

Nous voyons de mieux en mieux ce que l'on pouvait faire avec les outils primitifs. Il n'est plus douteux que le prétendu « coup de poing » chelléen lui-même était emmanché et qu'il servait à couper des arbres assez facilement, à tailler des poutres, des pieux, des planches, des massues, des bâtons. Les outils de pierre qui vinrent plus tard permirent de travailler le bois moins grossièrement, puis de travailler des matières plus dures aussi finement que nous le ferions avec d'excellents canifs. La menuiserie et même l'ébénisterie étaient si bien outillées à l'époque néolithique que leurs produits nous émerveilleraient sûrement si le bois eût résisté à la destruction.

Les armes de guerre étaient assez bonnes pour faire de ces blessures dont le docteur Prunières a montré des exemples que l'on connaît bien. Les balles des fusils au temps de Napoléon Ier n'eussent pas mieux fait que certaines pointes de flèches que nous trouvons enfoncées dans le corps de vertèbres lombaires.

A quoi servaient tant de menues lames de silex, de quartz, etc., de formes si variées que l'on ne trouverait pas mieux dans les trousses de nos chirurgiens? Le docteur Loydreau, qui avait passé trente ans à fouiller le camp de Chassey, me montra, il y a quelques années, par douzaines, de ces instruments minuscules qu'il avait classés avec un soin minutieux et, qu'un chirurgien moderne eût fort bien pu employer pour les opérations les plus délicates. C'était d'ailleurs à un tel usage que le docteur Loydreau les croyait avoir été destinées, et j'étais obligé de reconnaître qu'aucun autre usage ne pouvait être aussi vraisemblable. Du reste, si l'art n'a pas attendu la science, c'est bien en matière de thérapeutique. Il n'en est pas moins vrai que les opérations, dont tant de crânes néolithiques portent les traces, ne sont pas sans étonner les chirurgiens d'aujourd'hui.

Peut-être ceux-ci trouveraient-ils, cependant, un peu abusif de supposer, en présence des instruments très fins dont je viens de parler, que ces menus scalpels servaient à pratiquer des opérations d'une finesse proportionnelle. Pour moi, je suis très porté à croire qu'il en était ainsi et que les artistes qui trépanaient aussi hardiment et aussi habilement devaient pratiquer une foule d'opérations délicates.

L'anatomie, comme science, est de date récente : mais elle a été précédée par une anatomie d'observation vulgaire qui devait constituer, pour de tels praticiens, un bagage de connaissances nullement méprisables. Je pourrais citer, d'ailleurs, des observations anatomiques faites sans aucune instruction préalable par des personnes simplement curieuses de savoir comment est fait un œil, un cœur, etc. Une humble ménagère que j'ai connue avait ainsi découvert des faits qu'elle croyait ignorés des médecins autant que de son entourage et dont la portée pratique ne lui échappait nullement. Ce qu'elle me disait naïvement n'eût été rien moins, en temps et lieu opportuns, que de l'anatomie pathologique.

Je me suis souvent rappelé les découvertes de cette femme, dont l'intelligence ne présentait rien d'insolite, en songeant à la distribution du génie et de la gloire par les historiens de la science ou les traditions universitaires. Sans y insister davantage ici, où il ne s'agit pas de questions psychologiques, je les invoque à l'appui de mon opinion sur le savoir et l'habileté des chirurgiens néolithiques.

Il est parfaitement admissible, je le répète, que ces chirurgiens aient eu des notions anatomiques acquises pour et par la pratique des opérations, qu'ils aient utilisé ces connaissances et l'outillage varié que nous connaissons, dans une foule de cas où les os n'étaient pas en jeu et qu'ils aient exercé leur habileté sur toutes les parties accessibles du corps, ayant dû être portés à profiter de leur savoir tant vrai que faux, comme l'ont été la plupart des guérisseurs de tous les temps.

Ce n'est pas que j'aie à présenter de nouveaux faits plus démonstratifs à cet égard que les précédents. J'ai simplement à montrer une calotte crânienne néolithique sur laquelle se trouvent réunies les trois sortes de marques sincipitales dont j'ai parlé précédemment. Il faut croire que le sujet fut bien malade pour avoir été soigné si énergiquement. Et nous ne savons de l'intervention médicale que ce qu'en témoigne la voûte crânienne, c'est-à-dire, indubitablement, une minime partie de cette intervention.

D'après la forme générale du profil, la verticalité du front, la forme très féminine de la région sus-orbitaire conservée d'un côté et le volume de l'apophyse mastoïde restante, le crâne en question est certainement celui d'une femme : mais l'âge ne peut être évalué.

La surface des os est recouverte de concrétions terreuses très adhérentes qui gênent beaucoup l'examen des sutures. La suture sagittale est certainement fermée en arrière et probablement dans toute son étendue. La suture lambdoïde paraît être aussi à peu près complètement effacée. La place de la suture coronale est occupée par un trait de fracture *post mortem* remplaçant cette suture dans sa partie supérieure. On voit encore des traces de celle-ci sur les côtés, mais la synostose est cependant probable. La suture écailleuse reste ouverte. Les synostoses peuvent être le résultat de l'âge et nous savons que la suture sagittale peut persister en plein sillon sincipital. En tout cas, aucune synostose n'a été ici prématurée puisqu'il n'y a aucune déformation.

Le crâne est de forme régulière et modérément dolichocéphale. Son diamètre antéro-postérieur maximum = 172 millimètres. Aucune trace pathologique.

La figure ci-jointe le représente à demi-schématiquement, mais de façon à donner surtout une idée assez exacte des traces chirurgicales qu'il présente.

Elles sont au nombre de trois et toutes présentent les caractères d'une cicatrisation complète. Elles résultent d'ailleurs, comme je l'ai expliqué dans mes dernières notes précédentes sur les marques sincipitales, d'opérations pratiquées alors que le sujet était beaucoup plus jeune puisque c'est par suite de la croissance en épaisseur des parties non lésées, à l'exclusion de celles dont le périoste avait été détruit par les incisions et cautérisations, que celles-ci ont déterminé la formation de sillons et d'excavations.

Remarquons en premier lieu les deux grands sillons formant un T sincipital complet, semblable par sa forme et sa situation aux premiers que j'observai sur les crânes de M. Périer du Carne, puis sur d'autres.

Le sillon antéro-postérieur est étroit, ce qui indiquerait plutôt une incision du périoste qu'une cautérisation à moins que le cautère ne fût très étroit.

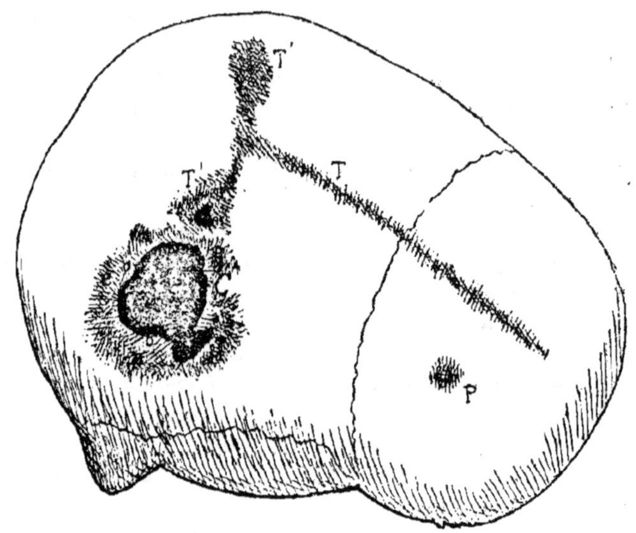

Il n'en est pas de même, toutefois, pour le sillon transversal T'. Il est court dans son ensemble et à peine marqué en son milieu. Mais il se termine par deux larges fossettes T' T' pouvant admettre la pulpe du pouce et dont l'une présente à sa partie la plus profonde une perforation de 3 à 4 millimètres de diamètre et de forme irrégulière, à bords tranchants, qui ne paraît pas être due à un enfoncement *post-mortem*. Cette perforation au fond d'une fossette, de forme irrégulière, rappelle celle que je constatai dans un autre cas précédemment étudié.

Ces fossettes à peu près ovales, mais irrégulières, me paraissent attester qu'elles résultent non pas d'incisions superficielles, mais de cautérisations dont le chirurgien ne pouvait exactement calculer la profondeur et dont l'une a perforé légèrement le crâne, soit immédiatement, soit secondairement.

La large lésion voisine C me paraît, quoique beaucoup plus
étendue, avoir une semblable origine, si ce n'est qu'il s'agirait
d'une cautérisation intentionnellement large et profonde et peut-
être aussi d'une perforation intentionnelle. C'est une véritable
trépanation par cautérisation, et l'aspect des bords de la plaie,
très irréguliers quant à la largeur, à la profondeur et à la forme
de leur contour, indique manifestement l'action inégale d'un
cautère appliqué ou promené sur une large surface.

En disant que l'ouverture constitue une véritable trépanation,
j'indique simplement le résultat produit sans rien affirmer au
sujet de l'intention de l'opérateur. Il se pourrait, en effet, aussi
bien pour cette grande ouverture que pour la petite, que l'intention ait été seulement de cautériser superficiellement le crâne
sans l'ouvrir. Mais l'opération ayant été pratiquée sur un enfant,
les effets immédiats ou secondaires de la cautérisation sur un
pariétal dont l'épaisseur totale ne dépassait peut-être pas deux
millimètres, ne pouvaient pas être calculés avec précision, surtout si la cautérisation était opérée par quelque tampon de laine
enflammé. Elle devait atteindre facilement les vaisseaux de l'os
et amener secondairement le sphacèle de la portion touchée.

Les bords de l'ouverture sont tranchants et le pourtour O O en
est également très mince sur une largeur variable de 1 à 5 ou
6 millimètres représentant la portion dont le périoste seul a été
atteint. Puis vient l'escarpement E E qui rejoint les parties
intactes de l'os dont l'épaisseur a pu devenir normale.

Une dernière lésion P consiste en une fossette arrondie et
régulière pouvant loger la pulpe du petit doigt : son diamètre = 10 à 12 millimètres. Elle a manifestement la même origine que les lésions voisines et contribue même à en indiquer la
nature. Elle me paraît devoir être attribuée à une cautérisation
plus superficielle que les deux précédentes et qui détruisit le
périoste sur un espace de 2 ou 3 millimètres seulement, c'est-à-
dire l'étendue du fond de la fossette.

Il est possible que la cautérisation du cuir chevelu ait été
beaucoup plus large, c'est même probable, à moins que le cautère
n'ait consisté en un instrument pointu et chauffé au rouge et
appliqué comme nos « pointes de feu ».

Ce cas est le premier dans lequel on trouve une telle fossette
isolée, car elle est à trois centimètres de la ligne médiane. Mais
il arrive, comme je l'ai déjà signalé à propos du « T sincipital »,
que les deux marques linéaires formant ce T sont interrompues,
surtout vers leurs extrémités. Celles-ci sont alors formées par
des fossettes absolument analogues à la fossette P, mais moins
profondes.

Cela ne prouve pas qu'elles aient été pratiquées à part. La cautérisation du cuir chevelu a pu être faite suivant une ligne continue ou une large surface, mais ne pas intéresser le périoste sur tout le trajet de cette ligne ou toute cette surface et respecter des places auxquelles, par suite, la croissance du crâne en épaisseur n'a pas été altérée. Par conséquent, les fossettes comme les sillons et les marques en creux de forme quelconque indiquent seulement les lésions du périoste, et celles-ci peuvent ne correspondre que partiellement, en forme et en étendue, aux lésions subies par la peau. Toutefois, l'hypothèse que la fossette ci-dessus décrite est due à une cautérisation punctiforme est très vraisemblable.

Le crâne en question, si curieux, provient du dolmen de Champignolles, commune de Flavacourt (Oise), où il a été recueilli par M. Bénard, qui a bien voulu l'offrir gracieusement par l'intermédiaire de M. Stalin. Il est arrivé fort à propos pour lever tous les doutes qui eussent pu persister au sujet de la cause des diverses sortes de marques sincipitales, car leur réunion sur un même crâne indique une identité de nature et de formation qui contribue beaucoup à l'explication de chacune d'elles, bien que je fusse déjà arrivé à cette explication pour chaque sorte en particulier et peu à peu.

Il n'est pas douteux que, si ce crâne de Champignolles eût été connu le premier au lieu d'arriver le huitième ou neuvième, l'origine chirurgicale des marques sincipitales eût été reconnue d'emblée.

Dr L. MANOUVRIER.

ENQUÊTE

AUX ARCHIVES DÉPARTEMENTALES DE LA SOMME

pour servir à l'Histoire du département de l'Oise.

Un des premiers devoirs du Bureau de la Société a été de faire connaître aux membres présents à sa troisième séance la composition des archives départementales de l'Oise : M. l'archiviste E. Roussel en a expliqué, avec une grande obligeance et les détails les plus précis, la nature et la centralisation au chef-lieu du département.

Pour qui veut entrer dans le laboratoire historique même, aborder directement l'ancien régime, ne serait-ce que le XVIIIe siècle, il y a nécessité de se reconnaître au milieu de ces rouages compliqués de l'administration monarchique, de savoir les termes techniques, ce qu'on entend par fonds de bailliages et de l'intendance, de se retrouver dans l'ancienne topographie administrative, en distinguant dans l'Oise actuelle les pays de la généralité de Paris, de celle d'Amiens, de celle de Soissons, de celle de Rouen ; or ces fonds d'administration de l'intendance ou série C sont centralisés au chef-lieu de chaque département depuis et en vertu de la loi du 5 brumaire an V.

On possède à Beauvais une série C bien restreinte : l'inventaire — encore manuscrit — ne comprend que 71 cotes. Cette série a été constituée par les documents rendus au département de l'Oise en 1790 par les bureaux des généralités. On trouvera dans le répertoire des plans publié par E. Roussel la plus grande partie des plans de l'intendance exécutés à la fin de l'ancien régime pour les pays de l'Oise : des documents sur l'industrie, l'état de l'agriculture, les rôles des tailles (1768-1786) sont assez abondants pour l'élection de Clermont : il y en a un certain nombre de la même nature pour les élections de Compiègne, de Crépy, de Noyon et de Senlis. Mais ces épaves de collections sont insuffisantes : elles prouvent la négligence avec laquelle a été fait le recolement des anciens papiers administratifs de 1790 à 1797.

Il faut donc aller chercher à Rouen des documents sur les

40 communes du Vexin français de l'élection de Chaumont et Magny, sur les 19 de l'élection de Gisors; à Laon sont conservés les documents de l'ancienne généralité de Soissons, qui administrait 248 paroisses, des élections de Soissons, de Noyon, de Crépy et de Clermont; aux Archives nationales à Paris, outre les papiers de centralisation monarchique, les fonds de la généralité de Paris concernant 288 pays des élections de Beauvais, Senlis, Compiègne et même de 9 localités de l'élection de Pontoise (1) et de 7 de l'élection de Meaux (2); enfin à Amiens les 132 communes des élections de Péronne 5, de Montdidier 100 et d'Amiens 27 (3).

La Société d'Etudes historiques compte entreprendre et mener à bonne fin une enquête sommaire mais précise dans les archives des départements voisins que les travailleurs locaux ne se sont pas toujours avisés d'explorer. D'actifs correspondants l'aideront dans cette tâche nouvelle de la publication de documents qui a jusqu'ici laissé trop insensibles certaines Sociétés locales, plus désireuses de produire des travaux personnels que de publier des matériaux historiques utiles et méconnus.

La Société commence par une enquête dans les archives de la Somme : celle-ci porte sur six catégories de documents : 1° l'administration communale de 1787 dans 67 communes; 2° l'agriculture et les biens communaux, les émeutes au sujet des grains; 3° la manufacture des pays de l'Oise, histoire économique et industrielle des régions de Crèvecœur, Grandvilliers, etc.; 4° les Ponts et Chaussées, les routes traversant les pays d'Oise; 5° les impôts au xviiie siècle (élection d'Amiens); 6° documents imprimés : les cahiers de doléances de 41 communes de l'Oise dans les 4 volumes des *Documents pour servir à l'Histoire de la Révolution française dans le département de la Somme (1888-1904)*.

---

(1) Amblainville, Anserville, Chavençon, Esches, Fosseuse, Hénonville, Neuville-Bosc et Villeneuve-le-Roy, du canton de Méru ; Puiseux-le-Hauberger, du canton de Neuilly-en-Thelle.

(2) Brégy, Marolles, Neufchelles, Réez-Fosse-Martin, du canton de Betz ; Lagny, Le Plessis-Belleville, Silly, du canton de Nanteuil.

(3) On pourra se servir utilement — mais avec précaution — de la *Géographie physique et historique du département de l'Oise* par E. Deladreue et L. Pihan (annuaire du département de l'Oise et tirage à part, Beauvais, D. Père, 265 p.).

De l'élection de Péronne : Canny-sur-Matz, Le Mesnil-Saint-Nicaise, Amy, Ognolles et Solente (cantons de Guiscard et Lassigny).

I

Les Syndics de 1787 et l'Administration communale (1).

D'après le règlement du 8 juillet 1787, les municipalités devaient être formées dans toutes les communautés, avec le seigneur et le curé, 3, 6 ou 9 membres selon le nombre de 100, 200 ou plus de feux ; le syndic y avait voix délibérative et il était chargé d'exécuter les résolutions délibérées par l'assemblée, composée de tous les habitants, payant 10 livres et au-dessus, d'imposition personnelle et foncière. Les fonctions de l'assemblée étaient de répartir les impositions sur les cinq rôles, taille, capitation, subvention territoriale, contribution pour les chemins et dépenses locales ou régionales.

Le syndic (2) de la communauté dut engager des dépenses pour ses voyages au chef-lieu de la subdélégation, Montdidier, Breteuil, Grandvilliers, etc., pour dresser des rôles, pour surveiller les corvées des chemins, pour conduire les jeunes gens aux opérations de la milice et pour les visites sanitaires des chirurgiens, ce que nous appellerions aujourd'hui le conseil de révision.

Ces comptes des syndics furent contrôlés et au besoin, — mais rarement — réduits par le subdélégué, à la date de fin novembre 1787 : ce sont les seuls documents centralisés de l'administration municipale de 1787 qui, avec les registres de procès-verbaux des archives locales permettent de la connaître aux archives départementales de la Somme, série C 533 à C 1093 ; ils concernent 67 communes aujourd'hui de l'Oise :

Abbeville-Saint-Lucien. C 533. — H. Lasne, syndic : 26 l. Détails :
50 sols pour le voyage de Breteuil et 50 sols chaque voyage sur la route de Breteuil pour reconnaître la tâche de corvée.

Auchy-la-Montagne. C 809. — Le Roux, s. : 28 l. 7 s. 6 d dont
4 voyages à Breteuil, 12 l.

---

(1) Voir surtout A. Hesse, *Administration provinciale et communale en France et en Europe (1785-1870,* Amiens, Caron, 1870, in-8, 800 p. ; L. de Lavergne, *Les Assemblées provinciales sous Louis XVI.* Paris, 1879, in-12 et R. D. D. M. 1881. Même ouvrage de Luçay.

(2) Dans la généralité de Paris, une ordonnance de l'intendant L. B. François Bertier du 27 novembre 1781, avait prescrit aux syndics des obligations nouvelles concernant le service sanitaire (épidémies, épizooties, hygiène). D'après l'article 6 ils étaient tenus, sous peine de 20 livres d'amende, de donner sur le champ avis au subdélégué de tout ce qui pouvait intéresser les habitants et la sûreté publique comme incendies, vols ou autres méfaits, grêle, débordements, etc. A. D. Oise, C 63 placard, 7 articles).

Beaupuis. C 814. — Bailly, s. : 17 l. 7 s. 3 d.

Beauvoir. C 815. — Nicolas Glinard, s. : 13 l. 17 s. 6 d. 4 l. d'honoraires alloués par les principaux habitants en sus de ses déboursés.

La Berlière. C 833. — Jacques Lefèvre, s. : 25 l. 8 s. 9 d. 3 voyages de corvée à 2 l.

Biermont. C 834. — Les habitants de Sorel, Orviller, Biermont et Mortemer, demandent la dispense de corvée pendant trois ans (novembre 1785) pour leur donner la facilité de réparer les rues de leur village : ils voudraient aussi des pavés de rebut de la route de Péronne. Après une délibération régulière et à la condition que les syndics auraient la charge de la surveillance et la responsabilité des vols, ils sont autorisés.

Blancfossé. C 834. — Batique, s. : 13 l. 15 s. Grand incendie du 7 juin 1779. M. le Vavasseur, maître de postes de Breteuil, qui avait dans une grosse ferme de forts approvisionnements pour le service de sa poste et les équipages de six charrues, a tout perdu. L'intendant d'Agay a envoyé quelques secours urgents.

Boncourt. C 836. — Jemier, s. : 28 l. 9 s. 9 d.

Bonneuil. C 836. — Jacques Feuillet, s. : 40 l. 19 s. 3 d. La façon du rôle de corvée : 16 l. 6 s.

Boulogne-la-Grasse. C 838. — Havart, s. : 32 l. 5 s.

Broyes. C 846. — Pierre Doré, s. : 21 l. 4 s. 9 d.

Campremy. C 848. — Pillon, s. : 24 l. 3 s. 9 d.

Chaussoy-Epagny. C 848. — Firmin Renou, s. : 42 l. (4 l. par visite du chirurgien Gallopin).

Coivrel. C 854. — J. Dollez, s. : 18 l.

Conchy-les-Pots. C 854. — Payen, s. : 36 l. 2 s.

Conteville. C 855. — Jacques Murier, s. : 5 l.

Cormeilles et le Crocq. C 866. — Comte, s. : 16 l. 2 s.

Crèvecœur. C 869. — Antoine Poitevin, s. : 67 l. 15 s.

Incendie du 23 au 24 mars 1790 qui a consumé les 2/3 des maisons du bourg de Crèvecœur (1).

Cuvilly. C 869. — Heuille, s. : 36 l. 5 s.

Doméliers. C 874. — Griblot, s. : 41 l.

Domfront. C 874. — Lefèvre, s. : 18 l. 11 s.

---

(1) Voir Ferdinand Dreyfus, La Rochefoucault-Liancourt, Paris, 1903, p. 109 et abbé Seillier, Crèvecœur-le-Grand, dans Mém. Soc. Acad. Oise, XV et XVI.

Esquennoy. C 907. — Michel Mathon, s. successeur de Jacques Servant, syndic de 1786. 7 l. 5 s. (6 pour visite médicale de 3 jeunes gens de la milice).

Ferrières. C 913. — François-Germain Pilon, s. : 22 l. 17 s.

Fontaine-Saint-Lucien. C 913. — Etienne Vérité, s. : 34 l. 15 s.

Les habitants, curé et syndic, avaient pétitionné le 11 janvier 1786 auprès de l'intendant pour être autorisés à réparer les rues de leur village détériorées par les eaux provenant d'une pièce de terre du domaine de la seigneurie : le fermier avait supprimé le fossé d'écoulement. L'intendant demande au syndic une délibération en assemblée régulière.

Fontaine-sous-Catheux. C 915. — 26 octobre 1786. Josse, chirurgien à Cormeilles et Levavasseur réclament au sujet du cimetière, situé au centre du village dans une espèce de marécage. La solution de cette question dépend du procureur général du Parlement,

Francastel. C 918. — Dubois, s. : 23 l. 6 s.

Le Fréloy. C 918. — Cagnart, s. (Jacques Pillou, ancien syndic) 13 l.

Froissy. C 918. — Cocu, s. : 22 l. 9 s.

Godenvillers. C 921. — Leroux, s. : 27 l. 14 s. 9 d.

Hainvillers. C 921. — Duquesnel, s. : 28 l. 16 s.

Haleine. C 924. — Ce hameau dépendant de Saint-Thibault a été érigé en succursale en vertu d'une ordonnance de l'évêque d'Amiens du 29 mai 1787, consécutive à une donation à cet effet, insuffisante cependant puisque 1,877 l. 10 s. sont mis à la charge des habitants : 6 l. par ménage sont imposées pour les réparations de l'église et les cloches ; 35 s. par ménage pour les honoraires du prêtre : le surplus au marc la livre de la taille.

Hardivillers. C 927. — Les habitants de cette paroisse et ceux de Maisoncelle-Tuilerie, victimes d'un grand incendie en 1786, demandent une faveur en décharge de taille. M. de Barentin écrit, le 15 février 1787, de Paris, à l'intendant en faveur des sinistrés.

Hédencourt. C 927. — Lambert, s. : 27 l. ; 3 voyages de corvée, 6 l.

Lafraye. C 935. — Jacques Mullot, s. : 18 l. 18 s. (4 l. pour 2 visites médicales).

Lalaule. C 935. — Lestrelliard, s. : 20 l. 15 s.

Luchy. C 952. — de Cormeille, s. : 22 l. 10 s.

Maignelay. C 953. — Antoine Marminia, s. : 31 l. 6 s. (6 l. pour 3 visites médicales).

Mareuil-la-Motte. C 956. — Paillier, s. : 33 l.

Maulers. C 961. — Michel Vallée, s. : 37 l. 12 s. 9 d.

Mesnil-Conteville. C 961. — Antoine de la Cour, s. : 17 l. 5 s.

Montigny. C 977. — Vuatellin, s. : 39 l. 8 s. (6 l. pour 3 visites médicales).

Mortemer. C 977. — Louis de Saint-Paul, s. : 15 l. 19 s.

Neufvy. C 985. — Le Clercq, s. : 24 l. 8 s.

Neuville-Roy. C 987. — Bultot, s. : 26 l. 6 d.

Noirémont. C 987. — Nicolas Decampeaux, s. : 23 l. 16 s.

Noyers-Saint-Martin. C 987. — Devillers, s. : 33 l. 12 s.

Orvillers-Sorel. C 987. — Louis Chaumont, s. : 58 l. 3 s. (8 l. au chirurgien).

Ourset-Maison. C 987. — Vérité, s. : 39 l. 17 s. (J.-B. Martin, ancien syndic).

Paillart. C 996. — Daras, s. : 28 l. 8 s. 3 d.

Peraines. C 996. — Ballin, s. : 26 l. 15 s.

Plainville. C 996. — Plainguier, s. : 28 l. 19 s. (au lieu de 40 l.).

Quinquempoix. C 1046. — Cosme, s. : 27 l. 10 s.

Ressons. C 1048. — Démarest, s. : 25 l. 4 s.

Ricquebourg. C 1048. — Tournelle, s. : 21 l. 6 s.

Rocquencourt. C 1048. — Nicolas Gaudissart, s. : 16 l. 1 s.

Romescamps. C 1048. — Postel, s. : le seigneur s'est emparé des pommiers et des poiriers plantés dans les rues aux frais de la fabrique : le syndic réclame, 1er mai 1788.

Rouvroy-les-Merles. C 1048. — Labitte, s. : 13 l. 11 s.

Roye-sur-Matz. C 1064. — Adrien Havart, s. : 34 l. 12 s. 6 d.

Fresnoy-lès-Saint-Mard. C 1069. — Pierre-François Vielle, s. : 31 l. 13 s.

Saint-Just. C 1069. — V. Legrand, s. : 26 l. 5 s.

Saint-Martin-aux-Bois. C 1069. — Levasseur, s. : 94 l. 8 s.

Troussencourt. C 1090. — Charles Herselin, s. 24 l. 7 s.

Velennes. C 1093. — Patte, syndic en 1783 : 60 livres d'entretien des deux puits communaux ; 18 livres pour le fossé du marais séparant Velennes de Frémontiers.

II

Agriculture. — Biens communaux — Grains.

Crapeaumesnil (1). C 867. — Requête des habitants (février 1761) pour vendre le quart de réserve de leur bois, afin de soutenir le procès contre le marquis de la Chesnelaye. Par arrêt du Conseil du 7 septembre 1756, ils avaient été réintégrés dans la possession de 48 journaux de bois et 40 journaux de pâture. La communauté avait déjà vendu 20 journaux de bois taillis pour le prix de 2125 livres 9 sols dépensés pour les frais du procès.

Mareuil-la-Motte (2). C. 956. — Débat de 1756 au sujet du partage des communes entre Mareuil-la-Motte et Mareuil-Havet, hameau qui en dépend et tous deux dans la seigneurie de M. de Gournay, intendant de commerce. Le procès est pendant à la maîtrise des eaux et forêts de Noyon. Une transaction de 1693 avait réglé les droits d'usage dans les bois.

Montiers (3). C 975. — Question agraire importante : lutte contre le seigneur J. de Montiers, seigneur du lieu, résidant au château de Proisy par Guise. Il explique (lettre du 29 mars 1762) que les habitants veulent lui faire un procès à cause des plantations de ses pères et des élagages dont il avait coutume, sans protestation jusqu'ici. Les habitants se sont réunis : Me Froissart, notaire royal à Montigny, a dressé le procès-verbal d'assemblée le 14 mars 1762 ; le 24 mars un syndic *ad hoc*, Jean-Marie Pittou, tailleur d'habits, a fait signifier une opposition. Le 23 juin 1762 nouvelle allégation des habitants qui se disent propriétaires d'une partie de marais, commune et usage et protestent contre l'élagage de plus de mille pieds d'arbres : ils ont tenu trois assemblées devant notaire. Le seigneur demande à l'intendant un délai pour éviter le procès. L'intendant rend le 12 juillet 1762 un arrêt pour le partage des communes, sauf le pâtis communal.

Ici se place une lutte curieuse entre les deux syndics. Le syndic Pierre le Roi, fermier du seigneur, et une partie des habitants autres que le groupe soutenant Pittou, syndic

---

(1) Canton de Lassigny (Graves. Statist. cant. dans Annuaire 1834). Il lui restait alors une trentaine d'hectares de bois et pâtures.

(2) Même canton.

(3) Canton de Saint-Just. (Graves. Annuaire de 1835). Pays sur la rive gauche de l'Aronde et la déclivité du côteau. Terroir 778 hectares 32 ares ; prés 23 h. 83.

ad hoc, ont conclu le 8 septembre 1762 une transaction avec le marquis de Montiers : devant cette preuve de division, l'intendant dit qu'il n'a rien à statuer et il refuse l'autorisation de partage (19 nov. 1762), Pittou et son groupe intentent une action, et en attendant la chose jugée, Pittou fait abusivement un partage des communes. Légalement il appartenait au vrai syndic le Roi de faire ce partage des communes par la voie du sort : c'est l'avis du subdélégué de Montdidier, Martinot, et l'intendant l'ordonne ainsi le 1er juillet 1764. Dans l'assemblée du 8 avril 1765 concernant le partage d'une partie des communes, Pittou a usurpé le rôle du syndic ; le Roi proteste. Le groupe Pittou, comprenant le curé Pierre Godefroy, résiste toujours ; mais l'intendant se fâche, car une assemblée du groupe le Roi du 28 avril 1765 l'a édifié. Il condamne Pittou le 12 juin 1765 à 50 livres d'amende.

Le marquis de Montiers explique dans une lettre du 7 décembre 1766 que la faction Pittou n'a pas désarmé. Les habitants de Montiers ont droit de pâturage dans 60 arpents de pré (dont 25 sont en valeur depuis plus de vingt ans au profit de la communauté).

Pittou, pauvre, turbulent, a fait récidive à la suite de l'ordonnance royale sur les défrichements (13 août 1766). Il a divisé les parcelles avec un arpenteur portant ainsi atteinte aux droits du seigneur.

L'intendant observe que les habitants sont « fort mutins ». La faction Pittou voulant le partage ne désarmait pas contre l'autre faction attachée à la conservation du pâtis. La première était révolutionnaire en 1762-1766 dans une question agraire.

Roye-sur-Matz (1). C 1064. — Ce pays pauvre (120 ménages et 80 nécessiteux) avait des biens communaux en partie lotis entre les ménages indigents : après 25 ans de ménage accomplis dans la paroisse ; des parts de trois journaux et quart étaient attribués ; mais il y eut des abus, des accaparements par les voisins, après décès ou autrement. Il n'y avait qu'un surplus de 19 journaux affermés pour l'entretien des ponts et chaussés, l'acquit du vingtième et pour faire travailler les pauvres. Depuis plus de vingt ans le syndic Adrien Havart administrait à sa guise, sans rendre de compte, avec des complaisances dans les adjudications. Les habitants présentèrent le 29 juin 1783 une

---

(1) C. de Lassigny, 411 hab. en 1791. 606 en 1806. Terroir de 1075 hectares, 23 hectares 62 en pré, 123 h. 77 en bois ; 18 h. 51 (45 journaux environ) de marais. Terroir lié à la plaine du Santerre et à la vallée du Matz : côteaux boisés. Grande rue sur la route de Flandre.

requête à l'intendant afin de connaître la gestion des biens
communaux et de protester contre les abus de certains
occupants qui frustraient de leurs parts d'autres plus méritants.
Un nouveau syndic adjugea le 14 septembre 1783 pour 93 livres
les biens communaux : c'était dérisoire et le parti Havart
l'emportait. En effet, celui-ci redevint syndic en 1786.

Vendeuil-lès-Caply (1) C 1093. — Le 19 février 1769 à l'instigation
de Tassart, notaire à Breteuil, et en sa présence, une partie des
habitants prit une délibération à l'effet de partager 30 journaux
de marais pour les convertir en terres labourables. J. d'Hardi-
viller, syndic, et les principaux habitants ripostèrent par une
requête pour se plaindre de cette initiative préjudiciable à la
paroisse : ceux qui réclament le partage, disaient-ils, ne paient
que 34 livres 8 sols de taille à 26 ou 27, contre la somme
de 975 l. 15 s. que paye la paroisse. On ne pouvait mieux dire
que les demandeurs du partage étaient des non-possédants et
même des indigents. Le 16 mars 1769 les habitants et le syndic
précisent leur protestation paraphée par le curé Alavoine. Ils
disent quelle difficulté présenterait l'entreprise de mettre en
culture un marais où la Noye prend sa source, où il y a des
chemins, où les eaux découlent de trois lieues de là. Pour
procurer à chaque particulier un demi quartier de terre dont il
ne tirerait aucun profit, on perdrait la pâture de plus
de 100 vaches et une partie de la nourriture des chevaux que
l'on y met ou trop jeunes ou trop vieux (2).

Wacquemoulin (3). C 1099. — En 1781, cette paroisse possède
93 arpents de biens communaux pour lesquels elle paye 13 l.
15 s. de vingtièmes. Les Jésuites s'étaient emparés de ces biens
lors de la réunion de la mense abbatiale de Saint-Martin-aux-
Bois au collège Louis-le-Grand. Le syndic Paillenot réclamait
contre cette prétention et le subdélégué de Montdidier donnait
le 7 mars 1781 un avis défavorable ; d'après lui, les habitants
n'avaient qu'un droit d'usage et, d'ailleurs, un arrêt de 1748
avait maintenu les Jésuites sur le vu de leurs titres. Mais il y
avait mieux et leurs habitants comptaient faire éclater leur bon
droit contre les habiles adversaires avec un titre de transaction
et partage entre leurs Jésuites et le prieur de Saint-Martin-
aux-Bois (1er février 1679).

---

(1) C. de Breteuil.

(2) C'est la raison ordinaire pour la conservation des pâtis. Voir Karéiew, les *Paysans et
la Question paysanne* en France dans le dernier quart du 18e s. p. 83, 145, Ph. Sagnac,
dans *Revue d'H. mod. et contemp.* V, 7-15 avril 1904, La division du sol pendant la
Révolution et ses conséquences, p. 458, 459.

(3) C. de Maignelay.

Ainsi à la veille de la Révolution quelques biens communaux
étaient-ils dans l'Oise ardemment défendus contre les seigneurs
ou les voisins, contre les partageurs ou les usurpateurs. Cette
propriété collective formait, pour la protéger, comme une
conscience politique chez les habitants, en les unissant dans
un intérêt commun. Parfois, les non-possédants interprètent en
leur faveur le droit de propriété commune. Aucun sujet n'est
plus intéressant à étudier et il faut suivre la question pendant
la Révolution et le premier Empire ; quelles communes parta-
gèrent leurs communaux, par tête ou par famille, les bonnes et
les mauvaises conséquences, le mouvement de population ou
de mendicité qui en est le corollaire, etc. (1).

LES AFFAIRES DE GRAINS

Breteuil. C. 840. — Le 4 mai 1775, le subdélégué Levavasseur
informait en ces termes l'intendant : « Il s'est passé hier à
Breteuil, jour de marché, une émotion très vive de la part du
menu peuple. Cette émotion a été occasionnée sur ce que
deux particuliers, qui avaient entendu quelque rumeur et crai-
gnaient la révolte, avaient ôté du marché différents sacs d'orge
qui y avaient été apportés pour y être vendus. Le juge de police
instruit sur le champ du fait, y est survenu et a fait rapporter
au marché les sacs qui venaient d'en être enlevés et pour
apaiser le peuple et éviter le pillage des grains qui était sur
le point de se faire, ce juge a fixé le prix de l'orge à 10 livres
le sac, au lieu de 17 ou 18 qu'elle aurait pu être vendue. Au
moyen de quoi tous les esprits irrités se sont modérés, et les
projets que voulait former cette populace, de crever les sacs
et de piller le grain, n'a pas été exécutée. Je ne sais d'où provient cette fermentation. J'ai vu dans différentes années les
grains beaucoup plus chers sans qu'il soit jamais arrivé pareille
chose. J'ai ouï dire que dans les marchés de Noailles et
Méru (2), près Beauvais, il y avait eu la semaine dernière des
pillages totaux de tous les grains. Tout ceci fait craindre considérablement les marchands de grains et les laboureurs qui
vraisemblablement vont s'éloigner des marchés et les rendre
déserts. »

(1) Voir Ph. Sagnac, lieu cité, 467, 468. A signaler dans la série C de l'Oise, l'affaire
des biens communaux de Carlepont (C 52). En 1780 un commissaire du conseil,
nommé Deshuilles, avait fait dans la généralité de Soissons une propagande suivie
de succès pour le partage des marais ; il avait décidé plus de 60 paroisses. L'évêque
de Noyon voulait engager Carlepont au partage ; l'intendant fait des réserves pratiques.

(2) Voir A. D. Oise C 17, C 37, pillages de grains à Clermont et à Crépy en 1775.

Ravenel (1) C 1047. — Quelques difficultés s'étant produites sur
le marché, le subdélégué de Montdidier, Martinot avait, le
6 mai 1775, ordonné au syndic de Ravenel d'assembler les
laboureurs et de leur enjoindre de vendre, au prix courant, le
blé dont les particuliers auraient besoin pour la nourriture de
leur famille pendant une semaine ou deux, à charge du paiement comptant.

Le syndic Gravet, notaire-laboureur à Ravenel, donna fer-
mement son opinion sur cet ordre qui ne ferait, disait-il, que
fomenter les esprits déjà excités.

Il proposa d'autres moyens d'apaisement. D'abord l'inventaire du blé battu et à battre, garanti exact par le syndic, le
curé et quatre principaux habitants ; l'obligation de fournir
le blé d'une semaine au prix courant (20 sols au-dessus du
marché le plus voisin). En cas d'insuffisance du blé dans la
paroisse, certificat pour en acheter aux marchés voisins et
obligation pour les syndics d'aller à ces marchés pour recon-
naitre les nécessiteux des autres, empêcher ainsi les accapa-
reurs, mais aussi écarter du marché les agitateurs.

LE GIBIER ET LES GRAINS

On sait combien fréquents sont les articles des cahiers de
doléances qui visent les dégâts du gibier dans les grains et
l'abus du privilège féodal de la chasse. Les plaintes antérieures
à 1789 sont peu connues : elles ont dû être rares.

A Sarnois (C 1691), les habitants entrèrent en contestation,
le 1er avril 1786, avec le marquis de Grasse au sujet des dégra-
dations des lapins. Le marquis, en plaisantant, dit qu'il n'y
avait pas plus de 30 lapins et qu'il ne valait pas la peine de
faire tant de bruit pour eux. Le subdélégué donna raison aux
habitants que le curé appuya en témoignant « que les lapins
font grand dommage aux blés croissants ».

III

L'Industrie. — La Manufacture des pays d'Oise.

A. *La tannerie à Breteuil.* — Nous savons par un rapport du
subdélégué de Breteuil, du 28 janvier 1745 (C 206), ce qu'était
alors la tannerie à Breteuil, peu importante, il est vrai, mais

---

(1) C. de Saint-Just. Graves ouvr. cité : 1145 hectares de terroir, 1071 de terres labourables.

offrant cet intérêt d'histoire économique trop négligé par les auteurs de monographies locales (1).

Claude Morel, corroyeur à Breteuil, travaillant seul, tire ses cuirs de Beauvais et Rouen et, après les avoir apprêtés, il les débite aux cordonniers tant dudit Breteuil que des villages voisins et aux marchés des villages des environs de Breteuil.

Jacques Bizeux, tanneur et corroyeur à Breteuil, a 6 fosses ou cuves dont 4 en tan et 2 en chaux, trois pieds et demi de haut ; dans chacune 75 cuirs tant de vaches, génisses et chevaux, comme il n'y en a pas de cuirs de bœuf dans le pays, il les tire tout apprêtés de Beauvais et Rouen. Il débite ses cuirs à Breteuil, aux villages et marchés des environs. Nicolas Mouret, à Breteuil, a 6 fosses comme Bizeux : il a un ouvrier commun avec lui.

Eustache Mouret et Adrien Baillet, gantiers à Breteuil, apprêtent quelques peaux de chien, chat, renard et autres bêtes dont ils font des gants et manchons. Ils tirent les autres peaux d'Amiens, mais ce sont pauvres ménages.

Bernard Macrez, corroyeur à Bonneuil, à deux lieues de Breteuil, travaille seul et tire des cuirs de Beauvais, Gournay et Montdidier et les débite à Bonneuil et environs.

(A suivre.)

---

(1) Baticle, *Nouvelle Histoire de Breteuil,* Beauvais, D. Père, 1891, 422 p. ne paraît pas avoir utilisé les Archives de la Somme et de l'Oise, série C.

DOCUMENTS

I

Document annexe au cahier de Doléances de la Communauté de Troissereux.

Dès 1869, l'archiviste du département de l'Oise, G. Desjardins, qui a publié le premier travail d'ensemble (1) utile pour l'histoire locale de la Révolution, a signalé (2) l'intérêt particulier du cahier de doléances de Troissereux, dont la rédaction peut être attribuée au notaire Vérité.

Dans l'assemblée du 1er mars 1789, Vérité fut désigné avec Roullier, syndic, fermier du marquis de Corberon, pour remettre le cahier à l'assemblée du 9 mars au Bailliage de Beauvais. Roullier, qui avait fait partie, en octobre 1788, de l'assemblée de département de Beauvais, a dû collaborer avec Vérité dans la préparation du cahier qui comprend 12 articles. L'original du cahier que G. Desjardins avait eu sous les yeux, après avoir disparu pendant plus de vingt ans des Archives, y a été réintégré en 1905. La copie est inscrite, avec un rapport annexe de Roullier, dans le Registre n° 1 de la municipalité de Troissereux, concernant les années 1788, 1789 et 1790.

M. Georget, instituteur en retraite à Troissereux, a transcrit ces deux documents pour la Société, avant que nous puissions savoir l'existence de l'original du cahier dans la collection François. Voici les articles IX et X auxquels se rapportent les observations ci-dessous.

Le vœu de la Communauté de Troissereux est que Sa Majesté soit humblement suppliée...

. . . .

IX. — D'abolir les grosses et menues dîmes qui sont dans la possession du Clergé et qui sont devenues une charge intolérable depuis qu'elles ont été distraites, pour la majeure partie, de leur destination et que le poids des autres charges publiques s'est aggravé à un point accablant. Chaque paroisse pourvoira à l'entretien du culte public par une imposition réelle sur tous les biens de la paroisse.

X. — S'il n'est pas possible d'obtenir l'abolition des dîmes appartenant au Clergé, en ce cas Sa Majesté sera suppliée d'obliger les décimateurs de se charger de tous les frais de construction et réparation des églises et des presbytères ainsi que de tous les autres frais, et sans aucune exception, qui sont nécessaires au culte religieux.

---

(1) Le Beauvaisis, le Valois, le Vexin français, le Noyonnais en 1789, Annuaires du dép^t, 1867 et suiv Tirage à part à petit nombre, Beauvais, 1869, in-8. Introd. 72 et 584 p.

(2) P. 152, « Le cahier de Troissereux est le plus remarquable des cahiers des campagnes ». G. Desjardins en cite intégralement le préambule, 153-156

OBSERVATIONS SUR L'ARTICLE DES PLAINTES ET GRIEFS
QUI CONCERNENT LES DIMES GROSSES ET MENUES

Peu de personnes ont calculé le poids que cette contribution fait entrer dans la masse des charges publiques, le poids est énorme.

Pour s'en faire une idée juste, il faut supposer un pays médiocre tel que la vallée qui s'étend de Beauvais à Songeons. Dans ce pays, les frais de labour varient depuis 28 jusqu'à 40 livres par arpent, suivant la difficulté des cantons, ce qui donne 34 livres pour prix moyen.

Supposons le produit net d'un arpent de terre première classe, qui parcourt les trois soles ou saisons, et voyons ce qui en revient tant au propriétaire qu'au décimateur.

Année de blé

Frais de labour	34ˡ
Engrais : 10 voitures de fumier à 4 livres la voiture . . .	40
Semence : 4 mines de blé à 5 livres, prix moyen . . .	20
Frais de moisson : 2 mines de blé à 4 livres, prix moyen	8

Année de mars

Frais de labour	17
Semence : 2 mines d'orge ou d'avoine à 3 livres . . .	6
Frais de moisson — — . . .	6
Année de jachère, nihil	
Total des avances . . . . 131ˡ ci.	131ˡ

RÉCOLTES

Le produit d'un arpent de terre de la première classe sera, dans le pays dont il s'agit et dans une année médiocre, savoir :

Pour l'année de blé

200 gerbes valant 15 sols la gerbe	150ˡ

Pour l'année de mars

120 gerbes à 15 sols	60
Pour l'année jachère, nihil	»
Total des récoltes . . . . 210ˡ ci.	210ˡ
A déduire les avances, reste pour les trois années.	79ˡ

Le décimateur, qui n'entre point dans les avances, vient au moment que la récolte s'enlève et prend huit gerbes du cent, ce qui fait pour l'année de blé :

16 gerbes à 15 sols	12ˡ
Pour l'année de mars, 10 gerbes d'orge ou d'avoine à 10 sols. .	5ˡ
Pour l'année jachère, nihil	»
Total	17ˡ

Il résulte de ce calcul que, dans le pays en question, le produit d'un arpent de terre de la première classe est par année commune de 26 l. 6 s. 8 d., qu'il en revient au décimateur 5 l. 13 s. 4 d. et qu'il reste au propriétaire 20 l. 13 d.

C'est-à-dire que chaque année le décimateur prend au propriétaire entre le quart et le cinquième de son revenu. Après cela viennent les impositions royales et d'autres charges publiques qui en absorbent les trois cinquièmes

Le décimateur prend la dîme non-seulement sur les grains, mais encore il la prend sous le nom de menues dîmes sur toutes les autres espèces de productions ; même sur les bêtes à laine (Il était jadis dans le louage usage de fournir des béliers dans le troupeau pour le service des brebis, mais il l'a abandonné et continue à percevoir la dîme des bêtes à laine.) et les porcs ; il faut en excepter seulement les bois, les étangs et quelques prairies franches, mais cette exception ne tourne qu'au profit de la noblesse qui possède ces objets et qui par là sauve une partie de son revenu des atteintes du décimateur.

L'origine de la dîme est connue ; elle dérive en France d'un pacte fait entre les peuples soumis au christianisme et leurs premiers pasteurs ; il suffit de remarquer que le clergé de France n'avait alors aucuns biens temporels, que la dîme levée sur une quantité de terres bien moindres qu'aujourd'hui et seulement sur les grains était une contribution nécessaire et en même temps modérée ; que cette contribution fut vouée non pour enrichir le clergé qui méprisait alors les biens de ce monde, mais pour l'entretien du culte divin dans chaque paroisse et pour la subsistance de ministre desservant.

On sait comment le clergé, ayant affermi sa domination spirituelle, se créa un empire temporel qui fit trembler les souverains et les nations, comment et par quels moyens il acquit des richesses immenses ; comment les pasteurs corrompus abandonnèrent le soin de leurs troupeaux et se firent suppléer par des desservants à gages qu'ils payèrent à vil prix ; comment ils s'emparèrent peu à peu des menues dîmes, et enfin et comment une contribution modérée et nécessaire dans son origine est devenue une charge exorbitante, oppressive, et dont l'utilité est presque nulle pour le culte public.

Il ne faut pas contester au clergé la propriété des richesses territoriales qu'il possède, quels que soient les moyens dont il s'est servi pour les acquérir ; ces richesses lui appartiennent en vertu des lois qui protègent les propriétés de tous les citoyens, mais il en est autrement de la dîme qui n'est point une propriété réelle, et le temps est venu de la contester au clergé.

La dîme est dans son principe une contribution volontaire fondée sur un pacte dont toutes les conditions ont été violées depuis plusieurs siècles. Cette contribution fut modérée, elle est devenue excessive ; elle fut vouée aux frais du culte public dans chaque paroisse ; elle est maintenant destinée à enrichir des bénéficiaires oisifs et presque toujours inconnus dans les paroisses ; elle fut nécessaire au culte et maintenant le culte peut subsister sans elle ; enfin cette contribution fut proportionnée aux besoins du culte et maintenant il n'y a plus aucune proportion. Telle paroisse existe où la dîme produit chaque année douze à quinze mille livres de rente, tandis que le culte ne coûte au décimateur que sept cents livres par an. Voilà certainement une horrible lésion pour les contribuables.

En sorte que sous ces différents rapports et suivant les principes d'une jurisprudence saine, les contribuables à la dîme seraient fondés à demander dans les tribunaux ordinaires une révision contre le traité primitif qui est la base unique de cette contribution ; pourquoi ne la demanderaientils pas au Tribunal auguste de la nation assemblée où doit résider la puissance législative de l'Etat ?

On objectera une jurisprudence positive, des lois économiques et civiles, des édits vérifiés librement, des arrêts rendus en robes rouges, mais tous les abus contre lesquels le Tiers-État réclame, les privilèges de la noblesse par exemple, n'ont-ils pas été sanctionnés par des lois positives? et ne s'agit-il pas de la réformation des abus protégés par les lois?

Pendant que le Tiers-État des campagnes s'occupe de la demande touchant la dîme, une classe nombreuse de curés à portions congrues vient en détruire le principal motif; la plupart de ces pasteurs réclament à titre de desservants la dîme dont jouissent les curés primitifs; et pour donner une couleur favorable à cette réclamation ils se disent dans une sincère et ferme résolution de n'en user que pour leur simple nécessaire et d'en distribuer le surplus aux pauvres de leurs paroisses.

Les autres plus modérés et non moins charitables demandent seulement une portion de la dîme, et que l'autre portion soit employée en établissements pieux. Les droits et les intérêts du Tiers-État des campagnes, le besoin pressant qu'il a d'être soulagé d'une masse effrayante de contributions, exigent qu'il s'oppose de toutes ses forces aux projets des curés à portions congrues ; car s'ils parviennent à leur but, le Tiers-État ne pourra espérer désormais d'être déchargé du poids énorme de la dîme, au lieu que l'abus subsistant dans la forme qu'il est, on en obtiendra l'abolition dans un temps ou dans un autre, il faut que tôt ou tard la justice et la raison triomphent.

Il est très permis sans doute de se défier un peu de ces mouvements de charité des curés à portions congrues qui les portent à demander une contribution exorbitante et subsistant à titre de droit, pour en rendre ensuite une partie à titre d'aumône aux pauvres de leurs paroisses; le premier devoir d'une charité bien ordonnée, c'est de laisser aux pauvres le peu qu'ils ont; un curé trop borné dans ses moyens personnels pour secourir efficacement l'indigence a d'autres moyens dans sa disposition et qui conviennent parfaitement à son ministère, c'est d'exciter la charité de son seigneur et celle de ses paroissiens que leur aisance met à portée de secourir les indigents.

Oter aux gros décimateurs les dîmes dont ils sont en possession pour la donner aux curés à portions congrues, ce serait seulement changer d'abus; pour s'en convaincre, il suffit de jeter les yeux sur les paroisses où les curés sont gros décimateurs ; il y en a dans le Vexin normand et dans plusieurs autres parties de la Normandie un assez grand nombre ; il n'est pas rare de trouver dans ces cantons des curés de huit, dix et douze mille livres de rentes. Quel emploi ces curés font-ils de leur revenu? La plupart tiennent table ouverte, et ce n'est pas pour leurs pauvres paroissiens qui pourtant y auraient quelque droit puisqu'ils en font les frais; ils s'absentent fréquemment de leur cure et leurs absences durent des mois entiers, ils ont des desservants à gages, en un mot, ils jouent du mieux qu'ils peuvent les bénéficiaires à bénéfices simples. Ceux d'entre eux qui usent le moins mal de leur aisance appartiennent à des familles pauvres ; ils se chargent de leurs parents, prennent soin de leur éducation, les établissent, mais enfin, quelle que soit la dispensation de leurs revenus, il n'en revient rien aux paroisses. Dans quelques-unes, à la vérité, les paroissiens sont baptisés, mariés, enterrés gratuitement, mais dans le plus grand nombre ces curés gros décimateurs se font payer aussi exactement que leurs confrères congréguistes et, dans toutes ces paroisses, les habitants sont chargés des frais de construction et entretien des églises et même des presbytères.

Ainsi l'abus de la dîme est partout le même, soit que les curés de campagne en aient la jouissance, soit qu'elle appartienne aux gros bénéficiers.

Dans l'un et l'autre cas, c'est une contribution excessive, vexatoire, injuste et pernicieuse dans ses effets.

Elle est excessive attendu que dans la plupart des paroisses à portions congrues, une petite partie du produit de cette contribution suffit à tout ce qui est nécessaire pour le culte divin.

Elle est vexatoire par les procès que l'avidité des décimateurs enfante tous les jours pour étendre la dîme à tous les genres de productions;

Elle est injuste vu qu'il n'y a rien de si contraire à l'équité naturelle et au bon ordre de la société que des bénéficiers oisifs s'engraissent des sueurs des pauvres et qu'ils jouissent d'une opulence scandaleuse aux dépens de l'utile habitant des campagnes qui languit dans la misère;

Elle est pernicieuse dans ses effets attendu qu'il est important pour les mœurs et pour la religion que les ecclésiastiques, du moins ceux qui habitent les campagnes, soient d'une conduite exemplaire. Personne n'ignore que l'opulence et l'oisiveté sont des sources abondantes de corruption et de dérèglement. Personne n'ignore que l'opulence et l'oisiveté sont le partage des bénéficiers à bénéfices simples et des curés gros décimateurs qui les imitent de leur mieux. Veut-on trouver des ecclésiastiques d'une conduite édifiante? Ce n'est pas dans ces deux classes qu'il faut les chercher; c'est dans la classe des curés à portions congrues, et en effet on en trouve dans cette classe qui remplissent dignement les devoirs attachés à leur profession; c'est le plus petit nombre à la vérité, parce que telle est la triste condition des hommes de quelque état qu'ils soient; mais il n'est par douteux que si cette classe de pasteurs devenait opulente, bientôt les sujets irréprochables y deviendraient aussi rares que parmi les curés gros décimateurs.

Par leur situation actuelle, les curés à portions congrues sont dans cette heureuse médiocrité qui, satisfaisant à tous les besoins, exclut toutes les fantaisies; ils sortent rarement de leurs paroisses parce qu'ils n'ont ni chevaux ni voitures pour les conduire; ils ne tiennent pas table ouverte parce qu'ils n'ont que ce qui leur est nécessaire pour vivre avec le domestique qui les sert; ils n'ont point de procès parce qu'ils n'ont point d'intérêts litigieux à démêler; ils remplissent eux-mêmes leurs fonctions parce qu'ils ne sont pas en état de payer un desservant à gages. Ils ont sûrement cet esprit d'orgueil et de domination qui veut tout gouverner, tout conduire, tout régler à leur gré, parce que dans une paroisse il y a toujours quelqu'un en état de leur résister. Du reste ils ont les vertus et les vues propres au tempérament et au caractère que la nature a donnés à chacun d'eux, mais la médiocrité de leur aisance enchaîne la plupart de leurs vices et laisse un libre essor à leurs vertus.

Ces heureux avantages disparaîtraient bientôt si les curés, à portion congrue, obtenaient la dîme qu'ils demandent; il y a si peu de vertu qui puisse tenir contre l'opulence jointe à l'oisiveté, car on ne doit pas le dissimuler, les curés de campagne sont par état des hommes oisifs; ils jouissent d'une très grande liberté; leurs fonctions ne les assujettissent qu'un jour ou deux par semaine, le reste du temps est à eux. Il y en a très peu pour qui la lecture et l'étude aient quelque charme. Les autres s'occupent comme ils peuvent, soit à cultiver un jardin, soit à quelqu'autre travail utile. Quelques-uns même exploitent des terres qu'ils louent ou qu'ils ont acquises par leur économie.

Ceux qui désirent d'être substitués au gros décimateur colorent leurs demandes de différents prétextes. Il faut, disent-ils, qu'un curé soit considéré dans sa paroisse et le moyen le plus sûr pour obtenir la considération c'est l'opulence.

On peut leur répondre, en raisonnant ainsi : Vous dégradez votre état et vous civilisez votre caractère. Citoyens d'une ville sainte, voudriez-vous quitter votre patrie pour aller dans les murs de Babylone habiter avec ceux de votre ordre qui vous ont donné l'exemple de cette fuite coupable ? Quelle est la considération qui convient à votre ministère ? Celle que vous obtiendrez infailliblement par des vertus. C'est par leur ascendant irrésistible que vous gouvernerez à votre gré le troupeau confié à vos soins.

Curés à portions congrues, jetez les yeux sur ceux de vos confrères qui remplissent dignement les devoirs de chrétiens, de citoyens et de pasteurs. Voyez quelle docilité, quel amour, quelle tendre vénération ils inspirent à leurs paroissiens. Contemplez ensuite un curé gros décimateur qui jouit de dix mille livres de rente ; entrez chez lui, vous y trouverez une table bien servie, vous remarquerez surtout les traces de l'abondance, de la mollesse, des superfluités, du luxe même. Mais ne vous laissez pas séduire par cet appât trompeur ; parcourez les cabanes misérables qui environnent le presbytère ; sondez les cœurs des malheureux qui les habitent, vous les trouverez tous irrités de l'opulence du décimateur qui est le fruit de leurs travaux et qu'ils comparent sans cesse à leurs misères ; vous n'y verrez d'autre sentiment que ceux de la haine et de la crainte. Voudriez-vous à ce prix devenir gros décimateur ? Non, dites-vous, si nous demandons des richesses, c'est pour en faire un usage conforme à ce que la religion nous prescrit, c'est pour soulager l'humanité souffrante, c'est pour nous réduire à ce qui nous sera strictement nécessaire et pour abandonner tout notre superflu aux pauvres.

Vous êtes donc bien sûrs de résister à la plus puissante de toutes les séductions ; fiers de vos forces, vous défiez votre plus redoutable ennemi ; la religion vous enseigne à fuir le péril que vous cherchez. Mais je vous passe votre témérité et je suppose que, fidèles à la Grâce, la Grâce vous sera toujours fidèle ; et vos successeurs, en répondez-vous ?

Vous recherchez un ascendant dans vos paroisses qui soit utile aux mœurs et à la religion ; pourquoi les premiers pasteurs des peuples eurent-ils cet ascendant ? Parce qu'ils furent pauvres et vertueux. Depuis quand l'ont-ils perdu ? Depuis que la cupidité est entrée dans leurs cœurs et que les richesses les ont corrompus.

Ceux d'entre les curés à portion congrue qui sont les plus payés sentent la justesse de ces motifs ; en réclamant pour eux une portion de la dîme, ils demandent que le surplus soit appliqué à des établissements pieux.

Entendent-ils par établissements pieux des écoles publiques ? Il y en a un nombre suffisant pour l'instruction des habitants de la campagne ; la seule science qui soit à leur portée se réduit à savoir lire, écrire et chiffrer ; toute autre étude est interdite à des hommes dévoués à un travail pénible et continuel, du moment qu'ils sortent de l'enfance. Veulent-ils parler d'hospices fondés pour les pauvres ? Il est malheureusement trop prouvé qu'en multipliant de tels établissements, c'est multiplier les pauvres ; rien de plus dangereux que de présenter à l'indolence, à la paresse un refuge assuré.

Il faut des secours pour les pauvres, mais ces secours ne doivent être fondés que sur les contributions volontaires provoquées par le zèle des pasteurs. Le principal devoir de leur ministère n'est pas de s'occuper de vaines pratiques et d'y fixer l'attention de leurs paroissiens, c'est d'allumer en eux le feu de la charité et de mettre tous leurs soins à cultiver dans leurs paroisses cette vertu tant recommandée par la religion et par l'humanité.

Des bureaux d'aumône établis sur ce principe, alimentés par des contributions volontaires dirigés par les pasteurs et par des paroissiens notables peuvent être très utiles ; mais des établissements fondés à perpétuité sur des contributions forcées seraient la source de mille abus et deviendraient très pernicieux.

Veut-on parler enfin d'une retraite pour les curés congruistes, à qui l'âge ou les infirmités ne permettent plus de continuer l'exercice de leurs fonctions ? Le Tiers-État applaudit à cet établissement, mais il n'est pas nécessaire qu'il soit fondé sur une rétribution vicieuse dont l'abolition est sollicitée par les motifs les plus pressants.

A quoi servent les biens de tant de maisons religieuses qui sont sans religieux ? A quoi servent les biens que la faveur verse avec profusion sur cette foule de bénéficiers oisifs ? Sinon à faire voir jusqu'où peut aller l'excès de la déraison dans l'emploi des richesses de l'église ? Quoi, tant de biens perdus et pour fonder un établissement pieux, il faudra perpétuer une contribution qui ajoute un poids énorme au fardeau des charges publiques ?

Il est triste et affligeant qu'au moment où la Nation est appelée à travailler au grand Œuvre de sa régénération, les esprits soient sujets à de si grands écarts et que les cœurs soient si dépourvus de sentiments généreux et équitables. On convient que la misère qui désole les campagnes est le résultat de l'oppression.

L'effet nécessaire du poids propre accablant des charges publiques et l'on parle d'établissements qui tendent à éterniser ce poids. On dit et l'on répète sans cesse qu'il faut soulager le peuple et tous les moyens de soulagement que le peuple indique sont repoussés avec dédain.

Les sophismes les plus grossiers, les prétextes les plus frivoles défendent avec succès les intérêts privés, tandis que la cause publique, qui est celle du peuple, s'appuie en vain sur la justice et sur la raison ces deux principes éternels et uniques du bon ordre des sociétés.

Deux sortes de contributions accablent l'ordre laborieux sans lequel la monarchie ne pourrait subsister, l'une payée au Trésor public, elle est légitime d'elle-même, c'est une dette sacrée : l'injustice et l'oppression ne se trouvent que dans son excès.

L'autre est payée au Clergé, elle est d'elle-même abusive, injuste, vexatoire, excessive, pernicieuse dans ses effets.

Députés du second et du tiers ordre, vous à qui la Nation impose le devoir d'opérer le bien public et d'anéantir les abus, pesez bien ces deux sortes de contributions, comparez leur utilité respective, les titres qui les fondent, les motifs qui les protègent, et voyez quelle est celle qu'il convient de proscrire.

Signé : ROULLIER.

ARCHITECTURE MONUMENTALE

Résumé de la Promenade d'Instruction faite le 15 juin 1905,
sous la conduite de M. F. BORDEZ, Architecte, Secrétaire de la Société.

L'ART ROMAN

A la période architecturale gallo-romaine, que tout le monde connaît, caractérisée par les ordres toscan, dorique, ionique, corinthien et composite, succéda une autre période de recul considérable. Les invasions barbares qui se succédèrent en Gaule, à partir du iv° siècle de notre ère, portèrent un grand coup à l'architecture, et il nous faudra arriver presque à la fin du x° siècle pour retrouver des principes raisonnés dans l'art de construire, c'est-à-dire un style.

La Renaissance carolingienne innova un art tout spécial, l'art byzantin, combinaison d'influences orientales et helléniques. Mais cet art dura peu, les désordres qui suivirent la mort de Charlemagne en paralysèrent l'essor et à partir de cette époque s'élaborèrent lentement, par une série d'essais plus ou moins heureux, les nouvelles formes architecturales d'où devait sortir l'art roman, la première manifestation de notre architecture nationale.

Des constructions furent édifiées avec hésitation en employant généralement les débris des monuments anciens ; l'ensemble est mauvais, mal coordonné, les fenêtres petites, les tympans, lorsqu'il y en a, sont ornés de figurines plus ou moins symboliques, *une petite partie* de la Basse-Œuvre nous donnera un exemple de cette architecture carolingienne que l'on appelle souvent à tort roman primitif, lorsqu'elle n'est en quelque sorte qu'une architecture d'étude ou de transition entre la période latine et la période romane. Elle est faite surtout de réminiscences et d'emprunts et il apparait quelques timides innovations qui révèlent dans un art encore rudimentaire un esprit nouveau en l'art de construire.

Ce n'est qu'au x° siècle surtout que l'architecture s'affranchit peu à peu de ces traditions latines pour créer le système nouveau, mais la superstition de l'an 1000 gêna à son expansion. Ce temps d'arrêt ne fut cependant pas préjudiciable à l'art monumental, car, après la terrible date passée sans amener l'évènement redouté — la fin du monde — une incroyable activité s'éleva dans les esprits et se manifesta notamment par l'érection de nombreux édifices religieux, témoignage d'amour et de reconnaissance envers Dieu qui n'avait pas anéanti ses créatures.

Raoul Glaber, moine bénédictin de Cluny, au xi° siècle, disait : « Près « de trois ans après l'an 1000, les basiliques furent renouvelées dans « presque tout l'univers, surtout en Italie et dans les Gaules, quoique la « plupart fussent encore assez belles pour ne pas exiger de réparations. « Mais les peuples chrétiens semblaient rivaliser entre eux de magnifi- « cence pour élever à l'envi les églises les plus élégantes. On eût dit que « le monde entier, d'un commun accord, avait secoué les haillons de son « antiquité pour revêtir une blanche robe d'églises (1).

---

(1) Lire l'instructif ouvrage populaire de L. Bonnard : *Notions d'Archéologie monumentale,* librairie Plon.

Cet art, pour arriver à nos jours, a passé par des périodes marquantes qui l'ont métamorphosé, transformé suivant le degré d'avancement des arts et la transformation de l'esprit mystique. L'on s'est trouvé amené à former une classification pour distinguer d'une façon compréhensible les sauts et les écarts de l'art monumental.

M. de Caumont s'est borné à une classification méthodique populaire, il n'avait en vue qu'une division en périodes marquant chacune un pas dans l'art de construire.

Il divisa l'architecture du xe au xvie siècle en architecture romane et en architecture ogivale.

Cette dénomination d'art roman est tout à fait conventionnelle, M. de Caumont l'ayant indroduite, en 1825, dans le vocabulaire archéologique. Il la tenait lui-même d'un antiquaire normand, M. de Gerville.

Quant à la dénomination d'art ogival, il est fondé que l'ogive n'est pas la caractéristique de ce style, laquelle caractéristique réside plutôt dans les procédés de structure : d'ailleurs, c'est au xviiie siècle seulement que quelques architectes se servirent du mot ogive pour désigner la forme en tiers-point et *fenêtre ogivale, arcade ogivale, style ogival*, etc., firent leur apparition dans le vocabulaire monumental.

Au lieu de style ogival l'on dit parfois style gothique. Or, ce mot gothique semble rattacher cette architecture aux Goths, alors que ce peuple n'a laissé, pour ainsi dire, aucune trace monumentale de son passage sur le sol de la Gaule et que son influence sur notre architecture fut absolument nulle.

Néanmoins, comme pour la facilité de la compréhension, nous admettons ces mots. Voici la classification de M. de Caumont :

Architecture romane	Primordiale, du ve au xe siècle. Secondaire, fin du xe au xiie siècle. Tertiaire ou de transition, xiie siècle.
Architecture ogivale	Primordiale, xiiie siècle (1). Secondaire, xive siècle (2). Tertiaire, xve et xvie siècle, 1re moitié (3).

Au point de vue de l'art mis en parallèle avec la marche de l'esprit mystique, art caractérisé particulièrement par les conceptions d'artistes imbus sincèrement des sentiments religieux, une classification nouvelle a été créée. Elle ne repose que sur le caractère propre des principes décoratifs, sur l'impulsion morale donnée à nos artistes ; elle est basée sur le degré d'intensité du dogme chrétien et comprend sa naissance, sa virilité et sa décadence. Elle prend l'art à sa période d'incubation et suit ses métamorphoses du mystique au technitique.

Nous arrivons ainsi à une classification non absolument différente mais plus complète (4).

---

(1) C'est l'architecture du moyen-âge et la plus belle ; on nomme aussi ce style, style à *lancette*, pour la forme de ses baies dont la partie supérieure ressemble à une lance.

(2) Ou style rayonnant, la partie supérieure des baies formant des roses avec la naissance des meneaux à l'intrados.

(3) Ou style flamboyant, les meneaux étant terminés en forme de flamme à l'intrados.

(4) Voir les *Monuments romans*, par le docteur Em. Woillez.

1° Métamorphose romane ou métamorphose architectonique du moyen-âge (période d'incubation, enfance de l'art religieux et de l'art civil) :

Métamorphose romane
{ Progression romane, du v° à la fin du x°.
Style roman pur, fin du x° au comm¹ du xi°.
Transformation romane, du xi° au xii° (fin).

2° Métamorphose mystique ou progrès, virilité de l'art religieux (c'est l'expression la plus parfaite et la plus idéale du mysticisme chrétien :

Métamorphose mystique
{ Progression mystique, fin du xii° au com¹ du xiii°.
Style mystique pur, xiii°.
Transformation mystice, xiv°.

3° Métamorphose technitique ou décadence, fin de l'art religieux ; l'art descend dans ses expressions diverses par une pente très rapide vers le matérialisme et la force. L'exécution artistique se met à perdre en sentiment religieux ce qu'elle gagne en perfection technitique. A l'apparition du style dit flamboyant, la décadence devient manifeste, on voit sa décrépitude se faire coquette, cachée qu'elle est sous de riches atours empruntés par elle à d'habiles mais sceptiques ouvriers :

Métamorphose technitique
{ Progression technitique, xv°.
Technitique pur, xvi° (1re moitié).
Transformation technitique, xvi° (2e moitié).

Après le xvi° siècle, l'art national languit, et il est bientôt remplacé par une renaissance de l'art antique caractérisé par les ordres que l'on connaît.

Les architectures civiles et même militaires ont toujours emprunté à l'architecture religieuse ses styles et ses formes, tout en créant à côté, des styles divisionnaires que nous verrons à leur heure.

Le style roman civil diffère peu du style roman religieux, un seul vestige existe à Beauvais, dans la rue Saint-Pierre, face au Palais de Justice. Malheureusement, un des propriétaires, pour écarter les visiteurs qui stationnaient sous ses fenêtres, en fit détruire les sculptures à coups de marteau.

De la visite aux monuments romans de Beauvais et des explications complémentaires du Secrétaire, il résulte que les caractéristiques des périodes romanes sont les suivantes :

PROGRESSION ROMANE

Pas de spécimen dans notre région. — Impossibilité d'admettre des règles.

STYLE ROMAN PUR

Eglises non voûtées en entier (de 3° et 4° ordre). — Plans simples. — Transepts très rares. — *Appareils à pastoureaux* (1) ou moellons et cailloux taillés régulièrement. — Peu de pierre de taille. — *Fréquent appareil à arête de hareng* et *appareil réticulé*. — Murs habituellement sans retraites extérieures et sans soubassement saillant.

Chœurs seuls voûtés en entier. — Nefs recouvertes de plafonds en bois. — Façades simples ornées de *croix ancrées* (2). — Clochers carrés ou en

_____

(1) Basse-Œuvre de Beauvais
(2) Basse-Œuvre.

arcade à 2 étages au plus, sans flèche ou pyramide en pierre. — *Contre-forts moins saillants que larges*, sans retraites sur les trois faces et rares sur la face principale.

Porte sans voussures multiples. — Fenêtres simples, exceptionnellement en retraite.

Arcs en plein cintre.

Voûtes rares et limitées en berceau, en conque ou cul de four et voûtes d'arêtes sans nervures saillantes. — Apparition seulement de la voûte d'arête à nervure.

Ornementation discrète consistant principalement dans la disposition des matériaux ou entailles figurées ou sculptures creuses et rarement saillantes avec arêtes mousses. — *Billettes* (1) *et moulures en biseau fréquentes.*

TRANSFORMATION ROMANE

Eglise parfois voûtées en entier. — Plans plus étendus. — Transepts fréquents. — Plus d'appareil en arête de hareng. — Pierre de taille en moyen appareil plus fréquente. — Retraite et soubassement des murs plus nombreux. — Nefs assez souvent voûtées, en pierre comme les chœurs. — Façades plus compliquées, plus ornées, sans croix ancrées simples dans le pignon. — Clochers carrés et octogones et à plusieurs étages (2) — Flèches en pierre fréquentes (3). — *Contre-forts comme à l'époque précédente*, mais retraites plus nombreuses, parfois sur trois faces. — Portes souvent à voussures multiples. — Fenêtres simples, sans division et souvent en retrait.

Arcs en plein-cintre. — Ogive fréquente, mais encore hésitante, dans le voisinage des voûtes, non ailleurs.

L'ornementation saillante se généralise, les reliefs sont moins émoussés. Encore quelques billettes au début. — *Moulure en coin émoussé* (4). — Ornementation nombreuse historiée, végétale et plantes aroïdes fréquentes.

Nota. — Les caractéristiques en italique sont celles qui permettront à première vue de reconnaître le style roman en général.

---

(1) Basse-OEuvre.
(2) Cauvigny.
(3) Cauvigny.
(4) Eglise Saint-Etienne, de Beauvais.

Beauvais. — Imprimerie centrale administrative, 15, place Ernest Gérard.

DOM JEAN HUYNES

SA VIE ET SES ŒUVRES

Sur le Mont Saint-Michel, merveille de la nature et de l'art, les histoires ne manquent point. Mais il en est une qui se recommande particulièrement à nous, parce que, à part d'autres mérites, elle a pour auteur un de nos compatriotes : Dom Jean Huynes.

Qu'était celui-ci et quel caractère a-t-il imprimé à l'œuvre qu'il nous a laissée? C'est ce que nous allons rechercher.

Notre tâche sera facile, car E. de Robillard de Beaurepaire, avec l'aide de M. Léopold Delisle, conservateur honoraire au Département des Manuscrits de la Bibliothèque nationale, a consacré à ce sujet une magistrale étude dans laquelle nous n'aurons qu'à puiser (1).

Dom Huynes était un religieux bénédictin de la congrégation de Saint-Maur.

Né à Beauvais, en 1609, il prononça solennellement ses vœux dans l'abbaye de Redon en Bretagne, le 21 mai 1630, à l'âge de vingt et un ans.

Quant à son nom, je suppose, avec un historien justement estimé, qu'il l'a tiré de la paroisse d'Huysnes appartenant au Mont-Saint-Michel où il fit ses débuts dans la vie monastique et qu'il illustra plus tard par ses écrits (2).

---

(1) *Histoire générale de l'Abbaye du Mont-Saint-Michel au péril de la mer*, par Dom Jean Huynes, publiée pour la première fois, avec une introduction et des notes, par E. de Robillard de Beaurepaire, 2 vol. in-8°, Rouen, chez A. Le Brument, libraire de la Société de l'Histoire de Normandie, rue Jeanne-d'Arc, n° 11, et chez Médéric, successeur, 1872-73.

(2) Un rapport, fortuit peut-être, rattache à cette commune le principal historien du Mont-Saint-Michel, lorsque d'ailleurs son souvenir plane sur tout le littoral de cette baie, qu'il a illustré dans sa chronique. Pourquoi d'ailleurs Jean Huynes, né à Beauvais, n'aurait-il pas tiré son nom religieux de cette localité qui appartenait à son monastère, lorsqu'on voit l'abbé Robert de Torigny s'appeler Robert du Mont et lorsqu'on trouve le nom de Robert de Tombelaine qui, bien probablement, n'était pas né sur le rocher de ce nom.

Avranchin monumental et historique, par Ed. Le Héricher, t. II, p. 187.

Nommé trésorier sacriste de cette célèbre abbaye et chargé, en cette qualité, de montrer les reliques et le monastère aux pèlerins et visiteurs étrangers, il sentit qu'il ne possédait pas les connaissances nécessaires pour répondre, d'une manière satisfaisante, aux questions que devait lui attirer cette fonction. Il se mit donc en devoir de les acquérir, et ce fut sans doute ce qui détermina sa vocation historique. A lire, en effet, les vieux manuscrits de cette abbaye, qu'il fut obligé de compulser, il prit tant de goût qu'il conçut le dessein d'en résumer le contenu en un corps d'ouvrage auquel, soutenu et encouragé par les prieurs qui se succédèrent là de son temps et surtout par Dom Bernard Jeuardac, il consacra plus de cinq années. Cette œuvre, dans la pensée de son auteur, était destinée à la publicité ; mais, pour des raisons dont la connaissance ne nous est pas parvenue, elle ne fut pas livrée à l'impression. Loin de se froisser de cette espèce d'insuccès, ce religieux en profita pour remanier son travail, qu'il se préoccupait encore d'améliorer après son départ du Mont, et même à Saint-Germain-des-Prés, sa dernière étape monastique, où il apportait de nombreuses et importantes additions allant jusqu'au 12 juin 1651, deux mois et demi avant sa mort !

On ne peut donc que ratifier le jugement que porte sur lui E. de Robillard de Beaurepaire : « Dom Huynes est un écrivain consciencieux jusqu'au scrupule, exact jusqu'à la minutie et d'une absolue sincérité. Son sens critique est quelquefois en défaut, on peut lui reprocher avec raison d'accorder une trop grande confiance aux documents écrits, du moment qu'ils sont anciens, mais la fraude lui est antipathique et il la signale aussitôt qu'il l'a reconnue. Ce goût des informations sérieuses apparaît dans les plus minces détails de son travail. »

« Bien que l'histoire de Dom Huynes n'ait pas été publiée, ajoute cet auteur, elle a été consultée et mise à profit par tous les écrivains qui sont venus après lui. Dom Le Roy, dans ses curieuses recherches manuscrites, rend perpétuellement hommage à la science de son prédécesseur, et de nos jours tous ceux qui se sont préoccupés de la célèbre abbaye n'ont eu garde d'oublier le religieux laborieux et modeste qui leur avait ouvert la voie. Il y a plus : pour tout ce qui tient au récit des faits, l'on peut dire que c'est à peu près exclusivement à son travail que nos écrivains locaux ont emprunté leurs monographies. »

M. Le Héricher, l'auteur de la plus récente et de la meilleure étude sur le Mont Saint-Michel, l'a lui-même reconnu dans les termes les plus formels :

« Les principaux éléments de cette histoire, nous dit-il, sont la vie des abbés, leurs œuvres spirituelles et monumentales, leurs acquisitions, les miracles, les pèlerinages, les événements militaires, que nous essaierons d'unir en un seul corps de récit appuyé sur les manuscrits de l'abbaye et spécialement sur Dom Huynes, son historien le plus complet » (1), .

Ailleurs, il ajoute : « Nous nous plaisons à apprécier ici ce bon chroniqueur à qui nous devons tout, ce dernier moine, enthousiaste de son monastère, défenseur de ses privilèges, qui écrivait au xviie siècle avec le style du moyen-âge, quelquefois avec la grâce de la poésie, qui composa son histoire avec cette affection profonde des érudits amoureux de leur sujet, au milieu des trésors de ce chartrier qui ouvrait sur l'admirable cloître de l'abbaye, rapprochement qui explique la double nature du livre de Dom Huynes, œuvre d'érudition exacte, de piété et de poésie. »

De son côté, M. l'abbé Deschamps du Manoir, après avoir fait du vieil annaliste du monastère une étude approfondie, déclarait que son manuscrit resterait à jamais la meilleure histoire du Mont Saint-Michel (2).

La Bibliothèque de la rue Richelieu possède, sous les numéros 18,946 et 18,947, deux manuscrits autographes de cette histoire, qui contiennent toute l'œuvre de Dom Huynes dans sa forme primitive de 1638 et dans sa rédaction définitive de 1640. D'un autre côté, la Bibliothèque d'Avranches renferme une prétendue copie de l'histoire du Mont Saint-Michel, lui provenant de la riche collection des manuscrits de la grande abbaye et qu'elle a cataloguée sous les numéros 22 ancien et 209 nouveau. Le titre en est ainsi conçu : « *Histoire de la célèbre abbaye du Mont Saint-Michel au péril de la mer,* divisé en cinq parties; le tout recueilli des anciens titres, chartes et pancartes de cette abbaye par un religieux bénédictin de la congrégation de Saint-Maur. — Nota : l'auteur est frère Jean Huynes, natif de Beauvais. Il fit profession à l'âge de vingt et un ans, au monastère de Saint-Sauveur de Redon, le 21 may 1630. Il composa son histoire en 1638 et mourut en l'abbaye de Saint-Germain-des-Prez le 18 août 1651. Dom Louis de Camps, religieux de la mesme congrégation, a transcrit la présente histoire où il n'a changé que quelques phrases sans altérer l'essentiel de l'histoire. »

Or, rien de moins exact que cette note à laquelle ont eu tort de s'en rapporter, sans en contrôler l'exactitude, tant et de si

---

(1) Ouv. cité, Introduction, p. 27 et 28.

(2) *Histoire du Mont Saint-Michel au péril de la mer et du Mont Tombelaine,* par l'abbé J. Deschamps du Manoir.

bons esprits que ceux dont j'ai rapporté les appréciations ; ce
qui prouve que s'il est sage, comme dit un proverbe, de tourner
trois fois sa langue dans sa bouche avant de parler, il ne l'est
pas moins, en matière d'histoire, de tremper trois fois sa plume
dans son encrier avant d'écrire. L'impartialité nous fait donc un
devoir de ramener les choses au point et de rendre à chacun la
justice qui lui est due.

La note en question ayant été généralement regardée comme
l'expression de la vérité, c'est à travers la transcription de Dom
Louis de Camps que l'on a toujours considéré l'œuvre de Dom
Huynes. Pour quiconque suit le premier dans ses écrits, il est
évident qu'au début et comme pour se former la main, il se
borne à copier le second ; mais que peu à peu, soit répugnance
pour un travail servile, soit conscience d'un talent qu'il a senti
naitre et se développer en lui, il s'écarte de son modèle, qu'il se
met à résumer et à amplifier jusqu'à ce qu'il finisse par s'affirmer
comme historien pour son compte, avec sa physionomie et son
originalité, et que, au lieu de rester témoin impassible des événements qui se déroulent sous ses yeux, il porte sur les choses
et sur les hommes, si élevés qu'ils soient dans la hiérarchie
ecclésiastique, des jugements formulés avec une ardeur expres-
sive dont l'honneur et la responsabilité lui appartiennent.

C'est donc surtout à sa continuation par de Camps que l'histoire de Dom Huynes doit d'être arrivée à la notoriété. Aussi
faut-il savoir le meilleur gré à E. de Robillard de Beaurepaire,
qui l'a publiée, d'y avoir joint et cette addition et celle de Dom
Estienne Jobart qui, en la complétant de la plus heureuse façon,
en augmentent non moins puissamment l'intérêt.

A une date que l'on ne saurait préciser, mais qui se place après
l'année 1640, Dom Huynes fut envoyé à Saint-Florent près
Saumur, où il remplit les fonctions de prieur. Les occupations
qui lui incombèrent de ce chef ne l'empêchèrent pas de se livrer
à ses études favorites, car, dès 1643, nous le voyons occupé à
réunir les matériaux nécessaires à la rédaction d'une histoire de
cette abbaye, ouvrage auquel il apporta le même souci de l'exactitude qu'au précédent, « n'y ayant rien mis, dit-il, qu'après y
avoir pensé longuement, appuyé sur autant de bons renseignements qu'il m'a été possible et sur une attentive lecture des
archives, l'espace de quatre ans, oultre ce que j'ai veu moi-
mesme » (1).

Le succès ne répondit pas à tant de labeurs persévérants.

---

(1) *Histoire générale de l'abbaye de Saint-Florent-lez-Saumur*, in-4°, 492 feuillets,
f° 477. (Bibl. nat. Mss. français, n° 10,862.)

« Malgré tous ses mérites, dit M. Marchegay, l'histoire de
Dom Huynes n'a pas obtenu de nos devanciers autant de faveur
que d'autres travaux du même genre aujourd'hui complétement
oubliés. Un bénédictin de Saint-Germain-des-Prés se plaignait
avec raison de cette négligence dès l'année 1678. « Les religieux,
« écrivait-il, ne font pas assez de cas de cette histoire qui est
« belle, exacte et pleine de critique contre la *Gallia christiana*
« de Robert. » Depuis, l'ouvrage de Dom Huynes n'a pas été
mieux traité. Non contents de le laisser dans l'oubli, les moines
de Saumur ne se sont même pas préoccupés de sa conservation » (1).

La Bibliothèque nationale renferme aujourd'hui cet ouvrage
écrit en entier de la main de Dom Huynes ; c'est celui qui se
trouvait à l'abbaye de Saint-Germain-des-Prés et qu'a décrit
ainsi l'auteur de l'*Histoire littéraire de la Congrégation :*

« Dom Huynes composa sur des titres originaux celle de
Saint-Florent, dont MM. de Sainte-Marthe se sont servis dans
leur *Gallia christiana,* en quatre volumes. Son manuscrit est
intitulé : *Historia hajus abbatiæ (Sancti-Florentii) ex vetustis
monumentis, tabulis atque diplomatibus, auctore D. Joanne
Huynes, Sancti-Florentii, congregationis Sancti-Mauri, priore.*
Cette histoire, que l'auteur a finie en 1647, est conservée dans
l'abbaye de Saint-Germain et dans celle de Saint-Magloire entre
les manuscrits de MM. de Sainte-Marthe » (2).

M. Marchegay, qui a fait des manuscrits relatifs à l'abbaye de
Saint-Florent une étude toute particulière, entre dans de plus
grands détails et définit ainsi le caractère de cette œuvre
importante :

« Dom Huynes s'était déjà fait connaître par une histoire de
l'abbaye du Mont-Saint-Michel, dont le manuscrit est conservé à
la Bibliothèque d'Avranches lorsqu'il fut chargé de faire celle de
Saint-Florent. On ignore à quelle époque il a commencé ce dernier travail, mais il est à peu près certain qu'il l'avait terminé en
1646 ou 1647. L'immense quantité de pièces qu'il a fallu traduire
ou analyser, le soin minutieux qui a présidé à l'examen des
titres, la compilation des faits et la rédaction du texte ont dû
exiger de longues années, quoique l'historien ait déployé le plus
grand zèle et n'ait été détourné de son œuvre par aucune des
préoccupations qui, de nos jours, portent un si grave préjudice
aux fortes études. Tout ce que Saint-Florent possédait de manus-

---

(1) Archives d'Anjou. *Recueil de documents et mémoires inédits sur cette province,*
publié par Paul Marchegay. Angers. 1840, p. 240.

(2) *Histoire littéraire de la Congrégation de Saint-Maur.* p. 57.

crits a passé sous les yeux de Dom Huynes, et l'on trouve des notes de sa main sur la plupart de ceux qui appartiennent aux archives de Maine-et-Loire. Son histoire forme un volume in-quarto de plus de 450 feuillets. Elle s'étend depuis la fondation du monastère, au vi⁰ siècle, jusqu'à la nomination du cardinal Mazarin comme chef de l'abbaye en 1651. En tête de son manuscrit, Dom Huynes a copié différentes pièces, entr'autres *Le Missel de Saint-Florent,* et divers autres documents empruntés au Livre noir et au Livre rouge. On ne saurait trop proclamer l'importance de cet ouvrage pour les faits généraux comme pour les détails et les particularités. Les personnes qui veulent étudier les antiquités de l'Anjou y trouveront des matériaux précieux en cherchant les articles consacrés aux prieurés que Saint-Florent possédait dans les diocèses d'Angers, de Poitiers et de Maillezais (1) ».

Désigné par ses aptitudes historiques pour Saint-Germain-des-Prés, Dom Huynes fut appelé, vers 1648, dans cette abbaye où il ne tarda pas à déployer son extraordinaire activité. « Il aimait la solitude et fuyait surtout l'oisiveté », dit de lui Dom Tassin. Comment en douter, quand on le voit aussitôt, sans perdre de vue son histoire du Mont-Saint-Michel, qu'il compléta là, s'occuper du classement méthodique des magnifiques archives que sa nouvelle résidence lui mettait sous la main, et rechercher — travail de bénédictin, s'il en fut, — les éléments d'un pouillé général des bénéfices de France, dont il avait rêvé la confection. Mais là le guettaient des difficultés sans nombre, résultant, soit de l'ignorance, soit de la mauvaise volonté ou de l'apathie de correspondants, aussi peu soucieux de l'exactitude qu'il en était esclave. C'en était trop. « Dom Jean Huynes, dit Dom Tassin, avait formé le dessein de faire un pouillé général des bénéfices de France sur les titres originaux, mais il lui aurait fallu une plus longue vie. Il était occupé à mettre en ordre les archives de Saint-Germain-des-Prés, lorsqu'il tomba malade le jour de l'Assomption de la Vierge. Trois jours après, le 18 août de l'an 1651, il cessa de vivre ou, comme s'expriment nos mémoires, de travailler ». D'après le nécrologe de l'abbaye de Saint-Germain-des-Prés, Dom Huynes, « prestres et profez » de cette congrégation, fut inhumé « dans la nef de la grande chapelle de Nostre-Dame, à main droite, en entrant, vers le bas d'icelle, où se voit une pierre sur laquelle est gravé :

18

AOUST

1651

---

(1) Archives d'Anjou. *Recueil de docum. et mém. inéd. sur cette province,* publié par Paul Marchegay, p. 230.

« Quant aux travaux préliminaires que le savant bénédictin avait entrepris pour arriver à dresser l'état général des bénéfices de France, dit de Beaurepaire, ils n'ont pas été entièrement perdus pour le public. La Bibliothèque nationale renferme deux manuscrits latins in-folio, nᵒˢ 11,813 et 11,814, où sont consignés les principaux résultats qu'il avait obtenus ».

Ainsi, Dom Huynes est un de nos compatriotes et son nom est digne de figurer au livre d'or du Beauvaisis.

V. Patte.

DU ROLE DES CITOYENNES DE BEAUVAIS

DANS LA

Société des Amis de la Constitution (1790-92).

De l'étude des registres des délibérations de la *Société des Amis de la Constitution* et des archives communales de la ville de Beauvais (1) il résulte que les femmes ont joué pendant la période révolutionnaire un rôle relativement important, soit dans la politique active, soit dans les démonstrations civiques, soit même dans la défense du territoire.

I

Enthousiasmées par les principes de justice et de liberté que venait de consacrer notre première Constitution, elles affirmèrent hautement en toute circonstance les sentiments qui les animaient.

Les citoyennes de Beauvais ne restèrent pas en dehors de ce mouvement.

En effet, à la séance extraordinaire tenue par la Société des Amis de la Constitution, le dimanche 25 mars 1792 et présidée par L. Portiez, une députation de femmes demande à être introduite.

Admise à prendre place au sein de l'Assemblée, elle donne lecture d'un discours qui révèle les sentiments profondément civiques et patriotiques dont les femmes étaient alors animées.

« Frères et citoyens,

« Des citoyennes de Beauvais, amies de la Constitution, se rendent dans une société digne à bien des titres d'en porter le nom, pour épancher dans le sein de leurs frères leurs sentiments patriotiques.

« Des Françaises, femmes d'artistes, ont des premières déposé des dons sur l'autel de la Patrie. Des milliers de Français ont

---

(1) D'après les documents communiqués par M. F. Bordez, secrétaire de la Société, auteur d'une étude générale sur la *Société des Amis de la Constitution* (1790-1792).

imité leur exemple à Lille, Bordeaux, Marseille, Noyon, et les femmes se sont empressées de s'associer par leur vœux aux travaux des Amis de la Constitution, en les rendant dépositaires de leur attachement aux lois nouvelles. Animées du même esprit, nous nous sommes flattées, frères et citoyens, que vous accueillerez nos hommages. Nous aussi, nous aimons la Constitution parce qu'elle doit assurer notre bonheur, celui de nos enfants et leur transmettre un héritage plus précieux que la fortune : la liberté ! Nous méprisons ces individus oisifs tout occupés à calomnier la Nation qui les salarie et la Constitution qu'ils n'ont sûrement pas lue. Nous avons voué une exécration éternelle à ces Français perfides, conspirateurs qui trahissent leur patrie, à ces fanatiques qui provoquent sourdement la guerre civile, excitent et fomentent des divisions entre les familles, entre les époux. Quel contraste entre les aristocrates et les patriotes, entre les conciliabules des uns et les séances publiques des autres, entre les manœuvres sourdes et artificielles des premiers et la conduite franche et loyale des seconds ! Les amis de la Constitution manifestent hautement leur opinion parce que leur cause est celle de la justice. Et que redoutez-vous en rendant le public confident de vos secrets ? La vérité ne doit pas craindre le grand jour. Vous avez regretté plus d'une fois, nous a-t-on dit, que l'enceinte trop étroite de notre local ne vous eût pas permis de faire construire des tribunes pour admettre les femmes à vos séances. Nous avons au moins partagé vos regrets. Depuis longtemps nous désirons de pouvoir venir nous instruire des devoirs de citoyens avec des amis de la Constitution. Nous avons tâché d'y suppléer en faisant inspirer à nos enfants la haine de l'esclavage et l'amour de la liberté. Mais, dans plusieurs écoles publiques, des principes dangereux sont inculqués à la jeunesse ; et le germe jeté dans les cœurs de l'enfance laisse de longues et profondes impressions.

« Veuillez, frères et amis, prendre ces observations en considération. Nos enfants sont sur les frontières prêts à verser leur sang pour la Patrie et repousser les ennemis. Si des malheurs sont réservés à la France, nous allégerons la peine de nos époux en la partageant. Enfin si tel est l'empire des circonstances que les femmes soient nécessitées à seconder les efforts des défenseurs de la liberté, les citoyennes soussignées prouveront qu'elles sont les dignes descendantes de Jeanne-Hachette. Comme témoignage de la sincérité de notre résolution et de la pureté de notre civisme nous demandons en finissant, frères et amis, à prêter au milieu de vous le serment civique ».

(Suivent environ 75 signatures).

L'Assemblée couvre d'applaudissements ce discours, dont l'impression est aussitôt demandée et généralement appuyée.

Par une autre proposition, un membre demande que ces dignes patriotes, suivant leurs désirs, soient admises sur le champ à prêter le serment civique.

Le Président leur exprime l'intérêt que l'Assemblée prend à une démarche dictée par le plus sûr patriotisme et leur annonce que leur demande sera prise en considération, et que déjà était disposée une adresse à la municipalité pour demander que les chargés de l'éducation publique soient tenus au serment ; il leur témoigne enfin le regret de ne pouvoir les posséder habituellement dans le sein des séances de la Société vu l'exiguïté du local.

A la séance du jeudi 29 mars 1792, présidée encore par L. Portiez, en l'absence de Massieu (1), l'Assemblée, passant à l'ordre du jour, aborde en premier lieu la discussion sur l'impression de l'adresse des citoyennes de Beauvais. Plusieurs motions et amendements se succèdent. Après quelques discussions, on arrête provisoirement que *l'adresse des citoyennes, la réponse du Président et l'extrait du procès-verbal de la séance publique du 25 de ce mois* seraient imprimés au nombre de 1,200 exemplaires, qu'un exemplaire serait envoyé à *chacune des signataires, aux municipalités, aux Sociétés affiliées du département et à la Société-Mère des Jacobins,* et enfin que le surplus serait délivré dans la ville.

Quant au serment civique, un document des archives municipales indique que les citoyennes de Beauvais en prononcèrent la formule ce même jeudi, 29 mars, an IV de la liberté.

II

Leur participation aux cérémonies patriotiques ne fut pas moins effective.

A la séance extraordinaire du 1ᵉʳ mai 1792, présidée par Massieu, et ayant pour but la discussion de la fête devant avoir lieu à l'occasion de la plantation de l'arbre de la liberté, il est dit (aux termes de l'article 10) : « Un groupe de citoyennes, vêtues de blanc et invitées à se ceindre, autant que faire se pourra, du ruban tricolore, est autorisé à faire partie du cortège qui s'emparera de l'arbre de la liberté et le portera en triomphe ». (Et à l'article 12 et dernier) : « Tous les citoyens et citoyennes

---

(1) Evêque constitutionnel.

seront invités à apporter et à dresser leurs tables sur la place
et dans les rues adjacentes, devant leurs portes, pour y prendre
leur repas du soir, et donner le spectacle si touchant pour les
âmes sensibles de la fraternité, de l'égalité, et dont les fictions de
l'âge d'or nous font un tableau... »

A la séance du 6 mai 1792, un membre propose que les
citoyennes qui désireraient embellir de leur présence les séances
de l'Assemblée voulussent bien y assister décorées d'un ruban
aux trois couleurs nationales. Mais, faisant remarquer que les
Français sont trop amis de la liberté pour vouloir gêner celle
des dames, les membres de l'Assemblée déclarent qu'elles seules
devaient voter sur cette question, qui fut mise aux voix et unanimement adoptée par les citoyennes.

III

Mais ces femmes ne se contentent pas de manifester leurs
sentiments par des paroles enthousiastes et des signes extérieurs
symbolisant leur patriotisme, elles les affirment par une participation réelle à la défense du territoire.

Dans la séance du 3 mai 1792, on relate qu'un membre dépose
sur le bureau, en billets, une somme de 215 livres 9 sols, au nom
des dames Daubak, Poulain et autres citoyennes, qui ont fait entre
elles une souscription pour l'achat d'armes nécessaires au service
de la ville. L'Assemblée applaudit avec transport à cette généro-
sité et des remerciements leur sont votés.

Les dames et demoiselles Fabre, Villaucourt et Lefèvre, qui
précédemment avaient offert 108 livres, ont, au nom des
Citoyennes du Bataillon du Midi, déposé de nouveau une somme
de 163 livres 8 sols, en accompagnant leur offrande d'une adresse
qui en explique le but :

« Messieurs,

« Quelle satisfaction pour nous de venir encore, au nom des
Citoyennes du Bataillon du Midi, déposer entre les mains des
Amis de la Constitution la somme de 163 livres 8 sols destinée
à l'achat d'une pièce de canon qui ne peut servir qu'à repousser
nos ennemis.

« Si nos maris ont la gloire de combattre pour la liberté, vous
pouvez croire, Messieurs, que leurs épouses armées de telle
manière que ce puisse être ne manqueront pas de les imiter.
Vous pouvez d'autant plus compter sur leur courage, que la
crainte de perdre la liberté et leurs maris ne peut que les rendre
victorieuses.

« Si, victimes du despotisme, nous succombons sous les coups des lâches qui abandonnent le sol de la liberté, nos enfants, épargnés peut-être, retraceront à l'univers entier leur cruelle destinée. Mais, que disons-nous? nous sommes Françaises, nos maris sont Français; qu'ils viennent nous attaquer, ces tigres, et ils verront que des citoyennes françaises, à l'exemple de leurs maris, vaincront ou plutôt périront les armes à la main.

« Nous jurons devant vous, comme organes des citoyennes françaises, d'élever nos enfants dans les principes constitutionnels, de leur faire aimer et chérir notre sainte et sublime constitution; et, dans aucune circonstance, de ne jamais nous démentir.

« Recevez, Messieurs, au nom de ces épouses qui brûlent de partager la victoire, leur respect et leur attachement pour une société qui s'est déjà tant de fois signalée ».

Cette ardente déclaration et la continuité des dons offerts par ces femmes patriotes excitent les vifs applaudissements de l'Assemblée, qui arrête que l'adresse dont a été fait lecture serait annexée au procès-verbal et envoyée à la Société mère des Jacobins, qui serait invitée d'en faire part aux sociétés affiliées.

A la séance du 8 mai 1792 (1), de nouveaux dons sont adressés par Mme Lemembre, qui vient de déposer sur le bureau un billet de 40 sols, qu'elle désigne pour faire partie de la contribution ouverte dans le but d'acheter des armes nécessaires au service de la garde nationale.

Mme Boudeville se présente au bureau accompagnée de ses trois enfants.

Le Président, en montrant à l'Assemblée ce groupe intéressant, lui annonce que l'un des enfants, Pierre-Louis Boudeville, âgé de six ans, vient de lui remettre un billet de 20 sols, accompagné d'un petit écrit ainsi conçu : « Messieurs, je voudrais bien payer de ma personne comme de ma bourse, mais puisque j'ai le malheur de n'être point d'âge et de taille à porter le mousquet, je me bornerai à faire des vœux pour la prospérité des armes de notre Patrie et la conservation de nos guerriers. En attendant, si les enfants des aristocrates, à l'exemple de leurs pères, se disposent à remuer, je me propose de les bien étriller ».

Le Président ajoute que Sophie-Henriette Boudeville, âgée de huit ans et demi, lui remet également, tant pour elle que pour

---

(1) Cette séance a été tenue à la suite de la cérémonie civique de la plantation de l'arbre de la liberté sur la grande place de Beauvais, en présence du deuxième bataillon de l'Aisne et un grand nombre de citoyennes de tout âge.

sa sœur âgée de 18 mois, un billet de 20 sols et un autre de 5 sols avec un petit écrit ainsi libellé : « Messieurs, faites moins attention à la modestie de nos dons qu'à notre bonne volonté ; nous en ferons un jour, ma petite sœur et moi, de plus précieux à l'État ».

Ces dons sont acceptés avec transports par l'Assemblée, ainsi que d'autres plus importants et une somme de 22 livres 10 sols, fruit d'une contribution volontaire de plusieurs citoyennes. Tous sont offerts pour des achats d'armes.

Mais, les citoyennes de Beauvais ne s'arrêtent pas là, elles veulent aussi payer de leur personne. L'une d'elles, qui avait fait remettre à M. le Président une motion, demande, dans la séance du 10 mai 1792, qu'il soit permis aux femmes de former entre elles une compagnie qui aura pour arme la pique. Elles s'exerceront au maniement de cette arme pour la défense de la patrie. Complimentées pour leur guerrier courage, elles s'exaltent, et l'une d'elles, par un amendement, demande à paraître le dimanche suivant armée de sa pique. Mais la loi défendant de se réunir armés dans les sociétés populaires, l'amendement n'est pas admis. M. le Président allait mettre aux voix la motion principale, quand un membre proposa de nommer provisoirement quatre commissaires pour faire le rapport, en la prochaine séance, de l'utilité de ce nouveau corps de défense. MM. Boudeville et Caron sont nommés commissaires pour les citoyennes, ayant comme commissaires associés MM. Rigault et Fegueux.

Cette intéressante question semble résolue et vraisemblablement abandonnée à la suite de l'adresse suivante (1) :

« Frères et amis,

« Les citoyennes de Beauvais, signataires de l'adresse qui vous a été présentée le 25 mars dernier, viennent de nouveau interrompre vos travaux patriotiques. Elles vous demandaient alors d'être admises à prêter, au milieu de vous, le serment civique : vous acquiesçâtes à leur demande. Nous vous invitions à prendre en considération l'instruction donnée à la jeunesse dans les maisons d'éducation de cette ville : votre sollicitude nous avait prévenues auprès de nos dignes magistrats. Enfin, nous regrettions que des obstacles locaux s'opposassent à l'admission des citoyennes aux séances de votre Société : vous avez eu égard à notre vœu et de nouvelles mesures vous ont permis de le satisfaire.

---

(1) Archives municipales.

« Agréez, frères et amis, l'expression de notre reconnaissance ; ainsi, grâce à votre zèle, nous pouvons nous instruire des devoirs et des droits de l'homme en société, calculer avec vous nos espérances et nos dangers et apprendre combien il est nécessaire de respecter la loi et d'obéir aux autorités constituées.

« Dernièrement, il nous a été présenté une pétition au nom des citoyennes de cette ville. Nous devons à la vérité, frères et amis, de déclarer que nous ne pouvons y prendre aucune part. Des citoyennes offraient, dit-on, de former une garde pour M. Massieu ; et nous, nous chérissons ce respectable prélat, ce vertueux citoyen, ce courageux défenseur des droits du peuple, mais qu'est-il besoin d'une garde particulière pour celui sur lequel tous les cœurs des citoyens veillent sans cesse ? Sans nous arrêter à démontrer combien le projet de formation de compagnies de femmes est impraticable dans l'exécution, combien il blesse toutes convenances, nous nous bornerons à rappeler que la nature, dans la distribution de ses bienfaits, à réparti à l'homme la force pour les travaux extérieurs et, au sexe féminin, les vertus nécessaires aux soins domestiques. Ce n'est que dans les circonstances extrêmement urgentes que les femmes, semblables à des troupes auxiliaires, sont appelées à partager, à côté de leurs époux, les pénibles fatigues de la guerre. C'est ainsi que l'immortelle Jeanne-Hachette et ses compagnes ne se sont portées sur les remparts de cette ville que lorsque, à l'assaut général livré par les Bourguignons, les hommes, harassés par la longueur du siège, ne pouvaient plus résister aux efforts des ennemis. Il est plus d'une sorte de vertu et d'héroïsme et le vrai patriotisme ne consiste pas à recueillir, pour ainsi dire, dans un moment, toutes les forces pour opérer un acte d'éclat, mais à remplir, à tous les instants, les devoirs que la nature et la patrie nous imposent et à respecter les bornes qu'elles ont fixées ».

(Suivent 26 signatures seulement).

A la séance du 26 juillet 1792, dès l'affiliation du 37ᵉ régiment ci-devant *Turenne* et de la compagnie des grenadiers du 17ᵉ, un membre proposa des embrassements généraux et mutuels pour sceller cette affiliation. Quelques-unes des citoyennes présentes ne craignirent pas de recevoir un baiser, gage d'un serment bien sincèrement civique, qui fut donné avec décence et respect.

On aime, en outre, à admirer l'héroïsme de certaines femmes qui quittèrent leur foyer pour aller combattre à la frontière, à côté de leurs pères, de leurs époux, les ennemis de la Nation.

L'on ne trouve à Beauvais aucune trace d'engagement volontaire contracté par des femmes.

Mais à Mouy, Marie-Geneviève Prothais offre un exemple des sentiments virils animant les femmes de cette époque.

Elle s'enrôla au 5e bataillon de l'Oise, commandé par le capitaine Horoy. Les pièces relatant l'histoire de cette dévouée citoyenne ont été publiées par M. le docteur Auguste Baudon.

Mme E. MOREAU.

L'ABBAYE DE ROYAUMONT

RAPPORTS AVEC LE DÉPARTEMENT DE L'OISE

L'abbaye de Royaumont vient d'être vendue à M. Goïn, grand industriel métallurgiste à Paris, propriétaire depuis 1899 du pavillon abbatial, dit château de Royaumont, des terres et bois et autres dépendances parmi lesquelles se trouve le Moulin-du-Pont-de-Thève situé sur le territoire de la commune de Boran, au confluent de la Thève et de l'Oise, connu aussi sous le nom de Moulin-Gadifer qui est celui de son constructeur. Il existe depuis 1792, mais ne fonctionne plus depuis plusieurs années.

La célèbre abbaye intéresse à plus d'un titre notre département. Son histoire n'est plus à écrire. L'abbé Duclos s'est chargé de ce soin. Résumer et compléter cet auteur consciencieux est la seule tâche que nous ait paru justifier l'actualité.

Fondée par Saint Louis en 1228 sur la terre de Cuimont appartenant au prieuré de Saint-Martin de Boran, l'abbaye faisait partie, sous le rapport ecclésiastique, de l'évêché de Beauvais et, au point de vue civil, de la commune d'Asnières-sur-Oise, alors comprise dans l'intendance et généralité de Paris, district de Gonesse, bailliage de Senlis ; son territoire est limitrophe de celui de Boran, sur la rive gauche de l'Oise.

Hermangarde, abbesse du Paraclet et Milon de Nanteuil, évêque de Beauvais, approuvèrent en août et octobre 1228, l'acte de vente de la grange de Cuimont à Louis IX par les religieuses bénédictines de Boran ; celles-ci reçurent, en échange, divers revenus à Bernes et à Beaumont-sur-Oise.

Royaumont rappelle le nom du roi qui le destina à l'ordre de Citeaux. Les Cisterciens ou frères Bernardins y vécurent pendant près de six siècles consécutifs, alternant les travaux intellectuels avec la prière et les occupations agricoles.

La Charte de fondation de Royaumont donnait aux frères de Citeaux, non seulement la terre de Cuimont où se trouvaient plusieurs moulins auxquels les paysans étaient tenus de faire moudre leurs grains sous peine de saisie de la farine obtenue ailleurs, mais aussi les eaux produisant la force motrice depuis le village appelé Molleya (La Morlaye) jusqu'à l'Oise.

Le roi donnait en outre à l'abbaye le bois de Bornésius d'une contenance de 302 arpents pouvant être clos, vendu et détruit par les religieux ;

10 muids, 2 septiers et 1 mine de blé et 10 d'avoine récoltés dans le domaine royal de Compiègne ;

6 autres muids, 2 septiers et 1 mine de blé et 10 d'avoine à Verberie ;

50 livres parisis à percevoir sur la prévôté et le péage de Pont-Sainte-Maxence ;

Tous les clos et vignes de Pompoing (Pontpoint) ;

Le Havre situé dans l'Oise au lieudit Albana (Les Aubains) ;

L'eau de la Thève située entre le dit Havre et l'abbaye :

Et la jouissance de la communauté, avec les habitants de la contrée, des pâturages communs situés depuis l'Oise jusqu'à La Morlaye.

Les Bernardins avaient aussi libre passage par terre et par eau dans tous les lieux relevant de la puissance royale et nul ne devait avoir le droit de les faire comparaître devant les baillifs, comme n'étant justiciables que devant le roi et en sa capitale ; ils exerçaient aussi la justice seigneuriale sur un grand nombre de leurs terres. Les armes de l'abbaye étaient d'azur à trois fleurs de lis d'or 2 et 1, écartelé de gueule à trois tours crénelés d'or 2 et 1.

En 1231, Louis IX autorise l'abbaye à prendre une charge d'âne de bois dans sa forêt de Halatte. Il lui donne encore des biens considérables à Belle-Eglise et auxquels vinrent s'ajouter d'autres vendus aux moines par Thibaut de Beaumont, seigneur de Luzarches.

La construction de l'abbaye coûta la somme de 100,000 livres parisis ce qui représente 11,230,472 francs en monnaie actuelle. Elle fut payée par la vente des pierreries, joyaux, matières d'or des couronnes et anneaux de Louis VIII.

Dans la suite, les propriétés territoriales de l'abbaye s'accrurent par des dons de nombreux personnages : dans la liste des donateurs, nous relèverons les noms de Jean de Nointel, dit Chollet, le cardinal inhumé au monastère de Saint-Lucien près Beauvais, en 1292 : Helye d'Asnières, prêtre chanoine de Beauvais : la veuve de Robert de Langlois de Plalli (Plailly) : Pierre de Préci (Précy) : chevalier Jean de Bleincourt (Blaincourt) : Hellessendis de Audigny, dame de Montaterre (Montataire) : Jean de Villiaco, archidiacre de Beauvais : Pierre de Haudencourt, chevalier sire de Villotran ; Hugues de Villotran : Drocon de Creil : l'administration de l'hôpital de Senlis.

En possession de ces biens considérables et de si importants privilèges, l'abbaye des Cisterciens subsista jusqu'en 1791 exerçant autour d'elle une grande influence, mais qui finit par s'amoindrir aux approches de la Révolution.

Du temps de Saint-Louis, elle entendit les accents éloquents de Vincent de Beauvais à qui quelques historiens donnent Boran pour berceau, opinion partagée par Graves.

En 1350, quelque temps après la funeste bataille de Crécy, Guillaume Bertrand de Briquebec, évêque de Beauvais, vient à Royaumont faire œuvre de conciliation entre la noblesse du Beauvaisis et celle du Vermandois divisés depuis le commencement de la guerre de cent ans.

Royaumont eut à souffrir de la puissance féodale de Charles le Mauvais qui exigea des moines beaucoup d'argent sous peine de destruction de l'abbaye. Plus heureux que le monastère de Saint-Leu-d'Esserent et d'autres situés dans l'Oise, Royaumont ne se ressentit pas de l'occupation anglaise. Evoqua-t-il chez le roi d'Angleterre le souvenir de Saint-Louis, fondateur de l'abbaye, l'un de ses aïeux maternels ? Les religieux subirent-ils sans protester les contributions de guerre exigées par nos ennemis ? Deux hypothèses admissibles. Toutefois, la conduite des moines ne fut pas considérée comme un acte antipatriotique, mais comme une nécessité et, en juin 1359, un acte de pardon leur fut octroyé par le dauphin Charles, régent du royaume.

Quelques années après, un arrêt du Parlement exempte les Bernardins des droits de pontenage, péage, rouage et autres servitudes par eau et par terre dans toute l'étendue des provinces françaises.

Les religieux intervinrent dans de nombreuses et diverses affaires sur les territoires de Montataire, Boran, Chambly, Gouvieux et Pont-Sainte-Maxence.

Celle de Boran concernait l'accord pour le pâturage entre le Lys et Boran fait en octobre 1357 avec Pierre de Précy, chevalier, demoiselle Jeanne de Gocourt et Pierre des Essars, bourgeois de Paris.

Vers la fin du xiv⁰ siècle, les religieux de Royaumont essaient de se soustraire à la juridiction de l'évêque de Beauvais, Milon de Dormans, mais ils ont affaire à forte partie et échouent dans leur entreprise.

Au commencement du xv⁰ siècle a lieu une autre grave discussion entre l'abbaye et l'autorité diocésaine au sujet de la collation et de la chapellenie de Montataire où les moines jouissaient de droits seigneuriaux. Elle se termine par un arrangement amiable ; à l'abbaye de Royaumont est réservée la proposition d'un chapelain, à l'évêque de Beauvais son approbation.

Cependant le monastère devait fatalement souffrir de nos discordes et de la guerre étrangère. Son pouvoir temporel s'effritait en même temps que disparaissaient progressivement les coutumes ecclésiastiques.

En 1493, l'abbé de Royaumont obtient du roi Charles VIII le rétablissement des fourches patibulaires de Montataire qui avait pour seigneurs les religieux de son monastère. A cette époque, l'abbaye ne dépendait plus en rien de l'autorité épiscopale de Beauvais, une nouvelle législation lui fut imposée. Elle visait surtout l'alimentation, l'esprit de pauvreté et la tenue des moines, le luxe et le faste des abbés, la régularité du cloître et l'hospitalité. L'ère des donations est à peu près terminée.

A partir de François Ier, Royaumont devient une abbaye à nomination royale dont le siège abbatial était resté vacant pendant 12 ans après la mort de dom Guillaume de Bruyères. Le premier abbé commendataire fut l'évêque de Soissons, Mathieu de Longuejoue que le roi chargea d'une mission diplomatique, celle de détacher Henri VIII de Charles le Quint.

Après la Saint-Barthélemy, l'abbaye de Royaumont, comme les autres monastères du diocèse de Beauvais, fut frappée d'une imposition royale qui diminua notablement ses finances. Sous Henri III les moines de Royaumont virent défiler devant l'abbaye, placée sur le chemin de l'Isle-Adam à Senlis, les fameuses processions blanches organisées par la superstition. Les abbés commendataires pour qui l'abbaye était surtout une source de revenus, ne tardèrent pas à réduire les religieux à la pauvreté. Leur nombre qui avait été de 180 environ au XIIIe siècle, s'était abaissé à 30 au XVe ; à la veille de la Révolution 10 frères Bernardins seulement se trouvaient dans l'abbaye.

Le cardinal de Richelieu y vint en 1635 apporter des réformes que les Cisterciens subirent plutôt qu'ils n'acceptèrent; ainsi que les protestants réduits à l'impuissance et les nobles abaissés, ils durent se courber sous la main de fer de l'énergique homme d'Etat qui travailla tant à fonder l'unité de la Patrie française.

Mazarin devint aussi abbé de Royaumont, lui dont les bénéfices lucratifs durent satisfaire l'avarice, mais par esprit de politique, l'ami et successeur de Richelieu, déjà pourvu de plusieurs abbayes et de l'évêché de Metz, se démit de celle de Royaumont en faveur d'un fils du comte d'Harcourt, le prince Alphonse Louis de Lorraine qui en fut l'abbé pendant 40 ans, de 1650 à 1689.

L'abbaye entra en affaires avec le fils du grand Condé à propos de la seigneurie de Coye; une sentence du Châtelet en date du 2 mars 1709 les termina à la satisfaction des deux parties. Le prince de Condé eut à sa charge le paiement de 300 livres de rente annuelle aux religieux de Royaumont qui lui cédèrent en échange un bâtiment aux étangs de Comelle, 303 arpents de bois y attenant, une carrière et deux étangs.

Des réparations et des modifications de mauvais goût furent faites après visites d'experts à l'église de l'abbaye dans la seconde moitié du XVIIe siècle; elles n'étaient pas en harmonie avec l'ensemble du grandiose édifice d'architecture gothique. Un chronogramme peint au-dessus d'un cadran solaire encore visible aujourd'hui, rappelle l'année au cours de laquelle furent exécutés ces travaux de réparation qui s'élevèrent à plus de 80,000 livres. Il est assez curieux, le voici : *Oculis non auribus Adsum.*

« Je m'adresse, non aux oreilles, mais aux yeux ». En additionnant, alignés en colonne, les lettres de cette phrase qui sont des chiffres romains, on obtient le chiffre 1672.

	100
	5
	50
O C V L I S N O N A V R I B V S	1
100 5 50 1 5 1 5	5
	1
A D S V M	5
500 5 1000	500
	5
	1000
	1672

Vers la même époque, les religieux n'ayant pas rendu la foi et hommage, ni fourni l'aveu et le dénombrement au sujet de la seigneurie de Montataire relevant du roi, une saisie féodale fut exercée sur leurs biens, mais ils protestèrent et obtinrent mainlevée; l'arrêt rendu déchargeait les ecclésiastiques du royaume de faire les foi, hommage, aveu et dénombrement accoutumés.

La décadence de Royaumont commence au XVIIIe siècle. La divergence d'idées et de pratiques entre les religieux et l'abbé François-Armand de Lorraine, successeur de son oncle le comte d'Harcourt, rend nécessaire une délimitation précise des menses abbatiale et conventuelle.

Nicolas Regnard, procureur au bailliage de Senlis, est choisi par les moines pour assister au partage devant le lieutenant général de Senlis.

Après l'assentiment des parties, ce partage est autorisé par arrêt du grand conseil du roi en août 1702 et passé par devant notaire. Trois lots égaux sont faits des biens, domaines et revenus de Royaumont. L'abbé commandataire et les religieux ont chacun le leur, un troisième reste pour garantir les charges ordinaires et extraordinaires. Dans l'énumération des richesses de l'abbaye, les étangs et bacs sur la rivière d'Oise sont estimés 100 livres de revenus ; la terre et la seigneurie de Belle-Eglise, 1,500 livres ; la seigneurie de Montataire, 1,050 livres ; les terres de Verberie, 400 livres ; les blés de Compiègne, 1,100 livres ; les fiefs de Senlis et de Gouvieux, chacun 75 livres ; le produit de l'aliénation des étangs de Comelle au prince de Condé, 300 livres ; rente sur le domaine de Pont-Sainte-Maxence, 62 livres 10 sous ; rente sur le domaine de Senlis, 8 livres 9 sous ; rente sur le bois de Favier, près Clermont, 40 livres.

La seigneurie de Royaumont à Nogent-les-Vierges, les terres de Sainte-Geneviève et de Précy acquises par les religieux constituaient une propriété rapportant 466 livres 10 sous 10 deniers de rente annuelle.

Le total des revenus atteignait la somme de 29,693 livres 28 sous et 9 deniers. Dès lors, le spirituel et le temporel formèrent deux choses distinctes et l'abbé n'intervint plus que rarement dans les affaires du monastère.

Un incendie, causé par le feu du ciel, le 26 avril 1760, vers deux heures du matin, consuma le clocher et le comble de l'église ; les six cloches et trois timbres de l'horloge furent complètement fondus et beaucoup d'archives précieuses et de titres importants furent détruits ou égarés. Ce désastre ne tarda pas à être réparé, grâce à la diligence du prieur dom Abel Bolle.

L'abbé de Royaumont, Fleury, archevêque de Tours, sacrifia ses revenus du bois de réserve de Bonnet ; et, de leur côté, les moines consacrèrent également leur part des mêmes revenus.

Par décret de l'Assemblée nationale, en date du 14 mai 1790, et en vertu de la loi du 22 mars 1791, l'abbaye fut mise en vente comme bien national. Jean-Joseph-Guy-Henry Bourguet de Guilhem, ci-devant marquis de Travannet, fut l'adjudicataire définitif des menses conventuelle et abbatiale de Royaumont et de ses dépendances moyennant la somme de 276,800 livres. Les terres de Viarmes, Seugy et Belloy étaient déjà sa propriété. Le 5 mai 1792, 32 arpents de terre, situés sur les territoires du Lys et de Boran, furent acquis par le sieur Crespé, de Senlis.

L'abbaye avait compté 39 abbés de 1228 à 1791 ; le premier fut Bartholomée et le dernier Henri-Eléonor Le Cornut de Ballivières, aumônier de Louis XVI, et surnommé l'Abbé de la Décadence. Il émigra à la suite des comtes d'Artois et de Provence et mourut à Vienne ou en Pologne vers 1795.

La commune de Paris, au début de 1792, intima au marquis de Travannet l'ordre de démolir l'église, chef-d'œuvre de Pierre de Montreuil. Des objets mobiliers allèrent enrichir les églises de Viarmes, d'Asnières et de Boran ; cette dernière paroisse possède une stalle de la fin du xv⁵ siècle classée parmi les monuments historiques et une statue de la Vierge et l'Enfant, en marbre blanc du xviii⁵ siècle. Cependant, le marquis de Travannet put soustraire au marteau des démolisseurs le mausolée du comte d'Harcourt, dû au ciseau de Coysevox et l'une des plus belles productions de la sculpture au xviii⁵ siècle. Il orne la petite église d'Asnières-sur-Oise depuis la Révolution.

De l'église abbatiale, il ne reste plus qu'un escalier de triforium de trente-trois mètres de hauteur et qui s'aperçoit à l'automne des rives de l'Oise.

Vers la fin du xviii⁵ siècle, le dortoir des moines fut converti en une filature de coton que le vicomte de Travannet, frère du marquis, exploita jusqu'en 1812. Cet établissement ferma ses portes jusqu'à ce qu'il eut passé aux mains de Joseph Van der Mersch qui se rendit acquéreur de l'abbaye en 1815. Possesseur d'une manufacture similaire à Menin (Belgique), Van der Mersch, voulant peut-être rester Français, alors que la Belgique reprenait son existence séparée, en vertu des traités de 1815, apporta sur les bords de la Thève un outillage perfectionné pour filer et tisser et joignit à la force d'un moteur hydraulique celle de deux machines à vapeur. De nombreux ouvriers flamands accompagnèrent leur patron et formèrent avec la population indigène le petit village de Royaumont qui vit s'élever des maisons construites avec les matériaux de l'église démolie.

Joseph Van der Mersch, dont la société était fort recherchée par les châtelains d'Asnières, de Baillon, de Gouvieux, de Creil, de Précy et de Boran, vendit, vers 1832, à M. le marquis de Bellissens, le château ou pavillon abbatial qu'avait fait construire l'abbé de Ballivières et qui rappelait par ses formes un palais florentin.

Une blanchisserie de calicot fut ajoutée à la manufacture, mais soit que la main-d'œuvre coûtât trop cher, soit qu'on manquât d'ouvriers ou qu'il y eût ralentissement dans la vente des produits, l'établissement industriel déclina vers 1862. Van der Mersch le céda à MM. de la Morinière, Blondin et Jarasson qui y installèrent des impressions sur étoffes, nouvelle industrie qui fut de courte durée.

D'un autre côté, le château avec toutes ses dépendances, après avoir appartenu peu de temps à M. Meurice, avait été vendu, en 1858, à M. Pilat, prédécesseur de M. Goïn.

Les pères Oblats qui connaissaient la famille Van der Mersch apparurent à Royaumont en 1864 ; ils acquirent le vieux monastère et en prirent possession le 25 août 1865, jour de la fête de Saint-Louis. Ces ecclésiastiques, représentés d'abord par MM. Magnan et Fayette, puis par MM. Fayette et Sardou, rue Saint-Pétersbourg, à Paris, firent de l'abbaye une maison d'éducation pour la préparation de missionnaires de leur ordre.

Peu de temps après la guerre de 1870, les Oblats louèrent avantageusement leur important immeuble aux sœurs de la Sainte-Famille, de Bordeaux, qui y établirent un orphelinat et un noviciat et en devinrent propriétaires vers 1880. Le nom de Madame Clavier et Cⁱᵉ, de Bordeaux, figure à la matrice des propriétés bâties de la commune d'Asnières, à partir de l'année 1882. Trois pères Oblats furent les aumôniers de ces dames, depuis leur arrivée à Royaumont jusqu'à leur départ.

L'application des décrets concernant les congrégations non autorisées mit ces religieuses dans l'obligation de quitter Royaumont, qui n'appartient plus actuellement, comme il y a cent ans, qu'à un seul propriétaire.

L'antique abbaye sera conservée dans son état présent par l'honorable M. Goïn qui a, dit-on, l'intention d'y fonder un musée. Nous souhaitons vivement qu'il la mette à exécution.

La visite du musée de Royaumont ne saurait être moins attrayante et instructive que celui de Chantilly, son riche voisin, sinon pour les collections éventuelles, du moins pour le rappel de tant de souvenirs de la vieille France.

E. Ménard.

PHYSIOLOGIE

DES

BALANCIERS ET DES AILERONS DES DIPTÈRES

Tout le monde connaît ce qu'on entend par *balanciers* (*halteres*) chez les Insectes. Ce sont deux minuscules organes, mobiles, latéraux, symétriques, voisins des ailes, constants chez tous les Diptères (*Diptera*) et consistant chacun en un petit appendice membraneux, dont la forme rappelle parfois celle d'un maillet ou d'une massue. Le plus souvent, ils se composent d'une tige frêle, filiforme, épanouie à son extrémité en un bouton triangulaire ou ovale, ressemblant « à une vessie dont le sommet serait tantôt concave et tantôt saillant » (Latreille). Ces petits organes sont susceptibles d'un très rapide *mouvement vibratoire*.

Dès l'âge héroïque de la science, on les avait nommés d'après l'idée qu'ils pouvaient donner du cylindre équilibriste d'un funambule : de là l'expression — qui est restée d'ailleurs — de *balanciers*. Mais la réflexion ayant fait reconnaître bientôt l'impossibilité d'une véritable similitude entre ces tiges frêles et presque imperceptibles, et le pesant accessoire des équilibristes, on proscrivit l'idée sans cesser toutefois d'employer le terme, et sans concevoir de notion plus positive, en sorte que, jusqu'ici, l'origine et le rôle de ces organes sont restés à peu près ignorés.

L'expérimentation seule peut nous mettre sur la voie.

I

Tout Diptère auquel on enlève les balanciers est privé de l'usage du vol. Un violent effort musculaire le lance en vain dans l'atmosphère ; il n'y peut se soutenir, et retombe généralement après forces culbutes, tournoyant plusieurs fois sur lui-même. Le plus souvent, un Diptère auquel on a arraché les balanciers ne tente même plus de s'envoler ; il ne le peut plus et le sent bien. De ses pattes postérieures, il frotte les côtés de son corselet, sous ses ailes, cherchant ainsi comme à dégager les précieux organes qui lui semblent embarrassés. Enfin, il tente un effort désespéré : mais il retombe presqu'aussitôt, et sur le dos.

Arrache-t-on, à une mouche, un seul balancier? Elle continue de voler du *côté non lésé* et tend *à tomber de l'autre*, ce qui achève de rendre inadmissible le prétendu rôle de contrepoids que joueraient ces organes; la chute fatale arrive enfin, de telle sorte que l'observateur peut acquérir la conviction de la nécessité des balanciers dans l'équilibre physiologique des *mouvements* chez les Diptères. Ces organes, d'ailleurs, sont si réellement indispensables dans l'économie de l'animal, que leur ablation, chez les petites espèces, entraîne la mort après une courte et violente agonie.

II

L'étude des balanciers est absolument inséparable de celle des *ailerons ou cueillerons* (*squamula*) : on nomme ainsi une sorte de minuscule « *écaille* » membraneuse, placée en dessous de la naissance des ailes et recouvrant en partie les balanciers. Ordinairement blanchâtre ou faiblement ambrée, arrondie et ciliée sur le pourtour, elle est constituée par l'assemblage de deux demi pièces concaves, réunies par l'un des bords; ces parties, que l'éminent Latreille comparait, non sans quelque vérité, « *aux battants d'une coquille bivalve* », sont superposées quand le Diptère est au repos ; elles se déploient et se placent ainsi sur un même plan quand l'insecte vole.

Étant donné que les ailes postérieures des autres Insectes prennent naissance à l'emplacement correspondant au point d'attache des balanciers et à celui des cueillerons, il résulte, si l'on met à profit les principes de la Philosophie anatomique formulés par Geoffroy, que d'une part, les balanciers et les ailerons remplacent les ailes postérieures chez les Diptères ; et que

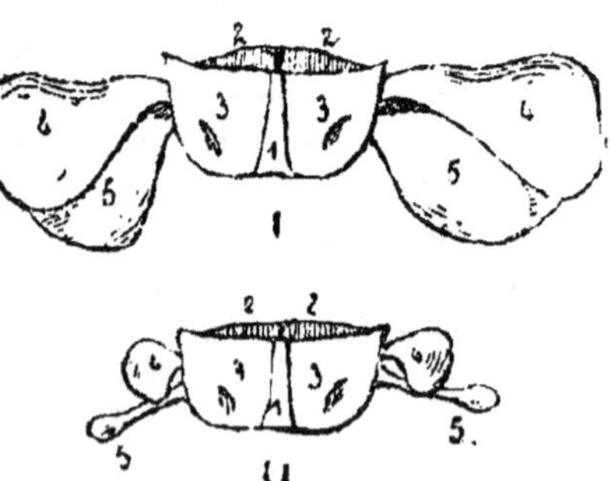

I. Segment des ailes postérieures d'un Névroptère. — II. Segment des balanciers d'un Diptère. — Les pièces désignées par des chiffres se correspondent respectivement.

En outre, chacun des segments I et II est formé de 9 parties solides qui en font l'équivalent des segments vertébraux des êtres supérieurs.

d'autre part, le segment caractérisé par la présence de ces ailes postérieures remplaçant, chez les autres Insectes, dans l'ordre des appareils solides, la vertèbre cérébelleuse des animaux supérieurs (Vertebrata, Intravertebrata), il en est de même de l'ensemble organique constitué par les ailerons et les balanciers.

On sait avec quel bonheur des principes analogues furent appliqués aux Crustacés par le Dr Robineau-Desvoidy, en dépit des clameurs de la réaction et du théologien Lordat.

Notre proposition n'étant néanmoins jusqu'ici qu'une conséquence des admirables théories du grand Geoffroy Saint-Hilaire, il est bien intéressant de voir avec quelle clarté et quelle évidence *l'anatomie fine et la physiologie la confirment :*

1° Les balanciers et les cueillerons remplacent les ailes postérieures. Comme les *nervures des ailes*, en effet, les *balanciers sont en communication avec les trachées voisines ;* de plus, et c'est là un fait depuis longtemps constaté, puisque déjà, en 1831, Latreille l'expose dans son cours d'Entomologie au Muséum, *le développement des cueillerons ou ailerons est toujours en raison inverse de celui des balanciers, ou vice-versa, ce qui indique assez clairement une étroite solidarité organique ;*

2° Le segment d'où émanent les balanciers et les cueillerons équivaut, chez les Diptères, à la vertèbre cérébelleuse des animaux supérieurs.

En effet, le cervelet des vertébrés sert à équilibrer les mouvements : nous avons vu, à cet égard, le rôle des balanciers ; et d'autre part, la lésion ou l'ablation simultanée des balanciers et des cueillerons entraine rapidement la paralysie complète des ailes.

III

Il y a plus : le développement du *cervelet* a lieu de pair avec celui des *organes de la génération.* Eh bien ! *Une mouche, privée de ses balanciers, est frappée d'une atrophie progressive des ovaires, et par conséquent de stérilité.* Ce fait n'est pas isolé : les ailes postérieures des pucerons, et principalement du terrible phylloxera, — ailes dont tiennent la place, chez les Diptères, les balanciers et les ailerons, — ne se développent guère *qu'au moment où une révolution interne de ces petits organismes les incite à s'assortir pour la propagation de l'espèce. A ce point de vue encore, le ganglion, d'où émanent les filets nerveux desservant les balanciers des Diptères, serait physiologiquement l'équivalent du cervelet.*

Dans d'autres travaux, nous verrons que l'unité de plan de composition s'applique aussi bien à tout autre système anatomique des Insectes. Mais, que l'on nous permette dès ici une courte réflexion ! Car nous ne saurions laisser une équivoque sur la façon dont tout esprit positif doit entendre cette « unité de plan ».

La conception surnaturaliste, il faut bien le dire, ne relève que de l'ignorance des faits les plus élémentaires de l'Histologie, de l'Embryogénie, de la Physiologie, de la Zoologie systématique et de la Paléontologie, en même temps que d'un manque absolu d'esprit critique.

S'il y a unité de plan de composition, c'est que les êtres organisés ont été *coulés au moule d'un milieu, qui, malgré l'inévitable fluctuation de son évolution générale, ou les variantes de ses transformations locales, se trouve toujours être fondamentalement le même milieu, puisqu'il procède toujours de la même matière, diversement groupée, mais essentiellement constante.* Ici, il n'a qu'ébauché ses productions organiques ; là, il a fait œuvre plus soignée, plus parfaite ; mais il a, en somme *et dans les grandes lignes de l'organisation,* produit partout œuvre parallèle, bien que plus ou moins complexe, plus ou moins achevée, sous des formes au premier abord bien différentes. Et ce n'est là, somme toute, que le commentaire positif de la proposition de Leibnitz, que Moquin-Tandon fit sienne, et que nous inscrivîmes en épigraphe de la Préface du Tome Ier de notre « Evolution et Transformisme » : l'*Unité dans la Variété!*

IV

Taxinomie. — Dans les classifications des Diptères jusqu'ici admises, on est réduit à invoquer comme caractères distinctifs des grandes divisions établies, le nombre de soies du suçoir, l'épaisseur de la trompe, la forme plus ou moins parfaitement ovale du troisième article des antennes, et autres minuties *privées de toute signification physiologique et philosophique.*

Au contraire, une classification nouvelle basée sur le développement relatif des pièces variables de la *vertèbre cérébelleuse,* présenterait sur les précédentes un double avantage :

1° *D'être fondée sur un ensemble de caractères uniforme, facile à embrasser, à examiner et à retenir ;*

2° *Ensemble qui cependant exclut l'arbitraire, en raison de l'importance organique de ladite vertèbre cérébelleuse* (§ I), importance qui affecte d'ailleurs :

a) *Les fonctions de nutrition,* présence de trachées (§ II) ;

b) *Les fonctions de relation* (v. § I et § II) ;

c) *Les fonctions de génération* (v. § III).

C'est en vertu de ces considérations que nous présentons ci-dessous un essai *de classification des Diptères réalisé dans cet esprit.*

DIPTERA

Caractères généraux. — Une seule paire d'ailes. Ailes postérieures remplacées par une paire de balanciers et de cueillerons.

I. — **Asquamulacea.**

(Acalyptera).

Cueillerons rudimentaires.

A. *Dolichocera :* Sepedon.
B. *Loxocerida :* Loxocera.
C. *Cordylurida :* Chyliza.
D. *Scatomyzida :* Scatophaga.
E. *Psilomyda :* Trigonometopus.
F. *Hortalydea :* Herina.
G. *Tephrydita :* Urophora.
H. *Sepsidea :* Sepsis.
I. *Leptopodita :* Calobata.
J. *Thyreophora :* Thyreophora.
K. *Cœlopida :* Ulidia.
L. *Lauxanida :* Lauxania.
M. *Hydromizida :* Dichœta.
N. *Piophylida :* Scotimyza.
O. *Sphœrocerida :* Limozyna.
P. *Heteromysida :* Odontocera.
Q. *Hypocera :* Conicera.

II. — **Microsquamulacea.**

Cueillerons petits ; balanciers caractérisés.

A. *Culicida :* Culex.
B. *Culicitipularia :* Tanypus.
C. *Terricolitipularia :* Dixa.
D. *Fongitipularia :* Platyura.
E. *Gallitipularia :* Psychoda.
F. *Floritipularia :* Scathopse.
G. *Tabania :* Hexatoma.
H. *Notacantha.*
  a) Sicaria : Plachystomus ;
  b) Xylophaga : Xylophagus ;
  c) Stratiomyda : Stratiomys.
I. *Tanystoma.*
  a) Mydasia : Mydas ;
  b) Asilica : Asilus ;
  c) Hybotida : Hybos ;
  d) Empida : Empis ;
  e) Acrocerida : Acrocera.
  f) Nemestrinida : Nemestrina ;
  g) Bombilia : Bombylius ;
  h) Anthracia : Anthrax.
J. *Brachystoma.*
  a) Xylostoma : Rupellia ;
  b) Leptida : Leptis ;
  c) Dolichopoda : Dolichopus
  d) Syrphida : Xylota.
K. *Athericera* (1re section).
  a) Scenopina : Scenopinus ;
  b) Cephalopsida : Pipunculus ;
  c) Lonchopterina : Lonchoptera ;
  d) Platypezina : Platypeza ;
  e) Conopsaria : Conops ;
  f) Myoparia : Zodion.

III. — **Macrosquamulacea.**

Cueillerons développés ; balanciers petits, par rapport aux ailerons.

A. *Athericera* (2e section) :
  a) Œstrida : Œstrus ;
  b) Muscida : Trixa. Musca.
  c) Anthomyzida.

  (Cueillerons plus petits que ceux des deux tribus précédentes, mais conservant un rapport de supériorité assez accusé relativement aux balanciers).

Aricia, Spilogaster, Hydrotea

Les genres Anthomya, Eriphia, Cœnosia et leurs analogues, et surtout le genre Pegomya, forment la transition des Diptères Macrosquamulacés aux Microsquamulacés.

Albert et Alexandre MARY.

ENQUÊTE

AUX ARCHIVES DÉPARTEMENTALES DE LA SOMME

pour servir à l'Histoire du Département de l'Oise.

(*Suite.*)

III

L'Industrie. — La Manufacture des pays d'Oise (1).

« De tous les groupements d'industries rurales, le plus étendu était formé au xviiie siècle par les tisseurs de laine, saiteurs et sergers disséminés à travers les campagnes entre Amiens et Beauvais (2). L'intérêt qui s'attache à cette ancienne industrie dont l'existence se prolongea jusqu'au milieu du xixe siècle, n'est pas seulement rétrospectif ; il dure encore : les métiers villageois avaient fixé au sol toute une population d'ouvriers agricoles et de petits cultivateurs qui dut se déplacer après leur disparition ; l'étude des anciennes industries rurales est à *la base de l'étude des mouvements de population* dans cette partie de la France. »

Les matières premières étaient fournies par le pays, les provinces limitrophes, l'Espagne, l'Angleterre, etc. ; la main d'œuvre locale donnait au tissage et à ses accessoires tout le temps laissé par le travail agricole, après la fabrication du cidre en octobre-novembre. La série C, des Archives départementales de la Somme, renseigne sur les trois centres principaux de fabrication, Amiens, Abbeville et le groupe des pays d'Oise : on y voit

---

(1) Sur le commerce à Beauvais, V. *Athénée du Beauvaisis, Mahu*, 1845, p. 381 et 1850, p. 439. Sur les fabriques d'étoffes, V. Lhuillier : *Choses du Vieux Beauvais*, p. 231 ; Cambry : *Description du département de l'Oise* 1, p. 39 et suiv. Almanach de Picardie de 1782, p. 48-79. E. Levasseur : *Histoire des Classes ouvrières* II, 2e éd. Paris, A. Rousseau, 1901, p. 230, 244, 245, 283, 264, 315, 318, 385, 388, 454, 479, 509, 690, etc.. On trouvera les meilleures indications dans cet excellent ouvrage, point de départ de toute monographie sérieuse. A. Demangeon : *la Picardie*. Paris, Colin, 1905, p. 261, 282, les ateliers ruraux de tisseurs d'étoffes entre Beauvais et Amiens. Il faudrait écrire sur la vie industrielle et économique d'autrefois dans nos pays d'Oise et Somme le pendant du livre d'A. de Calonne sur la *Vie agricole*, sous l'ancien régime dans le Nord de la France, Paris, Guillaumin 1887, 356 pp.

(2) Albert Demangeon, *la Picardie*, p. 282.

le mouvement de la fabrique, le nombre des métiers, des pièces, les difficultés, les crises, l'exportation : l'origine autour d'Aumale et Crèvecœur, la diffusion vers Saint-Just, Maignelay, Amiens, les catégories les « Aumales », les « Blicourt », les « Hanvoile », les « Tricot ». De ces ateliers ruraux les serges allaient aux moulins à foulon de Mouy et Ronquerolles, aux teintureries de Beauvais. La décadence de la fabrique s'accéléra à la fin du XVIIIe siècle et s'acheva en ruine dans la première moitié du XIXe siècle. On en trouvera dans les statistiques cantonales de Graves, avec les derniers chiffres, les derniers mouvements. Quelques indications sur les deux dates 1730 et 1750, dates caractéristiques de la fabrique des pays d'Oise suffiront ici : l'importance de la question, la richesse des sources de documentation seront suffisamment démontrées aux curieux de ces questions de science économique et industrielle.

*
* *

Le travail fut réglementé et réorganisé par lettres patentes de 1666, puis de 1717 ; les premières édictaient à l'article 16 la limitation à 10 métiers dans les maisons ; et aussitôt les saiteurs et hautelisseurs protestèrent contre cette gêne à la liberté, demandant à travailler selon leurs facultés et indiquant que 10 métiers en commun produisaient de 20 à 30 pièces par semaine, tandis que 25 métiers en fines marchandises ne produisaient dans le même temps que 5 à 6 pièces. Il était donc injuste d'appliquer un égal traitement à des choses différentes (C 147).

Les secondes lettres patentes de 1717 visent plus particulièrement la manière de fabriquer plusieurs sortes de serges et étoffes, celles de nos pays. Les fabricants « se relâchaient sur la largeur et la qualité des étoffes ». Les serges moyennes d'Aumale, Grandvilliers et Feuquières, tant blanches que grises, ont 40 portées de 38 fils chacune faisant 1,520 fils dans des rots de 31 pouces 3/4 de large. Une certaine liberté est laissée pour augmenter le nombre des portées et la largeur des rots : la longueur des pièces est de 40 à 42 aunes (1) au maximum.

Article 3. — Les serges larges de Crèvecœur, Hardivilliers, Blicourt, Pisseleu, Luchy, Tilloy auront 52 portées de 34 fils chacune et les étroites auront 42 portées au moins de 34 fils chacune et 20 aunes 1/2 de longueur.

Article 4. — Les serges de Tricot auront 45 portées de 30 fils

---

(1) L'aune de 1 m. 20 c.

chacune faisant 1,350 fils dans des rots de 39 pouces de largeur pour être de deux tiers d'aune de large et 21 aunes de long.

Les pénalités pour contravention, confiscation, amende, double à récidive et triple vont jusqu'à 100 livres (C 152).

Les marchands merciers en gros d'Amiens font les observations suivantes : « L'abus qui se commet dans la largeur et la qualité des serges et autres étoffes de Picardie provient de ce que les ouvriers et fabricants ne mettent pas dans la chaine le nombre des fils ordonnés ». Ils veulent qu'on tienne la main aux règlements de 1669 et de 1687 pour couvrir leur responsabilité. On achetait ces serges pour Amiens et Beauvais, aux halles d'Aumale et de Poix, à une seule porte, avec le plomb de fabrique (C 152).

Les inspecteurs des manufactures furent créés par édit du 7 octobre 1704 ; en 1738, les deux communautés des saiteurs et hautelisseurs jusqu'alors en querelles perpétuelles se fondirent en une seule : les saiteurs-hautelisseurs.

Les règlements abondent au xviiie siècle avec les procès-verbaux de visite des inspecteurs : en 1715, pour les tiretaines, fil et laine (C 150) ; en 1729, règlement des manufactures des pays d'Oise (C 152) ; en 1741 (C 195), visites à Feuquières (C 155), à Crèvecœur, abus des fabricants (C 156, 165), contraventions des sergers ; état des manufactures (C 159) de 1727 à 1743 ; la fabrication de l'anacoste de Crèvecœur en 1745 (C 207) ; les abus de la manufacture de Beauvais en 1745 (C 210), etc...

*
* *

En 1731, la manufacture de serges de Grandvilliers était en décadence ; la fabrication était discréditée par l'abondance de la production médiocre (C 173).

Il y avait 28 fabriques dans les villages environnant Grandvilliers, mais pas à Grandvilliers même. Le cent de laines de Senlis coûtait de 110 à 120 livres ; de Compiègne, de 105 à 115 ; les laines de pays valaient 100 livres le cent.

Les serges de Sarnois et Sarcus atteignaient le prix de 38 à 39 sols l'aune, foulées ; celles de Crèvecœur, 17 livres la pièce, non foulées.

Tableau de la fabrique en 1761 (1ᵉʳ semestre).

BUREAUX	MÉTIERS BATTANTS	MÉTIERS sans TRAVAIL	NOMBRE de FABRICANTS	PIÈCES D'ÉTOFFES fabriquées
Grandvilliers.............	198	302	254	2.638
Crèvecœur (31 villages).	746	399	560	8.347
Tilloy (9 villages)......	134	66	110	1.418
Hardivillers............	133	89	131	1.582
Luchy,................	28	7	31	336
Feuquières	159	139	201	2.127
Blicourt...............	2С	9	33	254
Tricot................	139	88	183	1.267
TOTAL GÉNÉRAL...	1.557	1.099	1.443	17.969
2ᵉ semestre	1.862	987	1.448	19.186
1732 (1ᵉʳ semestre)......	1.974	901	1.505	25.565
DIFFÉRENCES......	+ 132	— 86	+ 57	+ 6.379

Il y eut donc une assez vive reprise en 1732, mais la crise est
réelle : l'inspecteur Lochet de Vaudidou l'apprécie avec
justesse (C 173) (1) :

« Les fabricants, consultés sur leurs états, attribuent leur
décadence au peu de circulation de l'espèce et à la misère du
plat pays qui fait la consommation de leur étoffe. Pour ce qui
regarde leur teinture, ils sont d'avis d'un prompt remède... Les
marchés de Crèvecœur et Hardivillers se sont faiblement soutenus de même que les petites fabriques des environs à l'exception
de la fabrique d'*Auchy-Montagne* dont le travail consiste en
serges de couleur qui a repris faveur ; la cherté des matières est
comme dans les autres fabriques, la première cause de ce dérang-
ement parce que les marchandises n'ont pas suivi leur augmentation. Il est encore à observer que le commerce des serges de Crèvecœur se fait au comptant et que nombre de marchands se sont
plaints que, leurs fonds ne rentrant point, il n'était pas surpre-
nant de faiblir dans leurs achats. J'ai même remarqué que dans
les deux derniers marchés il ne s'était tiré que le quart des marchandises exposées en vente ». (Des réflexions suivent sur la

---

(1) Nous citons les textes inédits et complétons l'inventaire, très bien fourni
d'ailleurs de détails substantiels, selon la méthode ordinaire de M. G. Durand, archiviste de la Somme.

pauvreté de la fabrique). Elle les porte à réparer dans la fraude les pertes que le défaut de vente leur procure.

« La seule manufacture de Tricot s'est soutenue et l'on ne reconnait d'abus que dans l'aunage de ses étoffes que le foulon est dans le pernicieux usage de faire ».

L'inspecteur ajoute dans une lettre du 1er août 1733 :

« La manufacture de serges façon Crèvecœur n'a point repris faveur et, sans une diminution considérable sur le prix des matières, elle tombera toujours parce que les ouvriers qui composent cette fabrique, nés naturellement pauvres, sont ruinés depuis longtemps par le haut prix des matières et le bas compte de la marchandise façonnée.

« La fabrique de Tricot est parfaitement en règle, tant pour le nombre de fils que pour la qualité des matières. Quelques abus se sont néanmoins glissés, tant de la part des foulons que des voituriers pour le transport des pièces défectueuses et sans plomb de fabrique... J'ai fait une tournée dans la partie du Beauvaisis qui dépend de mon inspection où j'ai reconnu plus de 300 métiers qui y sont établis depuis deux ans... Cette fabrique naissante nous enlève des fruits bien certains pour nos fabriques par l'emploi qu'elle fait des meilleures matières et des premières fileuses. Ainsi, il faut tâcher en lui donnant des règles de retrouver chez elle les avantages que nous perdons. Nos fabriques vont cesser de travailler à cause des moissons et ne recommenceront que le 15 novembre, vu la grande abondance de cidre qu'il y a à faire. »

*
* *

En 1753, la manufacture de Grandvilliers avait triplé sa production, et le mouvement de prospérité avait été ou stationnaire, ou parfois en légère hausse jusqu'en 1760, date de l'apogée de cette manufacture (C 232).

Tableau pour 1753.

BUREAUX	ÉTOFFES FABRIQUÉES	NOMBRE DE PIÈCES	OBSERVATIONS
Grandvilliers......	Aumale.........	7.606	
	Blicourt........	1.050	
Crèvecœur	id...........	23.410	2,685 livres payées
Hardivilliers......	id............	10.548 ·	à l'Inspecteur.
Tricot............	Tricot...	5.365	
Montdidier.........	id...........	768	
Tilloy.............	Blicourt........	2.738	
	TOTAL........	51.085	

Détail de la fabrication en 1754.

I

BUREAUX	PRIX DE L'AUNE en sols	PIÈCES		MÉTIERS	MÉTIERS VACANTS	FABRI- CANTS
		1er semestre	2e semestre			
Grandvilliers...	29-30	219	143	35	8	
	22-23	4.158	3.186	488	124	116
	26-27	48	19	27	2	
Feuquières.....	26-27	2.725	2.142	269	15	
Crèvecœur.....	22-23	8.378	5.222	354	23	765
Hardivilliers ...	19-20	10.944	10.204	381	42	
Tricot..........	54 à 56	3.034	3.462	245	27	175
TOTAL GÉNÉRAL....		29.556	24.578	1.769	241	1.056

II

BUREAUX	DESTINATION	MATIÈRES PREMIÈRES
Grandvilliers...	Aumales fortes pour meu- bles et imprimerie.....	Laines Soissons, 1 l.5 s. la livre.
	Aumales communes (dou- blures d'habits........	Laines pays, 1 l. 3 s.
	Aumales grises (jupons et ahautoirs..............	Rebuts de laine.
Feuquières.....	Blicourt fins (doublures).	Londinières-Normandie.
Crèvecœur.....	Blicourt ordinaires (doub.)	Buchy.
Hardivilliers ...	Blicourt communs (dou- blures du menu peuple).	Laines de pays.
Tricot..........	Tricot pour les troupes et le menu peuple.........	Laines de pays, pelures de Senlis et Noyon.

Production de 1756 à 1760 (1er semestre).

ANNÉES	PIÈCES	VALEUR EN ARGENT	OBSERVATIONS
1756	28.507	1.172.130 l. 9 s. 6 d.	Ventes forcées dans
1757	29.981	1.282.330 l. 8 s.	les petits fabricants
1758	30.606	1.282.162 l. 4 s. 9 d.	de Blicourt.
1759	31.831	1.437.182 l.	
1760	29.840	1.275.517 l. 1 s.	
2e semestre.			
1756	24.983	991.750 l.	Moins de travail
1757	20.265	860.365 l.	(moisson).
1758	23.478	1.100.231 l.	
1759	20.507	991.291 l.	
1760	22.985	1.100.028 l.	

Ainsi, en 1760, la fabrique d'étoffes de l'Oise se maintenait au même niveau qu'en 1759, mais elle était inférieure de plus de 1,000 pièces à 1758. Elle avait atteint le chiffre de 54,000 pièces contre 18,000 environ en 1731, mais elle s'arrêtait à cette production triple pour entrer en décadence.

Les serges reculèrent devant les étoffes de coton et les draps du Centre ; ces drames économiques des avilissements de salaires, ces crises de transformations d'industrie condamnées furent atténués dans la main-d'œuvre rurale par la vie agricole, par l'adoption de la bonneterie, de la tabletterie, de la lunetterie. Qui donc écrira chez nous cette histoire aux chapitres émouvants de l'existence des salariés des industries rurales ?

BIBLIOGRAPHIE

Guillaume de Flavy, Capitaine de Compiègne. — Contribution à l'histoire de Jeanne d'Arc et à l'étude de la vie militaire et privée au XVe siècle.

Tel est le titre sous lequel M. Pierre Champion, archiviste-paléographe, vient de publier sa thèse très remarquée de l'école des Chartes (1). Tous ceux qui s'intéressent à l'histoire de la Picardie et particulièrement du département de l'Oise liront avec le plus vif intérêt cette étude qui fait revivre d'une façon saisissante l'une des plus curieuses figures du xve siècle et montre, grâce à de nombreux documents inédits, ce qu'était, à cette époque, les mœurs de certains personnages sur la moralité desquels plus d'un savait à quoi s'en tenir.

L'auteur a surtout utilisé la chronique du picard Mathieu d'Escouchy et les mémoires de Jacques Duclercq ; comme documents originaux, en premier lieu, les archives de Compiègne, puis celles d'Abbeville, de Beauvais, Châlons, Crépy-en-Valois, Douai, Laon, Noyon, Péronne, Reims, Saint-Quentin et Senlis, enfin, — et c'est là ce qui a demandé le plus de patience — les registres du Parlement de Paris (série du criminel en particulier). De toutes ces recherches est sorti un travail qui fait honneur à M. Champion et dont nous ne saurions mieux indiquer le but qu'en citant ses propres paroles : « Guillaume de Flavy n'est plus un étranger, un condottière de troupes internationales : c'est un régional de cette « colérique Picardie » au service du roi Charles VII. défenseur de l'ordre par les moyens les plus irréguliers, confondant et son intérêt personnel et le service de la monarchie, usant d'ailleurs des plus abominables moyens pour parvenir à ses fins... Le second point de vue, qui doit attirer notre attention, est formé par un ensemble de documents qui nous permettent de retracer l'existence intime et la vie passion-

---

(1) Paris, Honoré Champion, 1906, in-8, 3 pl. Voir dans Soc. histor. de Compiègne Proc.-Verb. XIV, 1905, un compte-rendu critique du compétent secrétaire M. de Bonnault (p. 128-138).

nelle d'une femme, Blanche d'Overbreuc, épouse de Guillaume
de Flavy... Ici, une très jeune femme a joué un rôle de première
importance : étrange, enfantine et cruelle figure qui déconcerte
dans cette période où volontiers la femme s'efface... »

Essayons donc de résumer, ici, cette étude et de retracer en
quelques lignes la vie de ce capitaine, vie qui fut un vrai roman
où la bravoure se mêla à la cruauté et au despotisme.

Guillaume de Flavy naquit vers 1398 d'une famille picarde.
Son père, Raoul de Flavy, avait épousé Blanche de Nesle,
fille de Jean de Nesle, seigneur d'Offémont et d'Adde de Mailly.
De ce mariage, il eut six fils. Trois d'entre eux suivirent le parti
bourguignon, les trois autres (dont Guillaume), le parti français.

Guillaume embrassa de bonne heure la carrière militaire. Dès
1417, il paraissait à l'escalade de la citadelle du Mont-Sainte-
Catherine à Rouen. Il paraissait ensuite, en 1421, à Saint-Riquier
où il avait pris part au rassemblement de Guy de Nesles, seigneur
d'Offémont, et de Ponton de Xaintrilles qui s'étaient jetés dans
la place pour secourir Jacques d'Harcourt assiégé par Philippe
le Bon. La même année, il assistait à la bataille de Mons-en-
Vimeu où il était laissé comme mort sur le champ de bataille.
Après quelques années où il semble avoir vécu assez misérable-
ment, nous le retrouvons en 1427, remplissant une mission
secrète de la part du dauphin auprès de Jean Ier, comte de Foix.

Guillaume de Flavy prit ensuite part à la campagne de l'Argonne (1427-1428). « La défense de quelques places françaises,
séparées par la Picardie bourguignonne et la Champagne anglaise,
de tout pouvoir effectif du dauphin, aux limites extrêmes de la
France, a un sens spécial : elle détermina le milieu d'exaltation
naturelle qui décida de la mission de Jeanne d'Arc ». Les habitants de Beaumont, en Argonne, appelèrent, en 1427, Guillaume
de Flavy qui fut leur capitaine au nom du dauphin de France.
Malgré sa vigoureuse défense contre l'armée de Jean de Luxembourg, il dut capituler. Il ne fut pas plus heureux à Neuville-
sur-Meuse.

La campagne de l'Oise (1429-1430) allait être beaucoup plus
glorieuse pour Guillaume de Flavy. Charles VII était entré, le
18 août 1429, à Compiègne, qui s'était rendu au parti français.
Pendant son séjour dans cette ville, il avait reçu la soumission
de la plupart des villes du Beauvaisis et de l'Ile-de-France.
Guillaume était en même temps nommé capitaine de la place.

Philippe le Bon ne pouvait se résigner à perdre les villes du
Beauvaisis. Le 12 septembre 1429, il faisait savoir son mécconten-
tement à la commune de Beauvais ; il déclarait que, par traité
signé avec le roi, Creil, Compiègne et Senlis étaient en sa garde.

Les habitants de Compiègne, de leur côté, ne voulaient pas se livrer au duc. Guillaume, qui, au commencement, avait paru faiblir, se prépara, dès lors, à mettre la ville en état de défense, car les forces des Bourguignons devenaient de plus en plus menaçantes.

Le 1er mai 1430, Philippe le Bon était à Noyon, puis il se portait devant Choisy après avoir fait rétablir les ponts de Sempigny et d'Ourscamp. C'est à ce moment que Jeanne d'Arc parut. Elle essaya avec une troupe de 2,000 hommes de dégager Choisy, mais ce fut en vain, la petite ville se rendit.

Le siège de Compiègne se resserrait de plus en plus. Jeanne était rentrée dans la place le 23 mai. Quelques heures après son arrivée, elle résolut de tenter un coup de main. Il s'agissait d'enlever le poste de Baudot de Noyelles à la tête de la chaussée de Margny. On sait qu'après avoir réussi, Jeanne fut coupée dans sa retraite et faite prisonnière au moment où le pont-levis de Compiègne se relevait.

Après cet évènement, les Bourguignons resserrèrent encore plus leurs lignes d'investissement. Guillaume de Flavy, de son côté, déployait avec ses deux frères, Charles et Louis, une extraordinaire activité. Le comte de Vendôme arrivait alors pour lui porter secours. Plusieurs bastilles construites par les assiégeants étaient enlevées. Au même moment, les Anglais, non payés, étaient en retraite sur la Normandie ; Philippe le Bon n'avait plus, en effet, d'argent. Toutes ses troupes se retirèrent bientôt à Compiègne qui était libre : « On devait ce résultat immense au courage et à l'intelligence militaire de Guillaume de Flavy ». Le duc, peu de temps après, gagnait le Brabant, décidé « à passer le reste de l'hiver au milieu des somptueuses fêtes dont la cour de Bourgogne avait le secret ».

Le siège de Compiègne était à peine levé qu'il se produisit dans le pays de Noyon, Laon, Reims, Soissons, Beauvais, un véritable soulèvement contre les Anglo-Bourguignons. Les campagnes étaient ruinées, les villages incendiés et les paysans odieusement pressurés. C'était le moment de ces petites guerres auxquelles se livraient ces chefs de bande de pillards dont on avait à redouter l'approche à chaque instant. Guillaume de Flavy, en particulier, fit la chasse contre le pays bourguignon de Noyon. « Il opérait dans une contrée limitée et toujours en pays bourguignon », tout en étant une sorte de personnage officiel, capitaine d'une citadelle frontière.

En 1432, Guillaume, avec son frère Charles, incendie les faubourgs de la porte Saint-Jacques, à Noyon. Puis, il entre en guerre avec Jean de Luxembourg, représentant du duc de Bourgogne, et parvient à signer une trève avantageuse pour lui. En juillet 1433, il recommence à piller la région.

C'est alors que le connétable de Richemont fut envoyé pour mettre à la raison les gens du roi qui, comme Guillaume de Flavy, ravageaient toute la contrée. L'arrestation de ce dernier avait été décidée. Le connétable entra dans Compiègne et le fit emprisonner aussitôt. Le capitaine ne dut la vie sauve qu'à la condition de ne jamais reparaître dans la ville (1436).

Cependant, en mars 1437, avec l'aide de ses frères et de la garnison fidèle de Compiègne, Guillaume parvenait à rentrer dans la place. Il devenait tout puissant et faisait mourir, dans un cachot du donjon de Nesles-en-Tardenois, le maréchal Pierre des Rieux, neveu du connétable de Richemont. Après tant de crimes et de méfaits, il obtenait, en 1441, des lettres de rémission.

L'histoire de Guillaume de Flavy et de sa femme Blanche d'Overbreuc forme la dernière partie de l'ouvrage de M. Champion. C'est un sombre drame dont certaines parties pourraient paraître de pure imagination si elles ne reposaient sur des documents incontestables. En 1436, Guillaume de Flavy avait rencontré Blanche d'Overbreuc, vicomtesse d'Acy, qui possédait le beau château de Nesles-en-Tardenois, les domaines de Coulonges, Cohan, Villers, Janville, Elincourt, Tilloy, Herly et bien d'autres terres en Picardie et en Boulonnais. Il l'épousa à dix ans. Luimême approchait de la quarantaine. Il commença à déployer toute son activité et sa ruse au sujet de l'héritage de la vicomté d'Acy. Puis, il fit mourir son beau-père, en 1439, dans un cachot parce qu'il avait osé se plaindre au roi de ce qu'il ne recevait pas la rente qui lui avait été promise.

En 1445, arriva dans le pays de Noyon un capitaine de fortune, Pierre de Louvain. Sa garnison était Noyon même. Il fit naturellement la connaissance de Guillaume de Flavy et surtout de sa femme pour laquelle il se prit de suite d'une grande passion. Blanche était très malheureuse avec son mari qui la traitait brutalement. Elle résolut avec Pierre de Louvain de le faire disparaître. Le 9 mars 1449, après diverses tentatives et quelques hésitations, Guillaume fut étouffé dans son lit avec un oreiller. La scène s'était passée à Nesles.

Charles et Hector de Flavy furent autorisés par le Parlement à poursuivre la mort de leur frère. Blanche d'Overbreuc et Pierre de Louvain furent enfermés. Quelques mois plus tard, la première obtenait une lettre de rémission et le second était réintégré dans sa charge de capitaine et partait pour la conquête de la Normandie, puis, pour la campagne de Guyenne où il devait se couvrir de gloire. Tous d'eux, d'ailleurs, s'étaient mariés en 1450,

mais leur union ne fut pas heureuse ; les frères de Flavy se
liguèrent contre Pierre de Louvain qui périt, en 1464, dans une
embuscade dressée par les gens de Raoul sur le chemin de
Compiègne à Berzy.

Ainsi se termina cette tragique histoire que M. Pierre Champion a su faire revivre dans un langage clair et concis. Nous lui
adressons à nouveau tous nos compliments. Nous sommes en
droit de fonder de sérieuses espérances sur un début aussi
heureux.

Amédée Boinet.

A. Gazier. — **Mémoires de Godefroi Hermant, docteur de
Sorbonne, chanoine de Beauvais, ancien recteur de
l'Université, sur l'Histoire ecclésiastique du XVIIᵉ siècle
(1630-1663).**

Nous avons eu en 1905 les deux premiers des 5 volumes (1) de
cette très importante publication dont nous sommes redevables
à M. A. Gazier, professeur à la Faculté des lettres de Paris. Grâce
à cette initiative généreuse inspirée par un dévouement des plus
hautement désintéressés à la cause de la vérité dans l'histoire,
un document de premier ordre trop méconnu nous est presque
révélé ; une des sources capitales de l'histoire religieuse si
importante du xviiᵉ siècle est mise sous les yeux du public. Les
Mémoires du jésuite Rapin et son *Histoire du Jansénisme* y ont
leur contre partie exacte, leur réfutation parallèle ; pour aller
au fond des choses et se faire une opinion raisonnée, désormais
tout lettré devra lire Hermant dans l'édition Gazier. L'érudition
si justement réputée de l'éditeur en histoire et littérature religieuses n'y apparaît qu'en quelques sobres éclaircissements : c'est
qu'il a voulu se borner à fournir, sans commentaire, un instrument de travail et de critique, les faits, les documents, les
jugements de Godefroi Hermant, témoin partial, mais de la plus

---

(1) Paris, Plon, tome 1, 1630-1652, in-8°, xv et 717 p. et ii, 1653-1655, 744 p. Le ms.
autographe B. Nat, f. fr. 17725-17729, est d'un déchiffrement pénible. M. Gazier en
possède une excellente copie de 1700 environ, en sept vol. petit in-8, faite après
révision et correction du ms. original, d'où le très grand intérêt de l'édition actuelle.

haute probité, écrivain lourd et archaïque mais d'une scrupuleuse véracité (1).

Né le 6 février 1617 à Beauvais, mort à Paris le 11 juillet 1691, inhumé dans la cathédrale de Beauvais dont il était chanoine théologal, G. Hermant vécut longtemps à Beauvais. Elève au collège de sa ville natale, puis professeur de 19 à 22 ans, après ses études théologiques à Paris, il eut bientôt un renom de grande érudition, prit la défense de l'Université de Paris contre les Jésuites, et en fut recteur plusieurs fois.

Il parle beaucoup de Beauvais dans ses mémoires. On pourrait presque dire qu'il en parle trop, si Beauvais n'avait pas tenu dans l'histoire religieuse du temps une des premières places. Pour notre région, l'œuvre de G. Hermant, qui a tant servi à Sainte-Beuve pour son *Port-Royal*, présente l'intérêt de l'histoire générale, accru de l'intérêt particulier de l'histoire locale.

Le premier volume raconte les événements de 1630 à 1652; la période de 1630 à 1640 n'est elle-même qu'une introduction de cent pages. A partir de 1640 l'auteur relate la formation définitive et les progrès du jansénisme : la *Fréquente Communion* d'Arnauld (1643) est l'objet d'une étude détaillée qui remet bien cet ouvrage dans les circonstances contemporaines. Année par année, Hermant note les étapes rapides, multipliées des doctrines et des luttes du temps, l'action des Jésuites travaillant pour la suprématie de la cour de Rome, les conflits créés par eux, entre les lois ecclésiastiques et les lois civiles, entre Rome et l'Etat. On voit l'ultramontanisme grandir peu à peu et se préparer les Formulaires et la Bulle Unigenitus contre l'épiscopat gallican.

G. Hermant dépeint les directeurs de conscience jansénistes du xviie siècle en des traits si vivants que Sainte-Beuve les a repris pour son compte (2) : il s'agit du legs d'un million fait par M. de Chavigny à Port-Royal, pour l'employer en œuvres pies (p. 670 à 697) et qui servit de thème de calomnies aux Jésuites.

La fin du premier volume nous montre Choart de Buzenval à

---

(1) La biographie de **G. Hermant** a été écrite par son compatriote Adrien Baillet. Amsterdam, 1717, 160 p. in-12. La Bibl. munic. de Beauvais possède une copie de son *Histoire ecclésiastique et civile de Beauvais et du Beauvaisis* dont le ms. est à la B. Nat. f. f. 8570 à 8583. De nombreuses pièces justificatives de cette histoire sont conservées dans les collections Bucquet (n° 27) et de Troussures (à la bibliothèque de M. de Troussures, 2 vol. in 4°). Les auteurs de l'*Histoire du Beauvaisis* au xviiie siècle, Borel, Bucquet, Danse, l'ont beaucoup suivi et en faisaient grand cas. Dans son ouvrage sur *Choart de Buzenval* (Paris, Didot, 1902, in-8°, xix et 286 p.), M. Jean Gaillard a esquissé le portrait de Godefroi Hermant, le premier et le plus actif collaborateur de l'évêque de Beauvais, p. 57 à 84.

Pour l'histoire ecclésiastique du xviiie siècle, la Bibl. mun. de Beauvais possède le *Journal* manuscrit de l'épiscopat de l'évêque de Gesvres.

(2) Port-Royal. II. 552-569. éd. de 1888.

ses débuts dans l'épiscopat à Beauvais, aux prises avec des difficultés que lui créèrent quelques chanoines de la cathédrale conduits par le doyen Chaillou. Cette faction soutint le P. Noël, gardien des Cordeliers de Beauvais, qui avait donné lieu à des plaintes au sujet de certains de ses sermons à la cathédrale et qui, pour braver l'évêque, prêchait l'avent dans son couvent l'après-midi, contre tout usage et sur la matière controversée de la grâce selon Molina. L'évêque lui interdit toute prédication. « Ce furent là comme les premières étincelles du feu que la passion du Chapitre alluma dans le diocèse de Beauvais » (p. 670) (1).

.

Le tome II ne contient que l'histoire des trois années 1653, 1654 et 1655, mais combien riches d'incidents et d'évènements, de livres, libelles et prédications combatives, d'assemblées et de correspondances, d'attaques et de ripostes ! L'historien de ces luttes ecclésiastiques, parfois portées à l'excès comme dans l'affaire du duc de Liancourt et de son confesseur sulpicien (p. 624), nous transporte sans transition à Paris, à Sens, en Flandre et en Bretagne, à Rome et au Louvre ; il nous montre, dans ce décousu du nouvelliste qui sait tout, l'universalité des haines religieuses impitoyables.

Les Jésuites « propres à tout faire hors le bien » (p 415) mettent les jansénistes plus bas que les calvinistes ; ils entrent en lutte avec les curés dans leurs propres églises (2) ; ils impriment et colportent des livres odieux et diffamatoires propres à avilir l'esprit religieux aux yeux des moins prévenus.

L'anarchie règne, comme au temps de la Ligue, et les chanoines des chapitres se révoltent contre les évêques, écrivent au pape contre eux, discutent leurs droits, ruinent leur autorité, se complaisent dans l'illégalité. Le pouvoir royal s'en mêle avec Mazarin qui convoque l'assemblée partielle des évêques au Louvre (3) pour plaire au pape. Forts de cette intervention, les chapitres, comme celui de Beauvais, veulent renseigner Rome directement, méconnaissant toute hiérarchie et tout respect des droits ecclésiastiques, dont ils se proclament cependant les meilleurs soutiens.

---

(1) Sur les démêlés entre le chapitre de Beauvais et Choart de Buzenval les sources manuscrites sont, avec G. Hermant, les *Mémoires* de l'Evêché de Beauvais de Jean le Caron, bibliothécaire de l'Evêché sous Ch. de B. et Forbin-Janson, Arch. dép. Oise 82; Pouillé de 1707, mêmes Arch. Voir là-dessus le résumé fait par Jean Gaillard, Choart de B., p. 161-231.

(2) Affaire du curé de Saint-Paul à Paris, p. 490.

(3) P. 464 et suiv.

Telles sont les circonstances préliminaires de la condamnation d'Arnauld, c'est-à-dire de l'histoire même des premières *Provinciales*. Ce fait littéraire connu de tous doit, pour être bien compris, être replacé dans les troublantes actualités contemporaines. Et ce sont toujours aussi des actualités ces enseignements de l'histoire religieuse.

La publication qui semble engagée avec une grande vigueur et à courtes échéances nous promet bientôt les autres volumes. M. A. Gazier a droit à toute notre gratitude pour ce labeur plein d'abnégation.

FERDINAND DREYFUS. — **Un Philanthrope d'autrefois : le duc de La Rochefoucauld-Liancourt (1747-1827).**

Ce grand travail (1) paru en 1903, couronné en 1904 par l'Académie française (prix Montyon) présente un intérêt capital pour l'Oise. C'est un livre capable de satisfaire les historiens, les éducateurs, les économistes, les philanthropes et les simples lecteurs. Les incidents dramatiques abondent dans cette vie si remplie, en une période de crise et de transition où s'élabora la France moderne. Ce duc et pair issu de l'ancien régime n'a rien de celui-ci : il regarde en avant; il a connu à l'étranger les secrets des questions sociales. C'est un ouvrier de la cité future. Aussi les instituteurs trouveront-ils de belles pages à lire, des traits de caractère à souligner pour les faire servir à l'éducation morale des adultes, des leçons civiques à emprunter à l'admirable ouvrage de M. Ferdinand Dreyfus. Le Conseil général, en le mettant à la disposition des trente-cinq cantons, a indiqué tout le cas qu'il fallait faire de ce livre où un personnage illustre du département est pour la première fois étudié sous tous ses aspects avec une méthode scientifique.

A la vie du duc de La Rochefoucauld par son fils Frédéric-Gaëtan (1831), aux éloges et notices du temps, œuvres de circonstance et trop contemporaines, vient se substituer une étude critique basée sur les sources d'archives, sur les ouvrages et écrits de La Rochefoucauld-Liancourt, opinions, discours et rapports imprimés, manuscrits et lettres. M. Ferdinand Dreyfus possède des lettres inédites ; il y en a aussi aux Archives dépar-

---

(1) In-8°. Paris, Plon, 1903, xvi et 547 p.

tementales de l'Oise, adressées au Préfet de l'Oise dont il fut le collaborateur écouté dans l'organisation et l'établissement de l'Enseignement mutuel.

La biographie est appuyée sur les sources les plus certaines, et M. Ferdinand Dreyfus n'ignore aucun des ouvrages de première ou de seconde main qui donnent le mieux l'impression des circonstances contemporaines, ouvrages locaux (1), ouvrages généraux, époque révolutionnaire, doctrines économiques, assistance. On sait qu'il a une particulière compétence en ces matières ; il est très au fait de toutes les idées et plans sur l'assistance sociale de 1789 à 1850, époque où son personnage a exercé une influence ou subi lui-même l'action du milieu contemporain. Aussi le portrait moral, la vie, les traits intellectuels de son héros s'enlèvent-ils en pleine lumière dans un cadre bien peint.

Né en 1747 à la Roche-Guyon, près de nous, le duc de La Rochefoucauld était un homme mûr en 1789 : son éducation libérale l'avait préparé à jouer un rôle de premier ordre dans les réformes, si le roi avait pu ressembler à ce bon serviteur, grand-maître de la chambre, royaliste et démocrate, et s'il avait pu *vouloir* des réformes. Lorsqu'il fut contraint d'émigrer, La Rochefoucauld tourna le dos à Coblentz et s'en alla dans la libre Amérique compléter son éducation anglaise ; il revint en France en 1799, après avoir passé par l'Allemagne et Hambourg ; rayé de la liste des émigrés le 21 avril 1800, il essaya de se rendre utile dans le modeste rôle de créateur d'institutions sociales modernes ; il reprit à la Restauration l'activité du militant pour lutter avec les libéraux en faveur des conquêtes de la Révolution. Martyr du libéralisme, il fut pour ses amis à sa mort en 1827 une victime à venger, et la royauté paya en partie, aux journées de juillet 1830, le scandale de ses obsèques et son cercueil arraché par la police à ses porteurs, les élèves des écoles d'arts et métiers qu'il avait fondées.

L'auteur a donné tout le relief désirable aux différents points de cette biographie si riche de détails : La Rochefoucauld connut dans le salon de sa mère les encyclopédistes et leurs principes économiques : il fit un premier voyage en Angleterre en 1768, à vingt et un ans, s'y instruisit par des leçons de choses nombreuses sur l'agriculture, l'industrie, l'élève des bestiaux, l'agronomie pratique et la tenue d'une ferme ; il compléta ces leçons en Suisse en 1770 ; il servait quatre mois par an à son régiment

---

(1) Louis Hubert, Crèvecœur-le-Grand (in-8°, Saint-Quentin, 1870). Lucis, Monographie du canton de Liancourt (in-12°. Clermont, 1894). Émile Rousse, La Roche-Guyon (in-12°, Paris, 1892). Abbé Seillier, Crèvecœur-le-Grand (mém. *Soc. Ac. Oise*, 1895).

de dragons et trouvait le moyen de concilier études, voyages,
service militaire, fonction à la cour et gestion de ses domaines.

La Relation anonyme de la dernière Maladie de Louis XV,
dont le manuscrit incomplet est à la bibliothèque de l'Arsenal,
est attribuée par l'auteur, sans discussion et d'après les autres
historiens, au duc de La Rochefoucauld : le ton de mépris en
est très vif. Ami de Turgot, disgrâcié en 1776, médiocrement
goûté par Marie-Antoinette, le duc se mêla au mouvement réfor-
mateur des assemblées provinciales de 1788, à la rédaction des
cahiers de 1789 et il exprima le premier, dans une lettre célèbre
au roi, le sentiment de responsabilité qui lie l'électeur et l'élu (1).
Ce royaliste comprenait la souveraineté du peuple, chose si
nouvelle en France, et dans la nuit historique du 14 au 15 juillet,
il pouvait trouver dans un pressentiment démocratique la
formule vraie : « C'est une grande révolution ! ». Il présida
l'Assemblée législative du 20 juillet au 4 août, reprit du service
et voulut favoriser la fuite du roi par la Normandie, après l'avoir
aidé de plus de 800,000 livres sur sa fortune personnelle. Le
14 août 1791, il envoya sa démission : il était temps pour lui de
fuir à grands risques, par Abbeville et le Crotoy, en Angleterre (2).

Il y retrouva des amis, surtout Arthur Young, qui était venu
le visiter à Liancourt et par qui nous connaissons la vie du châ-
telain de l'Oise comme gentilhomme-fermier.

Ses quatre ans de séjour en Amérique marquèrent d'une
profonde empreinte son caractère : cet ami de Franklin observa
beaucoup, réfléchit encore davantage et se prépara à la vie
civique d'un indépendant jusqu'en 1815. Manufacturier, il adop-
tait les métiers anglais de filature et de bonneterie : président du
Comité central de vaccination, parce qu'il avait rapporté d'Angleterre le procédé de Jenner, inspecteur général des écoles d'arts
et métiers, parce qu'il avait fondé la première école, en 1780, à
la ferme de la Faïencerie, à Liancourt, ayant une ferme modèle,
du bétail de race, des prairies artificielles, qui excitaient l'émulation des fermiers voisins, créateur de la Caisse d'épargne, dont
il avait rapporté l'idée de Hambourg, il comprenait toute science
sociale, même la vulgarisation par le livre de toute œuvre utile.
La Statistique industrielle du canton de Creil, à l'usage des manu-
facturiers de ce canton (Senlis, 1826, in-8º), est la manifestation
de cette opinion, que l'histoire locale pratique est là seulement
dans la vie économique et sociale. Selon le mot très juste de son

---

(1) F D p 65.

(2) On lira ce récit anecdotique, sans doute un peu dramatisé, p. 134, avec l'indication des sources, dont la meilleure est Prarond, le duc de La Rochefoucauld au
Crotoy *(Revue littéraire de Picardie)*.

historien, le duc de La Rochefoucauld fut le Franklin de la Restauration ; il se dévoua à l'Assistance, à l'enseignement populaire, à la prévoyance. Il réorganisa la première en l'humanisant et ne regarde aucun détail de l'hospitalisation, ou des services médicaux, ou des fournitures comme négligeable.

Tout était à faire en 1815 pour l'enseignement populaire. Carnot se consacra à cette œuvre colossale, dont le xixᵉ siècle a vu les étapes, de la loi Guizot de 1833 aux lois laïques de la troisième République. Liancourt avait traduit l'ouvrage anglais de Lancaster sur l'école mutuelle. Les premiers moniteurs et maîtres furent formés à Paris, à l'école de la rue Saint-Jean de Beauvais. Les royalistes et les catholiques attaquèrent beaucoup cette méthode « l'Étrangère », comme ils l'appelaient par une lourde ironie. M. Ferdinand Dreyfus a décrit dans le détail la participation de Liancourt à l'enseignement mutuel dans l'Oise et en général : il a parlé de ses brochures populaires, de son rôle dans la société pour l'instruction élémentaire, de son activité incessante. Peut-être manque-t-il à ce chapitre — et c'est le seul regret que le livre excellent de M. Ferdinand Dreyfus nous ait laissé — que la collaboration à l'œuvre départementale du préfet de Germiny n'ait pas été signalée avec plus de relief. Liancourt soutint le préfet très attaqué par la Congrégation. Mais son historien n'a pas trouvé de travail fait ou amorcé simplement là-dessus. Vers 1900, peu d'enquêteurs d'archives se tournaient encore vers les dossiers modernes non inventoriés et l'histoire du premier quart du xixᵉ siècle est, dans la plupart des cas, peu connue ou dénaturée par la légende (1).

La lettre inédite que nous avons trouvée avec d'autres (A. D. Oise T¹ 1) montre bien la nature des rapports du duc et pair et du préfet dans l'œuvre de l'école mutuelle. C'est une lettre-programme dont on appréciera toute l'importance documentaire :

Liancourt, le 28 septembre 1818 (2).

Je répondrai, Monsieur le Comte, à la lettre que vous m'avez fait l'honneur de m'écrire sur les embarras que donne l'établissement de l'enseignement mutuel sous le rapport des instituteurs, en vous répétant ce que je vous ai dit en conversation sur le même sujet. Il faut partir d'un

---

(1) Au Congrès des Sociétés savantes de Bordeaux (1903), nous avons communiqué un travail sur *L'Enseignement primaire de 1816 à 1833*. (Note du Secrétaire général).

(2) Le 21 août, le cardinal de La Luzerne avait attaqué l'E. M. dans la *Quotidienne*. A. de Laborde lui avait répondu dans le *Journal du Commerce* (29 août). Le 7 septembre, un pamphlet clérical soutenait que demander un diplôme aux Frères était créer une obligation subversive de leur Institut (!)

Dans l'Oise, il y avait, en septembre et octobre 1818, une guerre de libelles contre le préfet à cause de son arrêté du 1ᵉʳ août 1818, créant des commissions spéciales et temporaires pour la propagande de l'E. M.

point malheureusement incontestable ; tout déplorable qu'elle soit, c'est que notre législation sur l'instruction publique est nulle, absolument nulle. C'est bien par adresse, par constance, par une activité soutenue, que les autorités du département, que les particuliers bienveillants peuvent établir le mode, évidemment le meilleur de tout ce qui a contre elle, des préjugés, de l'habitude et de l'ignorance que les habits noirs savent très bien envenimer et perpétuer.

Vous vous plaignez avec raison des maîtres qu'envoie la Société de Paris. J'ai eu aussi à m'en plaindre et d'abord pour M. Capron (1) que j'ai trouvé ignorant, insubordonné et libertin, et pour son successeur que j'ai trouvé faible et mou. Je me suis élevé vingt fois à la Société contre la légèreté de choix et toujours applaudi sur les principes je n'ai pas été écouté sur leur application.

On a voulu promptement établir l'enseignement mutuel. On a demandé de partout des instituteurs à la Société. Elle a formé presque tous les individus qui, passablement recommandés, se sont adressés à elle. Quand elle les a vus instruits, elle les a envoyés aux demandeurs et l'ensemble de ses émissaires est plutôt mauvais que bon sous le rapport de la conduite et de la morale. Et cependant c'est la conduite et la morale qui sont les qualités essentielles d'un instituteur, surtout quand notre enseignement nécessaire est contrarié par un corps qui prêche la moralité et la religion en manquant souvent de l'une et de l'autre. J'entends par qualités morales aussi le caractère qui donne les moyens de commandement à l'intelligence qui sait mettre en pratique cette instruction, que l'homme ordinaire peut, quoi qu'on en dit, apprendre en quinze jours. Je suis donc persuadé, ainsi que j'ai eu l'honneur de vous le dire, que le meilleur moyen pour qui veut établir des écoles de cette nature est de choisir autour de soi, soit parmi les instituteurs du pays, soit parmi d'autres, des sujets moraux, de bonne réputation et doués des connaissances élémentaires nécessaires telles que l'orthographe et du caractère convenable. De tels hommes seront sans haute prétention et répondront aux intentions des fondateurs. Je crois toute autre marche incertaine. Elle est aussi la moins dispendieuse... Je fais venir de Châlons un élève qui s'y est formé à la nouvelle méthode que je veux même faire appliquer dans cette école aux sciences. J'espère qu'il me réussira parce que j'ai bien choisi ses qualités et son caractère.

Quant aux frères, ils tiennent à une association religieuse ; ils ont donc pour leur enseignement une pépinière toujours renaissante. Mais les prôneurs des écoles de frères ont pour objet de mettre l'instruction des peuples dans les mains des prêtres et je n'ai pas besoin de vous développer toute la profondeur de ce danger. D'ailleurs, leurs secours sont trop chers (2) : ils ne peuvent pas s'étendre à toutes les communes et c'est dans toutes les communes qu'il faut que l'instruction pénètre. Il faut donc se tenir autant que possible aux instituteurs actuels. Mais, comme vous le dites, il faudrait par arrondissement un instituteur supérieur, sage, éclairé, d'une bonne réputation et qui eût l'adresse et le savoir de faire adopter notre méthode dans toutes les écoles de village. Je ne prendrai pas le parti de la loi de finance que vous signalez comme rendant

---

(1) Capron fut instructeur dans la plupart des écoles des arrondissements de Beauvais et Clermont, du 8 septembre 1818 au 1er février 1820 (coût : 2,420 fr.).

(2) Il en faut toujours au moins deux, sinon trois et une dotation ainsi multipliée est chère. (N. D. L. R.)

souvent impossible l'exécution des mesures les plus essentielles aux intérêts même des communes. Mais, je pense que cette question qui en est une d'administration a été très mal défendue par les Ministres dont elle est l'affaire. La question n'est pas simple en elle-même. Simple la loi a raison. Compliquée comme elle l'est par le fait, la loi a tort. C'est cette complication qu'il appartenait aux Ministres de développer et de rendre évidente et ils auraient gagné la cause parce que la cause de la vérité et de la raison finit toujours par prévaloir.

J'espère vous voir bientôt et vous renouveler l'assurance de mon bien sincère attachement.

Le D. DE LA ROCHEFOUCAULD.

A côté des ignorants qu'il faut instruire, il y a le petit nombre de ceux qui ont commis crimes et délits parce qu'ils ne savaient pas. « Un homme qu'on instruit est un homme qu'on gagne », dit Hugo, à la visite d'un bagne qui lui a rappelé la responsabilité de la société. Liancourt s'attacha à la réforme pénitentiaire et son historien nous le montre ayant rapporté d'Angleterre et d'Amérique des idées nouvelles sur le régime des prisons. Il voulait moraliser le peuple par le travail agricole, mieux rémunérateur, le travail professionnel, plus intelligent, et surtout par l'épargne. Il y joignait l'action de propagande de la Société de Morale chrétienne, fondée en 1821, qu'il présida quelques années. Il lui avait donné comme programme de combattre l'ivrognerie, de conseiller l'épargne et la prévoyance, de défendre l'école mutuelle, de fonder des bibliothèques populaires. Mais, comme il y a des protestants et des libéraux dans cette société qui refuse une autre base que la morale évangélique la plus humaine, la plus générale, les méfiances catholiques, les inquiétudes policières sont excitées contre cette religion naturelle subversive. « Etre intolérant, disait Liancourt, c'est penser que la justice de Dieu est insuffisante... (1) ».

Tel fut cet homme d'action pratique, ce philanthrope et ce philosophe dont il faut lire le portrait complet, si bien peint par son récent historien. Il n'y a pas un lecteur de l'Oise qui puisse y rester insensible. Un pèlerinage à Liancourt, à ce tombeau d'un sage qui comprit le beau mot d'humanité dans toute son extension moderne, serait le complément d'une lecture éminemment morale.

---

(1) F. D., p. 503.

DOCUMENTS

ENGAGEMENTS ET NOMINATIONS DE MAITRES D'ÉCOLE

AVANT 1789, A TROISSEREUX (1)

**8 Décembre 1774. — Engagement de Jean-Lucien Campion
en qualité de maître d'école.**

SES OBLIGATIONS — SON SALAIRE

Cejourd'huy jeudi huitième jour de décembre mil sept cent soixante-
quatorze, à l'issue de la messe paroissiale, l'assemblée ayant été sonnée
en la manière accoutumée où se sont trouvés le plus grand nombre des
habitants de la paroisse convoqués par le sindic, de l'ordre de M. le Curé
de Troissereux, à l'effet de procéder à l'engagement du maître d'écolle,
l'ancien s'étant .... dès le lundi quatorze de novembre dernier, et
en même temps au .... pour convenir des gages et appointements
qui lui seraient donnés. — Sur la présentation qui a été faite du nommé
Jean-Lucien Campion, ci-devant maître d'écolle à Songeons, et après
information des vie et mœurs et de la capacité dudit Campion, qui s'est
présenté muni des certificats les plus autenthiques de Mme la Marquise
d'Armentières, Dame de Songeons, et de M. le Curé dudit lieu, comme
ayant exercé pendant neuf années consécutives les fonctions de magister
dans ladite paroisse à la satisfaction de ladite Dame, dudit Curé et de
tous les habitants, et qu'il aurait réuni dans sa personne les suffrages de
M. Coëffier, curé dudit Troissereux, des Seigneurs et Dames dudit lieu et
de M. Thuillier, grand pénitencier, et aussi du plus grand nombre des
habitants assemblés. Il aurait été fait avec lui les engagements et conditions ainsi qu'il s'en suit qui sont :

1° De bien remplir toutes les fonctions et devoirs de ladite place. C'est,
à sçavoir : d'assister et servir M. le Curé dans toutes les fonctions tant
au dedans qu'au dehors de l'église, même de l'assister au catéchisme
qu'il fera les jours de dimanches et fêtes à l'église, de sonner le matin à
la pointe du jour, à midy, et le soir à la chute du jour, l'angélus; de chanter
tous les offices qui se célèbrent à haute voix à l'église, de tenir exactement l'école, qui commencera au lendemain de la Toussaint et sera conti-
nuée sans interruption jusqu'à la veille de la saint Jean-Baptiste, aux-

---

(1) Communication de M. Georget, instituteur honoraire. — Extrait du registre
d'assemblées; archives de la fabrique de Troissereux.

quelles écolles les pères et mère seront tenus d'envoyer leurs enfants exactement aussitôt après l'âge de quatre ans, et il en sera facilité les moyens, ainsi qu'il sera dit ci-après, aux parents pauvres ainsi qu'à ceux qui quoique plus aisés et en état chargés de plus de deux enfants ne seraient pas dans le cas de fournir aux frais d'écolle pour le surplus.

Sera tenu ledit Campion de sonner la cloche à 7 h. 3/4 pour l'ouverture de l'école qui se fera à 8 heures précises et durera jusqu'à midy; et pour l'après-midy sonnera à 1 h. 3/4 pour entrer à l'écolle à 2 heures précises et n'en sortir qu'à 5 heures. Après lequel temps des écolles rempli, il sera libre audit maître d'employer le surplus du temps comme bon lui semblera. Ne pourra ledit maître tenir l'écolle autre part que dans l'écolle neuve et aux heures ci-dessus dites, et M. le Curé est prié de veiller à l'exactitude dudit maître tant pour l'entrée que pour la sortie de l'écolle.

Sera tenu ledit maître d'enseigner aux enfants leurs prières, leur catéchisme, à écrire, l'arithmétique, suivant et ainsi que les parents le désirent et moyennant le prix qui sera convenu ci-après pour chacune des trois choses. Sera tenu par préférence à tout, de leur apprendre à prier Dieu et leur catéchisme même à ceux qui ne paieront que le moindre prix pour apprendre seulement à lire. Sera tenu pareillement de leur apprendre le chant suivant la game et les principes. Et comme ledit maître d'écolle sera logé gratuitement dans une maison qui est déjà commencée et qui sera finie pour le printemps prochain, les lieux lui étant fournis et remis en bon état, tels que tout neufs, il sera tenu d'entretenir le tout de menues réparations locatives à ses frais suivant l'usage du païs; jouira pareillement de la cour et du jardin et dépendances ainsi que des arbres fruitiers qui sont dessus, à la charge de bien entretenir lesdits arbres, même d'en replanter où besoin sera, ainsi que d'entretenir les haies de clôture et les botter en temps et saison convenables.

Jouira ledit maître des droits et émoluments attachés à sa place tels que sont les fondations de l'église, dont sera fait un état en règle, et le casuel et en outre recevra par chacune des feux-maisons les plus aisées ou de ceux payant tant au village de Troissereux qu'à celui de Houssoye, les cent cottes de taille les plus considérables la somme de trente sols par chacun desdits feux ou cottes de taille et pour le surplus montant environ à cinquante feux y compris les veuves, seulement la moitié dudit prix aussi pour chaque feu ou cotte de taille.

Sera en outre payé audit maître trois sols par mois pour chaque enfant apprenant ses prières, son catéchisme et seulement à lire. Cinq sols également par mois pour chaque enfant apprenant à lire, écrire et l'arithmétique. Et en outre dudit prix, sera encore payé par mois pour chaque enfant ce qui sera convenu entre ledit maître et les parents pour ceux qui voudront apprendre le chant par principe sur la game et la notte.

Chaque enfant venant à l'écolle sera tenu de fournir ou ses parents pour lui audit maître d'écolle le nombre de fagots qui sera convenu avec lesdits habitants pour le chauffage de chaque enfant à l'école pendant tout l'hiver.

Au moyen de quoy ledit maître sera obligé de fournir du bois nécessaire et convenable pour chauffer pendant la durée des écolles le poêle qui y sera mis pour cet effet.

Il lui est aussi expressément enjoint de traiter les enfants avec douceur sans les frapper du pied ou des mains, mais de les corriger avec la verge ou autres punitions usitées en pareils cas.

A été encore convenu que ledit maître ne pourra s'absenter de ladite paroisse et se dispenser d'aucune des fonctions ci-dessus dites que pour des causes légitimes et importantes et après en avoir obtenu la permission de M. le Curé.

Et enfin de faciliter l'éducation des enfants dont les pères et mères ne sont pas en état de payer les écollages ainsi que de ceux qui étant en état de payer pour deux enfants ne le seraient pas pour un plus grand nombre. Il a été convenu entre tous les susdits habitants qu'il serait annuellement pris jusqu'à concurrence de cinquante livres dans les coffres de la Fabrique dudit Troissereux pour être employées à payer les mois d'écollage tant desdits enfants dont les pères et mères seront hors d'état de payer que de ceux qui étant en état de payer pour deux enfants ne le seraient pas pour un plus grand nombre, et ce non seulement pour apprendre à lire, écrire, l'arithmétique, mais même pour le chant et ce à la décharge des pères et mères et pour les engager à ne point négliger l'éducation de leurs dits enfants. Desquels enfants sera fait tous les ans un petit rôle particulier par M. le Curé et M. et Mᵐᵉ la Présidente de Corberon assistés du sindic et des marguilliers au nombre de deux au moins pour faire le choix et la désignation desdits enfants; lequel rôle. sera acquitté par le marguillier en charge jusqu'à due concurrence, le tout sous le bon plaisir et vouloir de Monseigneur l'évêque. Et si les cinquante livres n'étaient pas consommées par cet usage, le surplus en sera néanmoins délivré par forme de gratiffication audit maître.

Et après lecture faite de toutes les clauses et conditions réciproques du présent engagement, elles ont été réciproquement acceptées tant par ledit Campion qui s'est soumis à les remplir que par le plus grand nombre des habitants sachant signer pour le payement des salaires convenus, lesquels paiements seront faits de la manière et dans les termes usités dans ladite paroisse.

Et le présent écrit et convention a été fait double, dont l'un pour les habitants, transcrit sur le présent registre de la Fabrique, et l'autre sur une feuille volante pour être remis audit maître et ont signé :

Thiroux, De Corberon, Langlet, Senné, sindic; Vérité, notaire royal ; L. Cœflier, curé; Laurent, Nicolas, Duvauchel, Simon Georget, Antoine Evrard, Ant. Palin, Pierre Grenier, Ant. Evrard, Mignon, P. Davenne, Ant. Decagny, Pierre Vienne, L. Lefort, etc., etc.

MODIFICATION DES CONDITIONS DE SALAIRE

L'an mil sept cent soixante-quinze, le sixième jour de janvier, fête de l'Epiphanie, en l'assemblée tenue par les habitants de la paroisse de Troissereux, issue de la messe paroissiale dudit Troissereux, convoqués par M. Coëflier, curé, en son prône et de plus son ordre au son de la cloche à la manière ordinaire et accoutumée, a été représenté par le sieur Jean-Lucien Campion, maître d'école de ladite paroisse depuis le huit décembre dernier, que dans son acte de réception dudit jour huit décembre y était insérée certaine clause par laquelle il était dit que chaque enfant venant à l'école sera tenu de fournir, ou ses parents pour lui, audit maître d'école, le nombre de fagots qui sera convenu avec lesdits habitants pour le chauffage de chaque enfant à l'école pendant tout l'hiver, au moyen de quoy ledit maître serait obligé de fournir du bois nécessaire et convenable pour chauffer pendant la durée des écolles le poêle qui y serait mis à cet effet, il était nécessaire de statuer et convenir du nombre de fagots qu'il conviendrait de fournir par chaque enfant venant à l'école, sinon d'augmenter à proportion le mois d'écolage de chaque enfant; au moyen de laquelle augmentation ledit maître serait tenu de

chauffer le poêle à ses frais et de son bois pendant tout le temps qu'il
sera besoin pendant la tenue desdites écolles. Sur quoy la matière mise
en délibération, il a été maintenant convenu entre lesdits habitants comme
dits et assemblés d'une part, et sieur Fr. Campion d'autre part, qu'à
compter du commencement de ses écolles, il sera payé par chacun des
petits enfants venant à l'écolle pour y apprendre à prier Dieu, lire et leur
catéchisme quatre sols par mois. Pour ceux au-dessus venant à l'école
pour y apprendre à prier Dieu, lire, écrire et leur catéchisme six sols
par mois. Et pour ceux apprenant à écrire, leur catéchisme et l'arithmétique à raison de huit sols par mois. A raison desquels prix ledit maître
sera payé tant pendant le temps qu'il sera besoin de chauffer le poêle que
pendant le temps ou il n'en sera pas besoin, le tout aussi longtemps que
les enfants iront à l'école, au moyen de cette présente convention, ledit
maître se charge de fournir tout le bois nécessaire pour le chauffage du
poêle pendant la durée desdites écoles.

Ce fut ainsi fait et arrêté entre lesdits habitants et ledit Campion, ledit
jour, an et heure que dessus et fait double, dont l'un sur une feuille
volante pour ledit maître et celui-ci pour lesdits habitants.

(Suivent les signatures.)

9 Mars 1783. — Nomination de Louis Leclerc par les suffrages des habitants.

OBLIGATIONS ET SALAIRE

L'an mil sept cent quatre-vingt-trois, le neuvième jour de mars, issue
de la messe paroissiale, dite, chantée et célébrée, a été tenue l'assemblée
de tous les habitants de cette paroisse de Troissereux qui s'y sont trouvés en très grand nombre. Lors de laquelle M. le Curé (Richard) a annoncé
qu'il n'y avait que trop de temps qu'on était privé de clerc laïc en cette
paroisse, que l'éducation de la jeunesse était trop précieuse pour tarder
plus longtemps à leur donner un maître d'école; sur quoi quelqu'un aurait
dit qu'il avait un autre sujet à présenter préférable aux deux qui se sont
présentés et sur l'un desquels il est question de décider. Et attendu les
discussions survenues à ce sujet, il a été proposé de recevoir les voix de
ceux qui entendaient nommer aujourd'hui et également celles de ceux
qui voulaient différer. Ce qui ayant été exécuté, il a été reconnu que
vingt-quatre desdits paroissiens ont déclaré ne vouloir nommer aujour-
d'hui. Sur quoi ayant recueilli les voix pour sçavoir lequel des deux du
nommé Vacquelin, actuellement chantre en l'église Sainte-Magdeleine de
Beauvais ou du nommé Louis Leclerc serait reçu en la place de maître
d'école et chantre en cette église de Troissereux.

Nicolas Roisin, Pierre Dourlens, Charles Barbier, Pierre Vienne, Fran-
çois Canterel, Louis Dubos, Antoine Roisin le jeune, Nicolas Duvauchel,
Pierre Raïé, Louis Tétard, J.-B. Boucher, A. Decagny, Louis Roisin, Au-
gustin Delépine, P. Letheux, Michel Marthe, P. Floury, P. Caron, André
Georget, Jean Tellier, A. Pillon, ont nommé *Louis Leclerc*, garçon à
Savigny. Il ne s'est trouvé aucune voix pour ledit Vacquelin. Mais en sa place
A. Palin, François Daché, Augustin Roisin, J.-B. Bruier, A. Caron, Jean
Mathieux, Nicolas Dosel, Pierre Hérault, Pierre Closier, François-Noël
Mathieux, Pierre Mercier, Jean Rogeau, Pierre Roisin, Joseph Caron,
Simon Georget, Claude Warlot, Louis Caron, Jean Binet, Jean Letheux,
Pierre Louvet, Antoine Anselin, Etienne Binet et Pierre Maille ont nommé

Lucien Campion, actuellement clerc laïc de la paroisse de Luchy, le tout
a été passé au banc de l'œuvre et ont signé ou fait leur marque (1).

(Suivent les signatures et des croix.)

L'an mil sept cent quatre-vingt-trois, le vingt-septième jour d'avril,
issue de la messe paroissiale dite et chantée en cette église, après avoir
été annoncée au prône de ladite messe, a été tenue l'assemblée des habitants de cette paroisse en la forme ordinaire à la réquisitioc de M. Richard, curé, de Louis Dubos, marguillier en charge, et de *Louis Leclerc*,
nommé par l'acte d'assemblée du vingt-neuvième jour dernier clerc laïc de
cette paroisse et qui depuis ce temps en a fait les fonctions tant à l'église
qu'en tenant l'école et encore à la réquisition d'un grand nombre des
principaux habitants. Ladite assemblée tenue à l'effet de délibérer non
seulement sur la confirmation de la nomination de Louis Leclerc pour
remplir les fonctions de clerc laïc, mais encore pour régler les gages de
sa condition. Avant que de mettre la matière en délibération, il aurait été
représenté par ledit Louis Dubos, marguillier, que depuis plus de six
semaines que ledit Leclerc en vertu de sa nomination ci-dessus dattée, il
paraissait qu'il aurait rempli à la satisfaction non seulement de M. le Curé,
mais de la plus grande partie de la paroisse, ses fonctions, tant à l'église
qu'en tenant assiduement les écoles et qu'on ne pouvait se dissimuler le
progrès qu'avaient déjà fait quelques enfants, que toutes ces considérations semblaient mériter qu'on lui fît un sort qui le pût mettre en état de
vivre honnettement et de se livrer avec zèle, non seulement à ses fonctions à l'église mais encore à la plus grande exactitude dans la tenue des
écoles, qu'à cet effet, il proposait de mettre en délibération s'il ne serait
pas à propos de lui accorder la même rétribution par ménage que celle
accordée à Jean-Lucien Campion et de lui abandonner par chacun an la
dépouille des fruits et des herbes du cimetière, à la charge de veiller
exactement à la fermeture dudit cimetière, comme aussi qu'il paraissait convenable d'accorder audit Leclerc, si les habitants le jugeaient à
propos, les mêmes avantages dont jouissait cy-devant Lucien Campion, en
l'assujettissant aux mêmes charges et obligations. Qu'à cet effet, il serait
fait copie d'après le registre de délibérations de la convention faite avec
ledit Campion. Laquelle serait délivrée audit Leclerc après être certifiée
de M. le Curé, du marguillier en charge et de quatre des principaux habitants.

La matière mise en délibération, il a été, en présence de M. le Président
de Corberon, seigneur de cette paroisse, arrêté à la pluralité des suffrages
que mondit seigneur Président a eu la bonté de recevoir lui-même, que la
réception dudit Louis Leclerc pour clerc laïc de cette paroisse, faite par
acte du neuf mars dernier, en l'assemblée tenue à cette effet, sera et
demeure en tant que besoin confirmée et en pourvoyant à sa condition,
qu'il jouira des mêmes gages et émoluments dont jouissait Lucien Campion, à l'exception qu'il ne-lui sera payé par ménage que la somme de
vingt sols (au lieu de 30) et de dix sols par les femmes veuves (au lieu
de 15), qu'il lui sera payé les mêmes écolages avec augmentation d'un sol
par chacun des enfants par mois, tant d'été que d'hiver, pour lui tenir
(compte) du chauffage qu'il sera obligé de fournir à ses dépens. et en

____

(1) Malgré le nombre inférieur de suffrages, Louis Leclerc paraît avoir été désigné
ou peut-être Lucien Campion n'aurait pas accepté ; alors on aurait désigné Louis
Leclerc.

outre a été accordé audit Louis Leclerc la dépouille tant en herbe qu'en fruits qui se trouvera par chacun an dans le cimetière, sous les conditions susdites, laquelle récolte des herbes et fruits il ne pourra cependant faire qu'en l'année 1784, attendu qu'elle est encore affermée pour la présente année. Et sera copie des présentes délivrée audit Leclerc par mondit sieur Curé et le marguillier en charge dûment collationnée et signée.

(Suivent nombreuses signatures et signes.)

COMMUNE DE HAUTE-ÉPINE (Oise)

REGISTRE DES DÉLIBÉRATIONS DE 1789 A 1853

CONFÉDÉRATION GÉNÉRALE (14 juillet 1790)

(Extrait du Registre, par M. F. BORDEZ, Architecte, Secrétaire de la Société.)

Aujourd'hui, quatorzième de juillet mil sept cent quatre-vingt-dix, neuf heures du matin : Nous, citoyens de la commune de Haute-Epine, district de Grandvilliers, département de l'Oise, assemblés sur la place, pénétrés du désir d'entrer dans les vues patriotiques de nos frères d'armes et braves citoyens de Paris, consignées en leur adresse et fondées sur la proclamation du Roy du 28 may dernier, de quoi nous a été donné connaissance par Messieurs les Officiers municipaux ; nous avons, accompagnés des gardes nationalles de cette commune, assisté à la messe solennelle qui a été célébrée par Monsieur le Curé, notre très digne pasteur. D'après quoi la garde nationalle de cette commune sous les armes, et commandée par Monsieur Séard, capitaine-commandant, cy-devant nommé au grade et dont nous connaissons le zèle pour le maintient de la Constitution et des Décrets de l'Assemblée nationale sanctionnés par le Roy, que nous sommes tous également résolus de soutenir, s'est mise en haie sur deux rangs autour de la croix réputée place d'arme de cette paroisse. A midy sonnant, heure précisément indiquée par nos concitoyens de Paris et annoncée par une salve de mousqueterie, il a esté, sur un autel élevé à la Patrie où étoient pour emblème la Nation, la Loi et le Roy, par Messieurs les officiers municipaux et maire, de M. le Curé du lieu, ensuite ès mains desdits officiers par le d' S' Curé, par le d' S' Séard, commandant, par les officiers du corps et par chaque citoyen soldat, prêté le serment, en levant la main, d'être fidèles à la Nation, à la Loi et au Roy, et de maintenir de tout leur pouvoir contre les ennemis du bien public la Constitution décrétée par l'Assemblée nationalle et sanctionnée par le Roy, lequel serment a été prêté individuellement par M. le Curé, MM. les officiers municipaux Séard et les autres officiers de la garde nationalle et les dits gardes nationalles et les citoyens en disant seulement chacun je le jure, jurons aussi de rester à jamais unis et de porter secours à nos frères tous les français toutes les fois que nous en serons légalement requis.

Au-delà de l'autel étoit une pique surmontée d'un bonnet qui représentoit la Liberté ; aux pilliers ou colonnes étoient attachés des instruments du labourage et du commerce du pays ; sur un socle élevé au-dessus de l'autel étoit un livre ouvert, un glaive et des balances qui représentoient la loy; à droite et à gauche du dit autel une femme et un homme couronnés qui représentoient la Nation et le Roy; une guirlande partoit dudit autel et alloit rejoindre l'emblème de la loi pour signifier que la religion et la loy se tiennent.

Au milieu des officiers municipaux étoient deux hommes, l'un portant une cage ouverte et l'autre un joug rompu, simbole de la liberté recouvrée et l'esclavage aboli.

Il y avoit dans l'enceinte de la garde nationalle, à droite six vieillards et à gauche six jeunes enfants pour marquer que tous les âges de la vie ont concouru à la pompe de cette fête, et laisser dans leur esprit le souvenir de l'Epoque où la nation a commencé à se régénérer.

Au milieu de la garde nationalle étoient six jeunes filles vêtues en blanc, ornées de rubans aux couleurs de la Nation, tenant en leurs mains des guirlandes de fleurs qui annonçoient l'union; elles ont offert un pain qui a été bénit à l'autel, coupé en morceaux Egaux et distribué aux assistants comme pain de l'Union.

Un des six jeunes enfants a déposé au pied de la femme qui représentoit la Nation une gerbe de la nouvelle récolte, pour montrer que chaque particulier doit un tribut au Gouvernement pour la protection qu'il accorde ; les deux hommes qui portoient une cage ouverte et un joug rompu les ont déposés au pied de l'emblème de la loi pour signiffier que la liberté est subordonnée à la loi et qu'autrement elle seroit Lisence ; une autre personne assise aux pieds de celle qui représentoit le Roy un faisceau de licteurs pour désigner que toute force exécutrice émanne du Roy. Enfin, une jeune fille a déposé aux pieds de la femmme qui représentoit la Nation une urne dans laquelle brûloit de l'encens, sur laquelle on lisoit les mots : « Emplois ecclésiastiques, civils et militaires », ce qui désignoit l'urne de sélection et qu'à l'avenir tous les citoyens indistinctement seront appelés aux emplois par le vœu libre de leurs concitoyens. »

Après touttes les cérémonies, le cortège entier, composé des officiers municipaux, des vieillards, des jeunes filles, des enfants et de la garde nationale lutière, a défilé devant l'autel et devant les trois statuts emblématiques, repassé sous la guirlande qui correspondoit de l'autel à l'emblème de la loy, pour montrer que tous les citoyens sont soumis au joug de la religion et de la loy. Etant remis en place, les six jeunes enfants ont crié : vive le Roy. Les vieillards ont crié : François nous sommes libres. Tout le cortège s'est écrié : François nous sommes frères, et vive la Nation, la Loi et le Roy !

De là, et après une nouvelle salve de mousqueterie, on est rentré dans l'église conduit par la milice nationalle où on a chanté un *Domine Salvum* et un *Te Deum* en action de grâce pour remercier Dieu de la présente fédération et ont, M. le curé, la municipalité et le Sr Séard, commandant, signés, et MM. les officiers municipaux.

Signé : Jean-François Prévost M^re ; Louis Roisin, Noël-Nicolas Morel, Deladreue, curé de Haute-Epine. Louis Contant, Louis Moret, Dubois. L. Desmarest, s^re-greffier.

TABLE DES MATIÈRES

DU TOME Ier (1905)

PAGES

PROGRAMME   1-7

A. Préhistoire.

Incisions, cautérisations et trépanations de l'époque néolithique :
un crâne du dolmen de Champignolles-Flavacourt (Oise)
(gravure), par le Dr MANOUVRIER.   82-89

B. Archéologie.

Notice-étude sur une statère de Bury (Oise) (gravure), par
A. HOULÉ   8-15

Un foyer en tuiles à la porte Saint-Louis, à Beauvais, par
F. BORDEZ   45-46

C. Histoire.

A. Dom Jean Huynes (XVIIe siècle), par V. PATTE   113-119

Le bac de Boran et le passage de l'Oise, par E. MÉNARD . .   16-20

Rivalité de Sainte-Geneviève et Novillers (1559-1835), par
F. BORDEZ   28-34

L'abbaye de Royaumont dans ses rapports avec les pays
d'Oise, par E. MÉNARD   128-135

B. *Histoire de la Révolution.*

La première assemblée électorale du département de l'Oise
(10-17 mai 1790) : Stanislas de Girardin, par H. BAUMONT.   21-27

Le Département de l'Oise : sa formation en 1790, etc..., par
H. BAUMONT.   53-81

Du rôle des citoyennes de Beauvais dans la Société des Amis
de la Constitution (1790-92), par Mme E. MOREAU. . . . . :   120-127

C. *Histoire contemporaine.*

Le centenaire des Cours normaux primaires de l'Oise (1804-
1807), par H. QUIGNON.   35-46

D. *Histoire économique et industrielle.*

I. Enquête aux Archives départementales de la Somme pour
l'histoire des pays d'Oise (Administration. Agriculture,
Industrie, etc...)   89-101

II. Id. La Manufacture des pays d'Oise, par H. QUIGNON. .   140-147

D. Sciences.

Physiologie des balanciers et des ailerons des Diptères (gravure),
par Albert et Alexandre MARY.   136-140

E. Bibliographie critique départementale.

Guillaume de Flavy (xv° s.), par Pierre Champion (Am. Boinet).   148-152
Godefroi Hermant : Mémoires (1630-1663), par A. Gazier (H. Qui-
    gnon)   152-155
La Rochefoucauld-Liancourt, par Ferdinand Dreyfus (H. Quignon)   155-160

F. Documents.

Documents mss. concernant le Beauvaisis (Arch. mun. d'Abbe-
    ville), par Alcius Ledieu.   47-50
Évangéliaire latin (B. nat. 17968) ayant appartenu à Ant. Loisel,
    par Am. Boinet.   50-52
Document annexe au cahier de doléances de la paroisse de
    Troissereux, par Roullier, fermier du château (M. Georget).   102-108
Engagements et nominations de maîtres d'école avant 1789
    (Extrait du registre de la Fabrique par M. Georget).   161-166
Architecture monumentale (Art roman à Beauvais), par F. Bordez   109-112
Fédération du 14 juillet 1790 (Extrait des délibérations dè la
    commune de Haute-Épine (Oise), par F. Bordez.   166-167

Procès-verbaux de l'année 1905 (fondation du 26 janvier 1905)
(1™ partie de chaque Bulletin).
Liste des membres de la Société au 1ᵉʳ janvier 1906
(Bulletin n° 3, p. 11-18).

BULLETIN

DE LA

SOCIÉTÉ D'ÉTUDES HISTORIQUES & SCIENTIFIQUES

DE L'OISE

Paraissant trois fois par an.

—————

N° 2 — TOME PREMIER — 1905

SOMMAIRE

I. Procès-verbaux.

II. Le département de l'Oise, par H. BAUMONT.

III. Incisions, cautérisations et trépanations de l'époque néolithique : un crâne du dolmen de Champignolles-Flavacourt (Oise), par le Dr MANOUVRIER.

IV. Enquête aux Archives départementales de la Somme pour servir à l'histoire du département de l'Oise, par M. QUIGNON, Secrétaire général.

V. Document annexe au cahier de Doléances de la Communauté de Troissereux.

VI. Architecture monumentale : Résumé de la promenade d'instruction faite le 15 juin 1905, sous la conduite de M. F. BORDEZ, Architecte, Secrétaire de la Société.

BEAUVAIS	PARIS
IMPRIMERIE CENTRALE ADMINISTRATIVE	Honoré CHAMPION, 9, quai Voltaire, VIIe
15, place Ernest-Gérard, 15	Libraire de la Société des Études historiques

BULLETIN

DE LA

SOCIÉTÉ D'ÉTUDES HISTORIQUES & SCIENTIFIQUES

DE L'OISE

Paraissant trois fois par an.

N° 3 — TOME PREMIER — 1905

SOMMAIRE

I. Procès-verbaux.

II. Liste des Membres de la Société au 1er janvier 1906.

III. Dom Jean Huynes : sa vie et ses œuvres, par V. PATTE.

IV. Du rôle des citoyennes de Beauvais dans la Société des Amis de la Constitution (1790-92), par M⁰ᵉ E. MOREAU.

V. L'Abbaye de Royaumont dans ses rapports avec le département de l'Oise, par E. MÉNARD.

VI. Physiologie des balanciers et des ailerons des diptères, par Albert et Alexandre MARY.

VII. Enquête aux Archives départementales de la Somme pour servir à l'histoire du département de l'Oise, par H. QUIGNON, Secrétaire général.

VIII. Bibliographie : Guillaume de Flavy, capitaine de Compiègne. Contribution à l'histoire de Jeanne d'Arc et à l'étude de la vie militaire et privée au XVᵉ siècle, par Pierre CHAMPION ; — Mémoires de Godefroi Hermant, docteur de Sorbonne, chanoine de Beauvais, ancien recteur de l'Université, sur l'histoire ecclésiastique du XVIIᵉ siècle (1630-1663), par A. GAZIER ; — Un Philanthrope d'autrefois : le duc de La Rochefoucauld-Liancourt (1747-1827), par Ferdinand DREYFUS.

IX. Engagements et nominations de maîtres d'école avant 1789, à Troissereux, par M. GEORGET.

X. Registre des délibérations de 1789 à 1853 de la commune de Haute-Épine : Confédération générale (14 juillet 1790), extrait du registre, par M. F. BONDEZ, Architecte, Secrétaire de la Société.

XI. Table des matières.

BEAUVAIS	PARIS
IMPRIMERIE CENTRALE ADMINISTRATIVE	Honoré CHAMPION, 9, quai Voltaire, VIIᵉ
15, place Ernest-Gérard, 15	Librairie d'Histoire et des anciennes provinces